启航经管书课包系列

管理类与经济类综合能力 逻辑25讲

主编 郭子仪

北京理工大学出版社

版权专有 侵权必究

图书在版编目（CIP）数据

MBA MPA MPAcc MEM 管理类与经济类综合能力逻辑25讲 / 郭子仪主编. — 北京：北京理工大学出版社，2022.4

ISBN 978-7-5763-1193-8

Ⅰ. ①M… Ⅱ. ①郭… Ⅲ. ①逻辑 – 研究生 – 入学考试 – 自学参考资料 Ⅳ. ① B81

中国版本图书馆 CIP 数据核字 (2022) 第 050904 号

出版发行 / 北京理工大学出版社有限责任公司
社　　址 / 北京市海淀区中关村南大街5号
邮　　编 / 100081
电　　话 /（010）68914775（总编室）
　　　　　（010）82562903（教材售后服务热线）
　　　　　（010）68944723（其他图书服务热线）
网　　址 / http://www.bitpress.com.cn
经　　销 / 全国各地新华书店
印　　刷 / 天津市新科印刷有限公司
开　　本 / 787 毫米 × 1092 毫米　1/16
印　　张 / 17
字　　数 / 424 千字
版　　次 / 2022 年 4 月第 1 版　2022 年 4 月第 1 次印刷
定　　价 / 49.80 元

责任编辑 / 申玉琴
文案编辑 / 申玉琴
责任校对 / 王雅静
责任印制 / 李志强

图书出现印装质量问题，请拨打售后服务热线，本社负责调换

前　言

　　一提起逻辑学，很多人就觉得这是一门高深的学问，是哲学家所研究的内容。而管理类综合能力考试和经济类综合能力考试要考查这一类知识，有人就认为："哲学家要研究的东西，在中学、大学里都没学过，我一个普通人是学不会的！"还有人死咬着大纲里的表述，"综合能力考试的逻辑推理部分不考查逻辑学的专业知识"，然后认定逻辑科目考查的就是阅读理解，不需要学习相应的知识。事实上，对于逻辑科目的备考，这两种认识都是有所偏颇的。

　　这个时代，是一个经济和信息高速发展的时代，但是伴随着经济高速发展、信息多渠道化，我们的思维发展是否能跟上时代的节奏呢？我们是否具备独立思考的能力，而不是盲目地对网络、所谓的权威痴迷，甚至膜拜，将思想的自由拱手相让？逻辑学恰恰就是一门引领我们修正和完善思维的科学，缜密的思维也是各大高校遴选优质生源的标准之一。

　　逻辑学是老实人的学问，也是聪明人的学问。

　　它排斥凌空蹈虚，云山雾罩，胡搅蛮缠；

　　它倡导脚踏实地，清楚明白，步步为营。

　　逻辑要求从清晰的概念和问题出发，提出明确的观点，给出可以接受的理由，进行有效的推理，建构有说服力的论证，然后仔细审查推理和论证中的各个要素，看它们究竟能否成立。如果某些地方有误，就需要考虑如何改进。

　　综合能力考试中逻辑推理部分的学习要讲程序、讲方法、讲规则、讲条理。这样做表面上看起来慢，但由于每一步都走得坚实可靠，最后的效果反而是显著且保险的。

　　在撰稿的过程中，我以多年的教学经验为依托，充分研究了考生备考学习曲线的特点：先讲解必须掌握的、能提高做题效率的基础知识点，再配以相应的习题训练，以期考生能完成知识点和题目之间的匹配；继而延伸到真题中，大家掌握知识点在真题中的考查特点和考查要求，做到融会贯通、举一反三，准确、高效地解题。在常年教学第一线的实践中，我发现，考生备考的特点是"一听就会，一做就废"，为什么会出现这样的问题呢？究其根源有两点：第一，基础知识掌握得不够牢固；第二，在学习过程中，大多数人都是学完一个知识点马上做对应的练习题，知识点和题目匹配度过高，弱化了考生自己挖掘考点的能力。本书针对考生备考过程中存在的常见问题，在每章的知识点学完之后，会配以适当的基础练习题。练习题不仅仅是对前面所学知识点的重复，还融合了对相近知识点的考查，来帮助考生提升定位题目中的考点的能力，这对备考是大有裨益的。

纵观历年真题，大家应该对所谓的"相逢的题目还会再相逢"有深深的体会。试卷中有相当比例的逻辑题目都能在之前的真题中找到影子，那么，对于这类题目出题思路的熟识，将会大大减少备考的时间成本。所以在学完本书之后，备考的重心就要放在研读真题上。与本书配套的真题书，既可以帮助大家以题带练，又能够达到专项突破的目标。相信大家利用好了这本书，会让备考如虎添翼。

我们要提高备考的效率，决不能一味觉得下苦功就能取得成效。事实上，不讲求效率的笨鸟先飞、苦飞，只能是不知所踪！要解决备考过程中的痛点方可一飞冲天，备考的路上，我们在一起！

郭子仪

目　录

考试大纲介绍	001
超前学	004
第一部分　形式逻辑	**013**
第一章　概念、划分和定义	015
第1讲：概念	015
第2讲：划分	023
第3讲：定义	026
第二章　对当关系	**032**
第4讲：性质命题及其对当关系	032
第5讲：模态命题及其对当关系	041
第三章　复合命题及其推理	**048**
第6讲：复合命题之联言命题和选言命题	048
第7讲：复合命题之假言命题	055
第四章　形式逻辑中的其他考点	**084**
第8讲：关系命题	084
第9讲：三段论	087
第10讲：逻辑的三大基本规律	098
第二部分　论证推理	**105**
第五章　论证推理的结构和方法	**107**
第11讲：论证推理的结构	107
第12讲：归纳和类比	108
第13讲：因果联系	116
第14讲：论证推理的切入点及题型	124
第六章　论证推理的题型	**134**
第15讲：假设	134
第16讲：支持	152
第17讲：削弱	166

第 18 讲：解释 ·· 196

第 19 讲：评价 ·· 203

第 20 讲：对话辩论 ·· 216

第 21 讲：语意预设及言语理解 ·· 220

第三部分　分析推理 ·· 223

第七章　分析推理的技巧和题型 ·· 225

第 22 讲：分析推理之排序（排队题） ·· 230

第 23 讲：分析推理之对应 ·· 240

第 24 讲：分析推理之分组 ·· 251

第 25 讲：分析推理之数字陷阱 ·· 261

考试大纲介绍

●管理类综合能力（199）逻辑部分考试大纲

考试性质

综合能力考试是为高等院校和科研院所招收管理类专业学位[①]硕士研究生而设置的具有选拔性质的全国招生考试科目，其目的是科学、公平、有效地测试考生是否具备攻读专业学位所必需的基本素质、一般能力和培养潜能，评价的标准是高等学校本科毕业生所能达到的及格或及格以上水平，以利于各高等院校和科研院所在专业上择优选拔，确保专业学位硕士研究生的招生质量。

考查目标

（1）具有运用数学基础知识、基本方法分析和解决问题的能力。
（2）具有较强的分析、推理、论证等逻辑思维能力。
（3）具有较强的文字材料理解能力、分析能力以及书面表达能力。

试卷满分及考试时间

试卷满分为 200 分，考试时间为 180 分钟。

答题方式

答题方式为闭卷、笔试，不允许使用计算器。

试卷内容与题型结构

综合能力试卷包含数学基础、逻辑推理、写作。
（1）数学基础 75 分，有以下两种题型：问题求解 15 小题，每小题 3 分，共 45 分；条件充分性判断 10 小题，每小题 3 分，共 30 分。
（2）逻辑推理 30 小题，每小题 2 分，共 60 分。
（3）写作 2 小题，其中论证有效性分析 30 分，论说文 35 分，共 65 分。

考查内容（逻辑推理）

综合能力考试中的逻辑推理部分主要考查考生对各种信息的理解、分析和综合，以及相应的判断、推理、论证等逻辑思维能力，不考查逻辑学的专业知识。试题题材涉及自然、社会和人文等各个领域，但不考查相关领域的专业知识。

---

① 主要包括 MBA、MPA、MPAcc、MEM、MTA 等专业学位。

试题涉及的内容主要包括：

（1）概念

概念的种类、概念之间的关系、定义、划分。

（2）判断

判断的种类、判断之间的关系。

（3）推理

演绎推理、归纳推理、类比推理、综合推理。

（4）论证

论证方式分析、论证评价（加强、削弱、解释、其他）、谬误识别（混淆概念、转移论题、自相矛盾、模棱两可、不当类比、以偏概全、其他谬误）。

●经济类综合能力（396）逻辑部分大纲

考试性质

经济类综合能力考试是为高等院校和科研院所招收金融硕士、应用统计硕士、税务硕士、国际商务硕士、保险硕士和资产评估硕士而设置的具有选拔性质的全国招生考试科目，其目的是科学、公平、有效地测试考生是否具备攻读相关专业学位所必需的基本素质、一般能力和培养潜能，评价的标准是高等学校本科毕业生所能达到的及格或及格以上水平，以利于各高等院校和科研院所在专业上择优选拔，确保专业学位硕士研究生的招生质量。

考查目标

（1）具有运用数学基础知识、基本方法分析和解决问题的能力。

（2）具有较强的逻辑分析和推理论证能力。

（3）具有较强的文字材料理解能力和书面表达能力。

试卷满分及考试时间

试卷满分为150分，考试时间为180分钟。

答题方式

答题方式为闭卷、笔试，不允许使用计算器。

试卷内容与题型结构

试卷包含数学基础、逻辑推理、写作。

（1）数学基础：35小题，每小题2分，共70分。

（2）逻辑推理：20小题，每小题2分，共40分。

（3）写作：2小题，其中论证有效性分析20分，论说文20分，共40分。

考查内容（逻辑推理）

综合能力考试中的逻辑推理部分主要考查考生对各种信息的理解、分析、综合和判断，并进行相应的推理、论证、比较、评价等逻辑思维能力。试题内容涉及自然、社会的各个领域，但不考查相关领域的专业知识，也不考查逻辑学的专业知识。

试题涉及的内容主要包括：

（1）概念

概念的种类、概念之间的关系、定义、划分。

（2）判断

判断的种类、判断之间的关系。

（3）推理

演绎推理、归纳推理、类比推理、综合推理。

（4）论证

论证方式分析、论证评价（加强、削弱、解释、其他）、谬误识别（混淆概念、转移论题、自相矛盾、模棱两可、不当类比、以偏概全、其他谬误）。

超前学

教学目的

备考三部曲——考什么（考点分析）、怎么考（题型分析）、怎么办（解题技巧）。

逻辑推理部分能否成功拿到高分与解题技巧是否得当有很大关系。在实际考试中，概念是否掌握不重要，解题技巧是第一。解题思路的训练是考前准备的突破口。由于逻辑题目考查得很灵活，解题技巧、解题思路必须从逻辑的实质出发，找准定位点和突破口，快速得出答案。

逻辑只考查思维能力，不考查逻辑原理。逻辑科目复习成功的标志是快速、准确地解题。初次接触逻辑科目的考生在训练时，不要注重速度，而要力求把解题思路吃透，达到以一题知百题、触类旁通的效果；有一定基础的考生则要力求每小时完成五十道题，达到以更高标准实战练兵的目的。

要抓住本质，掌握"破"字诀窍，你需要做到以下几点：

（1）加深对逻辑实质的理解。

（2）掌握应试的阅读方法（绝对不是阅读能力）。

（3）掌握快速解题的方法（绝对不是逻辑能力）。

（4）不必追求百分之百的正确率。

逻辑部分的备考策略

逻辑推理包括三方面内容：形式逻辑、论证推理和分析推理。这三部分内容在学习方法和解题技巧方面具有一定的区别。

1. 形式逻辑

形式逻辑通常是追求一种普遍的、不受条件限制的、绝对正确的命题。简而言之，就是只重形式，不涉及内容。换句话说，只要形式一致，不管内容有多大的差别，实质都是一样的。

例如：张三要么是个好人，要么是个坏人。

小明要么考研，要么找工作。

这一部分的题目由于考点较为固定，对考生来说，是最容易得分的。只要能够准确识别考点，判断逻辑特征，掌握基本规律，再加上适当的训练，都会达成不错的学习效果，起到以不变应万变的作用。

掌握这类题目的三个关键点：

（1）熟悉各类考点的判别依据，能够准确定位考点。

（2）熟悉不同逻辑表述方式之间的变换，熟练化简题干。

（3）能够识别题目特征，不能只阅读文字，了解问题信息，而要养成透过现象认知考查本质的逻辑思维习惯。

下面用几个例题来具体说明。

例1 某宿舍的钱财总是遭窃，宿管阿姨找到了四个犯罪嫌疑人甲、乙、丙、丁。但是没有谁会承认是自己偷的。甲说：我不是罪犯。乙说：丁是罪犯。丙说：乙是罪犯。丁说：我不是罪犯。一个目击者爆料，四人中只有一个人说的是真话。宿管阿姨花了一秒钟时间，抓出了真正的罪犯。你能确定谁是真正的罪犯吗？

【解析】 题目信息化简如下：

甲：¬甲。乙：丁。丙：乙。丁：¬丁。乙、丁的回答互为矛盾关系，必有一真，必有一假。因此，矛盾之外的两个命题都是假命题。因为甲说了假话，因此，甲是罪犯。

【答案】 甲是罪犯。

例2 莎士比亚在《威尼斯商人》里说，有一位品貌出众的富家姑娘叫鲍西亚，许多王孙公子为之倾倒，但她遵循已故父亲的遗嘱，必须猜匣为婚。鲍西亚身边有金、银、铅三只匣子，其中只有一只匣子里放着她的肖像。这三只匣子上面各刻着一句话：金匣子上刻了"肖像不在此匣中"；银匣子上刻了"肖像在金匣中"；铅匣子上刻了"肖像不在此匣中"。这三句话中只有一句是真话。谁能根据这些情况猜中放肖像的匣子，她就嫁给谁。

如果谁能准确地运用逻辑思维，那他就是漂亮贤淑的鲍西亚的夫婿了。

【解析】 题干信息化简如下：

金：¬金。银：金。铅：¬铅。金匣子和银匣子上的话互为矛盾关系，必有一真，必有一假。矛盾之外的铅匣子上的话是假命题，因此肖像在铅匣子里。

【答案】 肖像在铅匣子里。

例3 某大学有位女教师默默资助一个偏远山区的贫困家庭长达15年。记者多方打听，发现做好事者是该大学传媒学院甲、乙、丙、丁、戊5位教师中的一位。在接受采访时，5位老师都很谦虚，他们是这么对记者说的：

甲：这件事是乙做的。

乙：是丙做了这件事。

丙：我并没有做这件事。

丁：是甲做的。

戊：如果甲没有做，则丁也不会做。

记者后来得知，上述5位老师中只有一人说的话符合真实情况。

根据以上信息，可以得出做这件好事的人是：

A. 甲。 B. 乙。 C. 丙。 D. 丁。 E. 戊。

【解析】 题干信息化简如下：

甲：乙。乙：丙。丙：¬丙。丁：甲。戊：¬甲→¬丁。乙、丙的话互为矛盾关系，必有一真，必有一假。因此，甲、丁、戊说的都是假话。由戊说假话可得，¬甲∧丁。

【答案】 D。

> **敲黑板**
>
> 在形式逻辑的学习中,只要掌握了形式逻辑的基本规则,弄清题目的考查要点,做题的方法还是比较固定的。因此,形式逻辑的备考重点是掌握其基本规则。

2. 论证推理

这部分有削弱、加强、假设、支持、解释、评价几大类题型。其实这些题目的难点在于命题者有意设计带有迷惑性的文字内容,命题形式比较多变。但是,事实上它们考查的知识点是相对固定的,也就是说"万变不离其宗",还是那些题目,只是换了命题背景而已。这些题目考查的逻辑思路往往并不复杂,只要养成构建逻辑主干而不是单纯阅读文字的做题习惯,在做题的时候能透过文字表面去思考和理解出题的套路,就能事半功倍、举一反三,迅速提高成绩。

如何提高论证推理类题目的备考效率? —— 做题加思考。

首先,提升逻辑思维能力是最基础,也是最关键的一步。通过高效的阅读,提炼题干信息,构建题干的论证结构,做到题型和考点之间的一一对应。其次,熟悉每一类题目的解题对策。再次,不要为了做题而做题,而要明确分析题目在考查什么,每一个选项是如何设计的,更需要明确严重干扰项的设计方式,以期举一反三。最后,对于历年真题,要能够做到准确分析考点,构建题干逻辑主干,分析正确选项、干扰项,吃透题目,总结题目,得出举一反三的经验。

在这个过程中,我们要形成"做题—思考—总结—做题"的学习闭环,最为忌讳的是"跟着感觉走,紧抓着蒙的手",更要杜绝"自动脑补"和"想当然"这些问题的出现。

通过真题,可见一斑。

例 4 某组研究人员报告说,与心跳速度每分钟低于 58 次的人相比,心跳速度每分钟超过 78 次者心脏病发作或者发生其他心血管问题的概率高出 39%,死于这类疾病的风险高出 77%,其整体死亡率高出 65%。研究人员指出,长期心跳过速导致了心血管疾病。

以下哪项如果为真,最能对该研究人员的观点提出质疑?

A. 在老年人中,长期心跳过速的超过 39%。
B. 在老年人中,长期心跳过速的不到 39%。
C. 相比老年人,年轻人生命力旺盛,心跳较快。
D. 各种心血管疾病影响身体的血液循环机能,导致心跳过速。
E. 野外奔跑的兔子心跳很快,但很少发现它们患心血管疾病。

【解析】选项 A 和选项 B 仅仅说明了老年人中长期心跳过速者的比例,但是没有说明长期心跳过速和患心血管疾病之间的关系,没有削弱作用,排除。选项 C 仅仅说明为什么年轻人心跳较快,也没有说明长期心跳过速和患心血管疾病之间的关系,没有削弱作用,排除。选项 D 证明是各种心血管疾病导致心跳过速。选项 D 如果为真,说明题干的研究人员倒置了因果。因果倒置是最能削弱题干表述的方式之一,入选。选项 E 用野外奔跑的兔子做论据,但是兔子的情况是否和人类相同呢?题目没有涉及,故属于无关选项,排除。

【答案】D。

例5 人们通常认为，幸福能够增进健康、有利于长寿，而不幸福则是健康状况不佳的直接原因。但最近有研究人员对 3 000 多人的生活状况进行调查后发现，幸福或不幸福并不意味着死亡的风险会相应地变得更低或更高。他们由此指出，疾病可能会导致不幸福，但不幸福本身并不会对健康状况造成损害。

以下哪项如果为真，最能质疑上述研究人员的论证？

A. 幸福是个体的一种心理体验，要求被调查对象准确断定其幸福程度有一定的难度。

B. 有些高寿老人的人生经历较为坎坷，他们有时过得并不幸福。

C. 有些患有重大疾病的人乐观向上，积极与疾病抗争，他们的幸福感比较高。

D. 人的死亡风险低并不意味着健康状况好，死亡风险高也不意味着健康状况差。

E. 少数个体死亡风险的高低难以进行准确评估。

【解析】 选项 A 指出"准确断定其幸福程度有一定的难度"，对题干有一定的削弱作用，但是没有明确"不幸福"和"健康状况"之间的关系。选项 B 用特例来说明"不幸福也能长寿"，对题干有一定的削弱作用，但是基于特例的削弱作用有限，排除。选项 C 证明有些健康状况不好的人也很幸福，削弱作用有限，排除。选项 D 指出"人的死亡风险低并不意味着健康状况好，死亡风险高也不意味着健康状况差"，题干论证中的论据是"死亡的风险"，结论是"健康状况"，很显然，题干的论证假设了"死亡风险的高低意味着健康状况的好坏"。D 项如果为真，则说明这一假设不成立，因此，该项有力地质疑了题干的论证，入选。选项 E 中有"少数"一词，削弱力度弱，排除。

【答案】 D。

> •·• **做题要领**
> 削弱的方法有很多种，如削弱结论、削弱论证方法、削弱论据等，本题所采用的方法是削弱题目的隐含前提，使得题目论证的结论无法得出。

例6 近年来，越来越多的机器人被用于在战场上执行侦察、运输、拆弹等任务，甚至将来冲锋陷阵的都不再是人，而是形形色色的机器人。人类战争正在经历自核武器诞生以来最深刻的革命。有专家据此分析指出，机器人战争技术的出现可以使人类远离危险，更安全、更有效率地实现战争目标。

以下哪项如果为真，最能质疑上述专家的观点？

A. 现代人类掌控机器人，但未来机器人可能会掌控人类。

B. 机器人战争技术有助于摆脱以往大规模杀戮的血腥模式，从而让现代战争变得更为人道。

C. 掌握机器人战争技术的国家为数不多，将来战争的发生更为频繁也更为血腥。

D. 因不同国家之间军事科技实力的差距，机器人战争技术只会让部分国家远离危险。

E. 全球化时代的机器人战争技术要消耗更多资源，破坏生态环境。

【解析】 本题要构建题目逻辑主干。专家的观点：机器人战争技术的出现可以使人类远离危险，更安全、更有效率地实现战争目标。最有效的削弱思路是指出，机器人战争技术的出现未必会使得人类远离危险。

选项 A 为无关选项，排除。选项 B 是对题目中专家观点的加强，排除。选项 C 指出，将来战争的发生更为频繁也更为血腥，证明机器人战争技术的出现未必会使得人类远离危险，可以削弱题目中专家的观点，入选。选项 D 所涉及的信息指出"机器人战争技术只会让部分国家远离危险"，有一定的削弱作用，但是表达不严谨，按照选项的说法，只是有一部分国家能远离危险，那可能还有一部分国家不能远离危险，削弱程度不强，排除。选项 E 指出机器人战争技术要消耗更多资源，破坏生态环境（有恶果），但是这和题干专家的观点无关，排除。

【答案】C。

> **敲黑板**
>
> 　　从上述例题中，我们不难看出，解论证推理题的关键不在于弄清题干的具体内容，而在于抓住题干论证的逻辑主干，再根据题目要求完成选择。也可以说，解论证推理题最重要的步骤是构建逻辑结构。

3. 分析推理

分析推理题型的难度并不大，但是每年考生都视其为洪水猛兽。究其原因，主要是考生对这一类题目的熟练程度不够，尤其是对有众多复杂信息题干的提炼能力不足。在同时给出众多条件，且条件之间的关联性往往隐藏在一定的逻辑关系和表述下时，其并不容易被发现。考生在分析题目的过程中纠结太多，浪费了大量的时间，这才是考生得分不高的主要原因。分析推理题目的难度范围非常灵活，题目既可以非常难，也可以非常简单。截至目前，所有关于分析推理的真题，其出题思路还是比较简单和固定的。所以，对于这一类题目，我们要有意识地根据题目特点识别解题方法，适度做练习，提高做题速度。

7~8题基于以下题干：

江海大学的校园美食节开幕了，某女生宿舍有5人积极报名参加此次活动，她们的姓名分别为金粲、木心、水仙、火珊、土润。举办方要求，每位报名者只做一道菜品参加评比，但需自备食材。限于条件，该宿舍所备食材仅有5种：金针菇、木耳、水蜜桃、火腿和土豆。要求每种食材只能有2人选用，每人又只能选用2种食材，并且每人所选食材名称的第一个字与自己的姓氏均不相同。

已知：

（1）如果金粲选水蜜桃，则水仙不选金针菇；

（2）如果木心选金针菇或土豆，则她也须选木耳；

（3）如果火珊选水蜜桃，则她也须选木耳和土豆；

（4）如果木心选火腿，则火珊不选金针菇。

例7 根据上述信息，可以得出以下哪项？

A. 木心选用水蜜桃、土豆。
B. 水仙选用金针菇、火腿。
C. 土润选用金针菇、水蜜桃。
D. 火珊选用木耳、水蜜桃。
E. 金粲选用木耳、土豆。

【解析】①条件（2）"如果木心选金针菇或土豆，则她也须选木耳"等价于"木心选金针菇

∨木心选土豆→木心选木耳",而根据题意木心不能选木耳,所以可以得出结论,木心不选金针菇和土豆,那么木心选水蜜桃和火腿。

②根据条件(3),火珊选水蜜桃→火珊选木耳∧火珊选土豆,但是由"每人只能选用2种食材"可知,火珊不选水蜜桃。

③根据条件(4)"如果木心选火腿,则火珊不选金针菇",那么金针菇只能由水仙和土润选。

④根据条件(1)"如果金粲选水蜜桃,则水仙不选金针菇"等价于"水仙选金针菇→金粲不选水蜜桃",得出"金粲不选水蜜桃",从而可知,土润选水蜜桃。

⑤由火珊不选金针菇、水蜜桃、火腿,可知火珊选木耳、土豆。

相关信息列表如下:

姓名\食材	金针菇	木耳	水蜜桃	火腿	土豆
金粲	×		×④		
木心	×	×	√①	√①	×①
水仙	√③		×		
火珊	×③	√⑤	×②	×	√⑤
土润	√③		√④		×

综合上述信息,可以得出土润选用金针菇、水蜜桃,选项 C 入选。

【答案】 C。

例 8 如果水仙选用土豆,则可以得出以下哪项?

A. 木心选用金针菇、水蜜桃。　　B. 金粲选用木耳、火腿。
C. 火珊选用金针菇、土豆。　　　D. 水仙选用木耳、土豆。
E. 土润选用水蜜桃、火腿。

【解析】 题干化简如下:

①本题补充条件为,水仙选用土豆,根据补充条件可知,金粲不选土豆;

②由①可知,金粲选用木耳、火腿。

组合关系如下表所示:

姓名\食材	金针菇	木耳	水蜜桃	火腿	土豆
金粲	×	√②	×	√②	×①
木心	×	×	√	√	×
水仙	√	×	×	×	√①
火珊	×	√	×	×	√
土润	√		√	×	×

根据上表可知,选项 B 符合,入选。

【答案】 B。

> **敲黑板**
>
> 在选择的同时一定要记得排除错误选项，这种题目是比较高频的考点，一定要熟练掌握其解题方法。

例9 某地人才市场招聘保洁、物业、网管、销售等4种岗位的从业者，有甲、乙、丙、丁4位年轻人前来应聘。事后得知，每人只选择一种岗位应聘，且每种岗位都有其中一人应聘。另外，还知道：

（1）如果丁应聘网管岗位，那么甲应聘物业岗位；

（2）如果乙不应聘保洁岗位，那么甲应聘保洁且丙应聘销售岗位；

（3）如果乙应聘保洁岗位，那么丙应聘销售岗位，丁也应聘保洁岗位。

根据以上陈述，可以得出以下哪项？

A. 丁应聘销售岗位。　　B. 甲应聘物业岗位。　　C. 乙应聘网管岗位。

D. 甲应聘网管岗位。　　E. 丙应聘保洁岗位。

【解析】第一步：结合题干信息"每人只选择一种岗位应聘，且每种岗位都有其中一人应聘"和条件（3）可知，乙不应聘保洁岗位。

第二步：将上一步结果代入条件（2）可得，甲应聘保洁岗位且丙应聘销售岗位。

第三步：将"甲应聘保洁岗位"代入条件（1），根据逆否规则可得，丁不应聘网管岗位。

综上可知：甲应聘保洁岗位，乙应聘网管岗位，丙应聘销售岗位，丁应聘物业岗位。

【答案】C。

> **做题要领**
>
> 在严谨的一一对应题中，找到解题关键点很重要，类似条件（3）的句子往往是突破口，这在真题中出现过多次，考生要格外注意。

例10 某大学读书会开展"一月一书"活动。读书会成员甲、乙、丙、丁、戊5人在《论语》《史记》《唐诗三百首》《奥德赛》《资本论》中各选一本阅读，互不重复。已知：

（1）甲爱读历史，会在《史记》和《奥德赛》中挑一本；

（2）乙和丁只爱读中国古代经典，但现在都没有读诗的心情；

（3）如果乙选《论语》，则戊选《史记》。

事实上，各人都选了自己喜爱的书目。

根据上述信息，可以得出以下哪项？

A. 甲选《史记》。　　B. 乙选《奥德赛》。　　C. 丙选《唐诗三百首》。

D. 丁选《论语》。　　E. 戊选《资本论》。

【解析】第一步：根据条件（2）可知，乙和丁只在《论语》和《史记》中选一个，所以，戊一定不会选《史记》。

第二步：将"戊一定不会选《史记》"代入条件（3）可得，乙不选《论语》，进一步推出，乙只能选《史记》，丁只能选《论语》。

【答案】D。

•··**做题要领**

从题干相对确定的信息入手解题。

•··**敲黑板**

看了分析推理的题目，大家最大的感触应该是，分析推理的题目只要掌握了正确的方法，就可以迅速找到解题突破口，所以，分析推理题目的复习重点在于掌握解题技巧。

总之，形式逻辑学规则，论证推理建结构，分析推理找技巧，记住这几点就能够掌握每一个部分的学习方法。

●备考贴士

在备考的过程中，经常有考生很困惑："为什么做了那么多题目，正确率依然上不去？""如果不考虑时间成本，每道题目经过深思熟虑，倒是可以保证准确率，但是考试的时候怎么办？ 稍微提高一下做题的速度，错题数量就开始噌噌往上涨！"那么我们如何解决这个困局呢？

在备考过程中要提高备考效率，有以下几点需要注意：

一、不要迷信题海战术，盲目刷题，应该先了解考查思路。通过学习，体会考查要点，掌握解题思路。

大多数考生都是第一次接触逻辑这个科目，在备考过程中，大家会盲目地认为，题目做多了正确率自然就提高了。 但事实绝不是这样！ 如果只反复刷题，大家就一直都是在自己熟悉的范围内机械地重复，对真正提高做题水平没有实质性帮助。 逻辑备考的重点在于掌握考点，洞悉出题思路，"400道题做一遍不如100道题做四遍"。 需要提醒的是，大家在做题时，不能仅关注这道题目的考点，要体会相同考点是如何以不同的文字形式表现出来的。 在复习时，要弄清楚每道题的考点，做到举一反三。

这本教材中的每个知识点都配有相应的精讲视频，在此推荐大家先看视频再看书，然后再做题，这才是最有效的备考方式。

二、一定要高度重视历年真题，在吃透真题之后再选择高质量的模拟题进行练习。

综合能力考试中的逻辑部分考查的是逻辑思维能力，相对独立于各种专业知识，也就是说，相关逻辑理论与知识点掌握得多，逻辑思维能力不一定就强，关键是要强化逻辑思维能力，强化逻辑思维能力最有效的办法就是适当做一些相关的练习，在练习过程中，逐步找到解题的感觉。 这种"解题的感觉"即所谓的"题感"。 逻辑过关的标准就是，考生做完一套题后可以知道自己得了多少分，选一道题有充分的理由，知道自己选的答案一定是正确的，并且知道被排除的选项为什么不能选，这就说明考生有了"题感"。 拥有"题感"是逻辑推理突破高分的真正秘诀。

那么"题感"的获得应该通过练习哪些题目而得到呢？

逻辑真题的数量有2 000余道，包括600多道综合能力考试题目，再加上10月在职综合能力考试真题、GCT 逻辑考试真题，这些已经完全足够用来准备逻辑考试。市面上众多的模拟题良莠不齐，很多题目并不严谨，考点甚至跟真题相差甚远，考生做质量差的模拟题实际上是没有任何意义的，完全在浪费自己的备考时间。

如何才能分辨出模拟题的优劣呢？

当考生对真题的出题方式和考点足够熟悉后，再去做模拟题，就可以体会出模拟题跟真题是否相似，从而分辨出模拟题的优劣，不在价值不高的模拟题上浪费宝贵的备考时间。另外，每年考试还会有许多"换汤不换药"的原题，考生在考场上对绝大多数题都不陌生。

一言蔽之，真题才是真正的好。当题目做到一定数量后，可以转换思考角度，即从命题者的角度来审视所做过的题目，领会举一反三的实战精髓，通过做真题来实现从量变到质变的飞跃，从而达到"高手境界"。

三、思考加练习才能事半功倍。

由于解题技巧和思路只有在反复练习中才能真正掌握，因此，思考加练习才是最有效的训练方法。所谓思考加练习，指的就是以分类真题为基础，根据不同的试题类型所具有的主要特征，而提炼出来处理不同类型问题的具体方法。考生在备考的时候，一定要懂得思考，一个解题方法至少要适用于多道题目才具有推广的价值和意义。形式逻辑本质上仅有 3 个基本考点，有固定的解题思路，这也是逻辑推理最容易得分的部分，解答这类题目最关键的步骤就是化简，然后通过运用 3 个最基本的考点推出正确选项。论证推理本质上仅有 4 个最基本套路，做论证推理类题目时，一定要养成先寻找论据和结论，构建逻辑主干的思维习惯，然后根据论据和结论之间的关系进行判断。分析推理本质上仅有 4 种出题套路，一定要先把所有条件化简并汇总在一起，然后通过判断分析推理的固定套路模式，综合所需要的条件找到答案。

思考加练习有助于考生全面了解考试题型，在熟练掌握的基础上融会贯通、举一反三、触类旁通，这样在遇到同类问题时，将有助于考生尽快理清思路，快速且准确地解题。每次做完一定数量的习题后，要花必要的时间对自己做错的题目和虽然做对但在选择时并没有太大把握的难题进行总结。考生一定要想清楚自己为什么选错，错在什么地方，正确选项为什么正确。考前最好回过头来再反复看几遍错题和难题，且每次只看正确答案，以形成深刻的印象，形成"题感"。

总之，考生在备考训练时，要有意识地培养自己对题型、解题规律的理解能力以及能迅速理清解题思路的"题感"。其实，做完一定数量的逻辑题目以后，看完题干和问题，还没有看选项，就能明确正确选项的大致内容；甚至刚看完题干还没看问题就能大概知道问题要问什么。这就是所谓的"熟能生巧"。我们确信：最好的复习备考就是在解题的强化训练中逐步归纳和体会出逻辑题目的共性和规律，在此基础上将其变成自己内在的思维方法，这种方法才是真正通往逻辑高分的捷径。

第一部分
形式逻辑

　　形式逻辑只研究思维的形式问题，要求根据题干中已知的信息，适度运用逻辑的基本知识和原理，得出相应结论。形式逻辑的推理只与已知条件和逻辑规则有关，与具体的题干信息无关。这一类题目在真题中所占的比例大约为三分之一，我们对考生的备考期许是，这部分的题目要拿到满分。

　　形式逻辑体系：
　　（1）概念、划分和定义。
　　（2）性质命题对当关系（六角矩阵）。
　　（3）模态命题及其推理。
　　（4）复合命题及其推理。
　　（5）关系命题及其推理。
　　（6）三段论及其推理。
　　（7）逻辑的基本规则。

　　形式逻辑备考中最重要的问题：
　　（1）利用逻辑基本规则化简题干信息。
　　（2）严格遵循逻辑规则，切忌想当然。
　　（3）分清楚逻辑真和事实真。

第一章 概念、划分和定义

第1讲 概念

考点分析1

逻辑的研究对象就是思维,而在实际思维中,思维的过程同时也是使用语言的过程。所以在研究逻辑思维时,是时刻不能离开语言的。大家在确定一句话或一段话的真实含义时,有必要进行一定的语意分析。

首先来看几个例子:

(1) 学生:老师你教的都是没用的东西。

　　老师:我不许你这样说自己。

(2) 中国的乒乓球队很厉害,谁也打不过。

　　中国足球也很厉害,谁也打不过。

(3) 这儿的天真冷,能穿多少穿多少。

　　这儿的天真热,能穿多少穿多少。

为什么相同的语言形式会表达出不同的概念?

(一) 概念的两个要素

(1) 内涵:概念所反映的事物的本质属性。

(2) 外延:具有概念的内涵所具有的那些属性的事物(对象)。

明确一个概念可以从这个概念的内涵和外延两个方面入手。内涵是指概念所反映的事物的本质属性。外延是指具有概念的内涵所具有的那些属性的事物。任何概念都有内涵和外延,概念的内涵规定了概念的外延,概念的外延也影响着概念的内涵。一个概念的内涵越多(一个概念所反映的事物的特性越多),这个概念的外延就越少(这个概念所指的对象的数量就越少),反之亦然。

(二) 概念的类型

1. 单独概念和普遍概念

判断是单独概念还是普遍概念取决于其外延中分子对象数量的多少。

(1) 单独概念:只有一个分子对象的概念。例如,中国的首都。

(2) 普遍概念:具有两个或两个以上分子对象的概念。

2. 实体概念和属性概念

根据概念反映的是事物本身还是事物的属性,可将概念分为实体概念与属性概念。

3. 集合概念和非集合概念

根据概念是否把一类事物作为一个集合体来反映,可将概念分为集合概念与非集合概念。判断是集合概念还是非集合概念取决于语句中所规定的对象的属性是整体具有（部分不一定具有），还是其中的每个分子对象均具有。

一般来说，反映集合体的一类概念就是集合概念，不反映集合体的概念就是非集合概念。

在不同场合，同一词语可以表达集合概念，也可以不表达集合概念。例如：在"人是由猿转化而来的"这一判断中，"人"是集合概念，因为不是每一个人都具有由猿转化这个性质；在"张三是人"这一判断中，"人"是非集合概念，表示人这一类动物或其中一个分子。

区别某个词语是否是集合概念，须结合语境确定。

> ●●● 敲黑板
> 区分集合概念和非集合概念的标准
> 非集合概念：（1）具体指明某个个体。
> （2）每个个体均具有该属性。
> 集合概念：整体才具有该属性（部分不一定具有）。

4. 正概念和负概念

根据概念反映的事物具有某种属性还是不具有某种属性，可将概念分为正概念与负概念。正概念是反映对象具有某种属性的概念；负概念是反映对象不具有某种属性的概念。

同一个概念，可以根据不同的标准，从不同的角度进行多次分类。例如，"人"这个概念，是一个普遍概念，也是正概念、实体概念和绝对概念。"非金属"这个概念，是一个普遍概念，也是负概念、实体概念和相对概念。"伟大"这个概念，是一个属性概念，也是正概念、相对概念。

5. 概念外延间的关系

概念外延间的关系有四种：全同、包含、相交、相异。

（1）全同关系：两个概念的外延完全相同。

（2）包含关系：指一个概念的外延大于并包含另一个概念的全部外延。

（3）相交关系：A、B 两个概念在外延上有并且只有一部分是重合的，即至少有 A 是 B，并且有 A 不是 B 且有 B 不是 A。

（4）相异关系：两个概念在外延上没有任何重合，是互相排斥的。

这些内容在高中一年级数学集合论部分就已经学过，相信大家理解这些知识不存在任何问题，大家要掌握的就是这种用欧拉图——"画圈圈"来表示概念外延的方法。有时用这种方法解题能起到很好的作用。通常，概念外延间的关系不会单独出题，而是和三段论结合在一起出题。不管怎样，只要是利用概念外延间的关系、根据条件推出结论的题型，用欧拉图的方法来解题效果就比较好。

第一章 概念、划分和定义

概念之间的关系	相容关系			不相容关系	
	全同	包含	相交	相异	
例子	A 北京 B 中国首都	A 大学生 B 学生	A 大学生 B 考研的人	A 红色 B 非红色	A 红色 B 绿色
欧拉图	A(B)	B A	A B	B A	A B

题型分析

题型一：利用概念外延间的关系，得出相应的结论。

【题目特征】题干内容涉及多个概念，表达形式：所有的 S 都是 P，所有的 S 都不是 P，有的 S 是 P 等。该题型考查欧拉图的应用。

1~2 题基于以下题干：

在某住宅小区的居民中，大多数中老年教员都办了人寿保险，所有买了四居室以上住房的居民都办了财产保险，而所有办了人寿保险的都没办理财产保险。

例1 如果上述断定是真的，则以下哪项关于该小区居民的断定必定是真的？

Ⅰ．有的中老年教员买了四居室以上的住房。

Ⅱ．有的中老年教员没办理财产保险。

Ⅲ．买了四居室以上住房的居民都没办理人寿保险。

A. Ⅰ、Ⅱ和Ⅲ。　　　　B. 仅Ⅰ和Ⅱ。　　　　C. 仅Ⅱ和Ⅲ。

D. 仅Ⅰ和Ⅲ。　　　　E. 仅Ⅱ。

【解析】题目中多个概念之间的关系，可以用欧拉图——"画圈圈"的方法解决。题干信息关系如下图所示：

题目的问题是"以下哪项关于该小区居民的断定必定是真的"。

复选项Ⅰ，在有些情况下可以为真，排除；复选项Ⅱ，买了人寿保险的那部分中老年教员就不会买财产保险，一定正确，入选；复选项Ⅲ，必定为真，入选。

【答案】C。

例2 如果在题干的断定中再增加如下断定："所有的中老年教员都办理了人寿保险"，并假设这些断定都是真的，那么以下哪项必定是假的？

A. 在买了四居室以上住房的居民中有中老年教员。

B. 并非所有办理人寿保险的都是中老年教员。

C. 某些中老年教员没买四居室以上的住房。

D. 所有的中老年教员都没办理财产保险。

E. 某些办理了人寿保险的没买四居室以上的住房。

【解析】 题干信息关系如下图所示：

题目的问题是"以下哪项必定是假的"。选项 A 中"四居室"和"中老年教员"的圈不可能有交集，所以一定是假命题，入选。

【答案】 A。

例3 在某国家的黑人居住区中，所有的非洲卡卡拉拉人的后裔都加入了保护非洲后裔人权协会。有些在白人居住区做清洁的工人是南加夫娅洲人。有些非洲卡卡拉拉人的后裔是南加夫娅洲人。所有保护非洲后裔人权协会的会员都买了足球福利彩票。没有在白人居住区做清洁的工人买足球福利彩票。

下面关于在该国家的黑人居住区中的一些断定都能依据上述前提推出，除了：

A. 所有的非洲卡卡拉拉人的后裔都买了足球福利彩票。

B. 有些南加夫娅洲人买了足球福利彩票。

C. 有些南加夫娅洲人没有买足球福利彩票。

D. 有些非洲卡卡拉拉人的后裔在白人居住区做清洁工人。

E. 没有在白人居住区做清洁的工人加入保护非洲后裔人权协会。

【解析】 本题的概念非常复杂，而且超出了我们的知识范围，记忆起来比较麻烦。大家可以尝试用欧拉图的方法解题。非洲卡卡拉拉人的后裔（a）都加入了保护非洲后裔人权协会（b）。有些在白人居住区做清洁的工人（c）是南加夫娅洲人（d）。有些非洲卡卡拉拉人的后裔（a）是南加夫娅洲人（d）。所有保护非洲后裔人权协会的会员（b）都买了足球福利彩票（e）。没有在白人居住区做清洁的工人买足球福利彩票［最后一句话不是标准形式的判断，可以转化为所有在白人居住区做清洁的工人（c）都没有买足球福利彩票（e）］。题干信息关系如下图所示：

第一章 概念、划分和定义

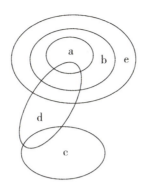

从图中很容易发现，a 和 c 是相异关系，没有任何交叉，所以，选项 D 是不能依据题干条件推出的。

【答案】D。

> ●● **敲黑板**
>
> 解题小贴士
>
> 先处理"所有"，再处理"有的"；
>
> 先处理一般情况，再考虑特殊情况；
>
> 全同是包含的特例，包含是相交的特例；
>
> 不要忘记浮动圈。

例 4 某大学顾老师在回答有关招生问题时强调："我们学校招收一部分免费师范生，也招收一部分一般师范生。一般师范生不同于免费师范生。没有免费师范生毕业时可以留在大城市工作，而一般师范生毕业时都可以选择留在大城市工作；任何非免费师范生毕业时都需要自谋职业，没有免费师范生毕业时需要自谋职业。"

根据顾老师的陈述，可以得出以下哪项？

A. 该校需要自谋职业的大学生都可以选择留在大城市工作。

B. 不是一般师范生的该校大学生都是免费师范生。

C. 该校需要自谋职业的大学生都是一般师范生。

D. 该校所有一般师范生都需要自谋职业。

E. 该校可以选择留在大城市工作的唯一一类毕业生是一般师范生。

【解析】题干条件可用如下欧拉图表示：

按照图示逻辑关系，选项 A、B、C 和 E 都不一定能从题干中推出，排除。

【答案】D。

> **做题要领**
> 涉及概念与外延之间关系的题目,如果题干涉及的概念越多越复杂,那么用欧拉图解题就越简单直观。

题型二:概念的相似比较。

【题目特征】题干给出某个概念,需要考生通过快速阅读,寻找最符合或者最不符合的选项。

例 1 漏税是指纳税人并非故意不缴或者少缴税款的行为。对漏税者,税务机关应当令其限期照章补缴所漏税款;逾期未缴的,从漏税之日起,按日加收税款滞纳金。

根据上述定义,下列情况中属于漏税行为的是:

A. 杜某开了一家书店,税务部门规定对他的税款实行查账征收。当顾客不要求开发票时,他就不开发票;而当有大笔交易并且客户要求开发票时,他就将发票客户联撕下来,客户联与存根联分别填写,客户联上按实际数字填写,而存根联上则填写较小的数字。

B. 某著名歌星在某城市举行了一场个人演唱会,门票收入高达 40 万元。根据演出协议,这位歌星拿到了门票收入的 25%,约 10 万元。第二天,该歌星又开赴另一个城市演出去了。

C. 张大伯是一家小商店的店主,主要经营日用百货,税务管理部门核定他每月缴纳税款 500 元。他每个月都准时去税务局主动缴纳税款,但上个月由于家中出了事情,几乎没有营业,当然也就没有什么赢利,因此他就没有到税务局缴纳税款。

D. 黄兴是一个屠夫,他干这一行已经好多年了。最近猪肉紧缺,价格上涨很快,县物价局对猪肉做了最高限价。由于购买生猪的价格很高,他们的利润很低。为此,黄兴对税务征管员说,如果政府不取消限价,他们就不缴纳税款。

E. 无法判断。

【解析】漏税这一定义十分简单,要完成这道题,只需要注意一点,定义的要件是"并非故意"。选项的几个事例都涉及没有缴纳税款的问题。但是在选项 A 中,杜某显然是故意的,他不是漏税,而是偷税,排除;选项 C 的迷惑性比较大,张大伯因为没有营业而不缴税款,他并不是不知道要缴纳税款,所以也是故意的,不符合漏税的要件,排除;选项 D,黄兴也是故意不缴纳税款,排除。只有选项 B,并没有涉及税款的问题,也没有说明其是故意不缴税,该著名歌星也许是不知道应该缴纳个人所得税,或者认为这笔税款应该由举办方支付,其没有缴税并不是故意的,因而入选。

【答案】B。

> **做题要领**
> 此类题目的特点是,有时候题干会很长,所以要学会快速阅读,寻找核心词,利用核心词去排除干扰选项。

例2 在某次思维训练课上，张老师提出"尚左数"这一概念的定义：在连续排列的一组数字中，如果一个数字左边的数字都比其大（或无数字），且其右边的数字都比其小（或无数字），则称这个数字为尚左数。

根据张老师的定义，在8、9、7、6、4、5、3、2这列数字中，以下哪项包含了该列数字中所有的尚左数？

A. 4、5、7和9。　　　　B. 2、3、6和7。　　　　C. 3、6、7和8。

D. 5、6、7和8。　　　　E. 2、3、6和8。

【解析】根据题意，尚左数是指，一个数字，左边的数字都比它大∧右边的数字都比它小。

依据"尚左数"的定义，选项A中5不属于"尚左数"，排除；选项C、D和E中的8不属于"尚左数"，排除。

【答案】B。

> **做题要领**
> 对于一种新定义的规则或者新描述的定义，不管其是否合理，只要比照定义的含义选择适合的对象即可，不可代入自己的主观经验。

例3 根据学习在动机形成和发展中所起的作用，人的动机可分为原始动机和习得动机两种。原始动机是与生俱来的动机，它们是以人的本能需要为基础的；习得动机是指后天获得的各种动机，即经过学习产生和发展起来的各种动机。

根据以上陈述，以下哪项最可能属于原始动机？

A. 尊敬老人，孝敬父母。　　　　B. 尊师重教，崇文尚武。

C. 不入虎穴，焉得虎子？　　　　D. 窈窕淑女，君子好逑。

E. 宁可食无肉，不可居无竹。

【解析】此题考查两个概念——原始动机和习得动机的区别。原始动机是指与生俱来的动机，是以人的本能需要为基础的，其核心词是"与生俱来""以本能需要为基础"。习得动机是指后天获得的各种动机，即经过学习产生和发展起来的各种动机，其核心词是"后天获得""经过学习产生和发展起来的"。在A、B、C、D、E五项中，"窈窕淑女，君子好逑"最可能是以人的本能需要为基础的、与生俱来的动机，入选。其他选项所描述的动机均要通过学习才能获得，不符合，排除。

【答案】D。

> **敲黑板**
> 对于这一类题目，不需要质疑题目给出的概念或者定义是否真实有效，只需要判断选项是否符合概念的内涵或者定义的本质特征。解这一类题目的关键是要快速阅读，寻找核心词，选项和核心词相匹配即符合要求，不匹配即不符合要求。考生还要看清楚题目要求的是找"最符合"还是"最不符合"的选项，这中间可能也会涉及"相对最好"原则。

考点分析 2

概念中的逻辑错误

在逻辑推理和判断中，最应该警惕的问题是混淆概念。混淆概念是指在同一思维或论辩过程中，把不同的概念当作同一概念来使用。混淆概念通常是一种诡辩手法，它或是利用同一词语的不同意义，或是利用两个词语在语义上的相同或部分相同，来达到混淆概念的目的。严格意义上来说，混淆概念和偷换概念是不一样的。偷换概念是故意为之，混淆概念则不一定。

题型分析

题型：判断论证中是否存在漏洞。

【题目特征】判断论证中是否存在漏洞，尤其是和概念相关的漏洞。

例 1 甲和乙在一起聊天。

甲：厂里规定，工作时禁止吸烟，你怎么在这里吸烟？

乙：当然，可我吸烟时从不工作。

上述论证是否存在漏洞？

【解析】乙的论证存在漏洞。题目中甲所说的"工作"是时间概念，而乙所说的"工作"是指具体的工作动作，二者内涵不同，不是同一个概念，因此乙的论证存在"偷换概念"的漏洞。

例 2 根据男婴出生率，甲和乙展开了辩论。

甲：人口统计发现一条规律，在新生婴儿中，男婴的出生率总是波动于 22/43 这个数值，而不是 1/2。

乙：不对，许多资料都表明，多数国家和地区，如新加坡、日本、美国、德国以及我国的台湾地区都是女人比男人多。可见，认为男婴出生率总在 22/43 上下波动的说法是不成立的。

试分析甲、乙的对话，指出下列哪一个选项能说明甲或乙的逻辑错误？

A. 甲所说的统计规律不存在。　　B. 乙的资料不可信。

C. 乙混淆了概念。　　　　　　　D. 乙违反了矛盾律。

E. 甲在论证的过程中犯了严重的逻辑错误。

【解析】乙混淆了婴儿出生时的"男女比例"和社会人口性别构成中的"男女比例"这两个不同的概念。后者除了受男婴、女婴出生率及死亡率的影响，还要受儿童、青少年、成年男女死亡率等其他因素的影响，所以这两者并不是同一个概念。

【答案】C。

例 3 鲁迅的著作不是一天能读完的，《狂人日记》是鲁迅的著作，因此，《狂人日记》不是一天能读完的。

下列哪项最为恰当地指出了上述推理的逻辑错误？

A. 偷换概念。　B. 自相矛盾。　C. 以偏概全。　D. 因果倒置。　E. 循环论证。

【解析】题干中，第一个"鲁迅的著作"是指鲁迅先生的所有作品，是集合概念；第二个"鲁迅的著作"仅指《狂人日记》这一个对象，是非集合概念。很显然，二者的外延不同，并不是同一个概念,故题干犯了偷换概念的逻辑错误。

【答案】A。

> **敲黑板**
>
> "偷换概念"是所有逻辑错误中最重要、最防不胜防的一类,不仅在逻辑中极为重要,在论证有效性分析中也是重要的考查点。
>
> "偷换概念"的出现,从根本上来讲就是违反了逻辑三大规律之一的同一律。
>
> 同一律是指在同一思维过程中同一个概念或同一个命题必须和自身保持同一。违反这个规则就会犯"混淆概念"或"偷换概念"、"转移论题"或"偷换论题"的错误。
>
> 换句话说,同一律要求在同一思维过程中,在什么意义上使用某个概念(命题),就自始至终在这个确定的意义上使用这个概念(命题)。同一律在生活中非常有用,违背同一律的错误也是随处可见,很多的脑筋急转弯就违背了同一律。对于考生来说,需要抓住题干论证中的关键概念,不要被一些似是而非的概念给迷惑了。

第2讲 划分

考点分析

将概念进行分类称为概念的划分。任何划分都包含三要素,即母项、子项和划分标准。概念的划分要遵守以下原则:

(1) 子项之间不相容。

(2) 各子项外延之和与母项的外延全同。

(3) 每次划分只能依据一个标准。

题型分析

题型:涉及划分的计算。

【题目特征】题目给出的信息中,涉及的对象会通过不同的划分标准来描述,考查考生对划分的掌握程度。

例1 在某个饭店中,一桌人边用餐边谈生意。其中,一个人是哈尔滨人,两个人是北方人,一个人是广东人,两个人只做电脑生意,三个人只做服装生意。

假设以上的介绍涉及这餐桌上所有的人,那么这一餐桌上最少可能是几个人?最多可能是几个人?

A. 最少可能是3人,最多可能是8人。

B. 最少可能是5人,最多可能是8人。

C. 最少可能是5人,最多可能是9人。

D. 最少可能是3人,最多可能是8人。

E. 无法确定。

【解析】 本题考查概念的划分。题目问最多几个人，最少几个人，当把题干中所有能分开的身份特征全都分开并和人数一一对应的时候，涉及的人数肯定是最多的；把身份特征能合并的都合并，对应的人数就是最少的。题干中，哈尔滨人和北方人是包含关系，广东人不是北方人，所以地理位置一定涉及 3 个人。两个人只做电脑生意，三个人只做服装生意，所以职业一定涉及 5 个人。若地理位置涉及的 3 个人和职业涉及的 5 个人重合，则最少有 5 个人；若不重合，则最多有 8 个人。

【答案】 B。

例 2 在某校新当选的校学生会的七名委员中，有一个大连人，两个北方人，一个福州人，两个特长生（有特殊专长的学生），三个贫困生（有特殊经济困难的学生）。

假设上述介绍涉及该学生会中的所有委员，则以下各项关于该学生会委员的断定都与题干不矛盾，除了：

A. 两个特长生都是贫困生。　　B. 贫困生不都是南方人。
C. 特长生都是南方人。　　　　D. 大连人是特长生。
E. 另一个北方人是学财政金融的。

【解析】 按照题干的推理关系，大连人和北方人之间是包含关系，福州人和北方人之间是相异的，如图所示：

目前画出来的是 8 个人的情况，题目已经明确一共 7 人，那就说明这些圈中需要合并 1 人。因为题目问的是"不矛盾，除了"，在题目中看到"除了"二字时，一定要用排除法，把和题干不矛盾的选项排除，剩下的就是正确答案。

选项 A 说的是"两个特长生都是贫困生"，如果这个选项为真的话，特长生要放到贫困生的圈内，此时委员的人数就变成了 6，和题干矛盾，所以选项 A 是有问题的，入选。选项 B 说的是"贫困生不都是南方人"，等价于"有的贫困生不是南方人"，也等价于"有的贫困生是北方人"，说明贫困生和北方人有交集，和题干信息不矛盾，排除。选项 C "特长生都是南方人"，已知 7 个委员中有 2 个北方人，那言下之意就是 5 个南方人，所以特长生都是南方人，和题干不矛盾，排除。选项 D，大连人和特长生有交集，符合题干条件，排除。选项 E 虽然不足以从题干中推出，但是也和题干不矛盾，排除。

【答案】 A。

例 3 某架直升机有 9 名乘客，其中有 1 名科学家、2 名企业家、2 名律师、3 名美国人、4 名中国人。

补充以下哪一项，能够解释题干中提到的总人数和不同身份的人数之间的不一致？

A. 那位科学家和其中的 1 名美国人是夫妻。

B. 其中 1 名企业家的产品主要出口到美国。

C. 2 名企业家都是中国人，另有 1 名企业家是律师。

D. 其中 1 名律师是其中 1 名企业家的法律顾问。

E. 其中一个中国人是在 80 年代的"出国潮"中出国留学的。

【解析】 题干描述的各种人的总和为 12，比总人数 9 大，因此一定有人是多重身份。选项 C 指出中国人和企业家的重合人数为 2，那么人数总和就变成了 10，又因为企业家和律师的重合人数是 1，那么总人数恰好是 9，因此，选项 C 为正确答案，入选。选项 A、B、E 明显为无关选项，排除；题干中没有提到法律顾问，选项 D 为无关选项，排除。

【答案】 C。

例 4 我最爱阅读外国文学作品，英国的、法国的、古典的，我都爱读。

上述陈述在逻辑上犯了哪项错误？

A. 划分外国文学作品的标准混乱，前者是按国别划分的，后者是按时代划分的。

B. 外国文学作品，没有分是诗歌、小说还是戏剧。

C. 没有说最喜好什么。

D. 没有说是外文原版还是翻译本。

E. 在"古典的"后面，没有紧接着指出"现代的"。

【解析】 本题考查概念的划分。题目中的表述"英国的、法国的"是按照国别划分的，而"古典的"则是按照时代划分的。很明显，题目违反了划分的规则，即"每次划分只能依据一个标准"，出现了不同标准划分的并列，是其错误所在，选项 A 入选。其他选项均不是错误所在，排除。

【答案】 A。

例 5 参加某国际学术研讨会的 60 名学者中，亚裔学者 31 人，博士 33 人，非亚裔学者无博士学位的 4 人。

根据以上所述，参加此次国际研讨会的亚裔博士有几人？

A. 1。　　　　B. 2。　　　　C. 4。　　　　D. 8。　　　　E. 6。

【解析】 题干中所涉及的亚裔学者、博士、非亚裔学者无博士学位的人数总和为 68，比总人数多出 8 人。根据概念之间的关系可知，统计亚裔学者和统计博士时，亚裔博士统计了两遍，所以多出来的 8 人就是亚裔博士的人数。

本题也可以尝试用列"表格"方式解题。

【答案】 D。

例 6 某市 2018 年的人口发展报告显示，该市常住人口 1 170 万，其中常住外来人口 440 万，户籍人口 730 万。从区级人口分布情况来看，该市 G 区常住人口 240 万，居各区之首；H 区常住人口 200 万，位居第二；同时，这两个区也是吸纳外来人口较多的区域，两个区常住外来人口 200 万，占全市常住外来人口的 45% 以上。

根据以上陈述，可以得出以下哪项？

A. 该市 G 区的户籍人口比 H 区的常住外来人口多。

B. 该市 H 区的户籍人口比 G 区的常住外来人口多。

C. 该市 H 区的户籍人口比 H 区的常住外来人口多。
D. 该市 G 区的户籍人口比 G 区的常住外来人口多。
E. 该市其他各区的常住外来人口都没有 G 区或 H 区的多。

【解析】 设 G 区常住外来人口为 A，H 区常住外来人口为 B，G 区户籍人口为 C，H 区户籍人口为 D，列表如下：

	G 区	H 区
常住外来人口	A	B
户籍人口	C	D

根据题意：A + B = 200，A + C = 240，B + D = 200。因此可得：C − B = 40，C > B，即 G 区户籍人口 > H 区常住外来人口，选项 A 正确。

【答案】 A。

田字格是解决划分题最好用的方法，在很多真题中都能运用。

第3讲　定义

考点分析

定义是明确概念内涵的逻辑方法，包含被定义项、定义项和定义联项。通过定义可明确概念所反映对象的特点和本质。

为了正确地下定义，必须遵守以下规则：

（1）定义概念的外延和被定义概念的外延必须完全相等，否则会出现"定义过宽"或者"定义过窄"的逻辑错误。

（2）定义概念中不得直接或间接地包含被定义的概念，否则会出现"循环定义"的逻辑错误。

（3）定义不应包括含混的概念，否则会出现"定义含混""定义不明确"的逻辑错误。

（4）定义不应当是否定的，不能用比喻，否则会出现"用否定句下定义""用比喻下定义"的逻辑错误。

定义判断题考查的是考生运用一定的标准进行判断的能力。解答这类试题时，考生应从定义本身入手进行分析和判断，不能凭借自己已有的感觉去衡量，特别是当试题的定义与自己头脑中的定义之间存在差异时，应以题目中的定义为准，然后再将选项依次和题目中定义的标准相对照，判断选项是否符合定义的规定与要求。通过排除法，该类题目一般都可以快速找到正确答案。

题型分析

题型一：识别定义中的逻辑错误。

例1　过去，我们在道德宣传上有很多不切实际的高调，以至于不少人口头说一套，背后做一套，发生人格分裂现象。通过对此种现象的思考，有的学者提出，我们只应该要求普通人遵守"底线伦理"。

以下哪一项作为"底线伦理"的定义最合适？

A. 底线伦理就是不盗窃、不杀人。
B. 底线伦理是作为一个社会普通人所应遵循的一套最起码、最基本的行为规范和准则。
C. 底线伦理不是要求人无私奉献的伦理。
D. 如果把人的道德比作一座大厦，那么底线伦理就是该大厦的基础部分。
E. 底线伦理就是伦理中的底线。

【解析】 本题考查定义的规则。题目的问题是"以下哪一项作为'底线伦理'的定义最合适？"本题需要运用排除法，把不合适的选项排除，剩下的选项即正确答案。

选项 A 有否定词，和定义规则相抵触，排除；选项 C 有否定词，和定义规则相抵触，排除；选项 D 用了比喻下定义，和定义规则相抵触，排除；选项 E 是循环定义，和定义规则相抵触，排除。因此，选项 B 入选。

【答案】 B。

例2 "平反是对处理错误的案件进行纠正。"

以下哪项最为确切地说明上述定义的不严格？

A. 对案件是否处理错误，应该有明确的标准。
B. 应该说明平反的操作程序。
C. 应该说明平反的主体及其权威性。
D. 对平反的客体应该具体分析。平反了，不等于没错误。
E. 对原来重罪轻判的案件进行纠正不应该称为平反。

【解析】 本题考查识别论证中的逻辑错误。题目给出了平反的定义，并要求指出定义的不严密之处。"处理错误的案件"包括重罪轻判、轻罪重判、无罪判有罪、有罪判无罪，而这几种情况并不都是"平反"。因此，题目犯的逻辑错误是定义中最容易出现的"定义过宽"，只有选项 E 指出了这个问题，入选。

【答案】 E。

> •• 做题要领
> 关于定义的规则无须死记硬背，考试中更加看重这些规则的应用，所以，一定要明确上述两题的每一个选项能选或者不能选的原因。

题型二：定义的相似比较型。

例1 共同犯罪是指两人以上共同故意犯罪。共同犯罪必须具备以下要件：第一，犯罪主体必须是两个以上达到刑事责任年龄并且具有刑事责任能力的人；第二，有共同的犯罪故意；第三，有共同的犯罪行为。

据此定义，下列属于共同犯罪的行为是：

A. 某人对社会不满，一次进入超市，趁人不备，在装食品的货柜里放了毒药，恰巧被旁边过路人看见，此人并未吭声。
B. 乙公司是甲公司最大的客户，甲公司为了与乙公司续签合同，甲公司的正、副老总商议从公司账上取走30万元，私下送给乙公司项目负责人。
C. 两个初中学生，一个13岁，一个14岁，经常在路边抢劫低年级的学生。
D. 某人一天夜里潜进一户人家，盗走价值几万元的首饰。为了安全起见，他把首饰托放到哥哥家，其哥哥并不知情。
E. 甲、乙两人看中了图书馆杂志上的精美插画，然后互相掩护，偷偷把插画撕下来带走。

【解析】解这道题目的关键是要掌握共同犯罪的构成要件，定义中给了三个要件，只需对比每种情况是否都具备这三个要件。在事件A中，二人事先并不认识，不存在共同犯罪故意，也无共同行为，排除；事件C中，虽然二人都有犯罪行为，存在共同的犯罪故意，但未达到刑事责任年龄，排除；事件D中，犯罪行为由一人实施，其哥哥并不知情，不符合共同犯罪的要件，排除。选项E，二人尚未达到刑事犯罪的标准，排除。事件B符合共同犯罪的三个构成要件，因此正确答案应为选项B。

【答案】B。

例2 经济学家区别正常品和低档品的唯一方法，就是看消费者对收入变化的反应如何。如果人们的收入增加了，对某种东西的需求反而变小，这样的东西就是低档品。类似地，如果人们的收入减少了，他们对低档品的需求就会变大。

以下哪项陈述与经济学家区别正常品与低档品的描述最相符？

A. 学校里的穷学生经常吃方便面，他们毕业找到工作后就经常下饭馆了。对这些学生来说，方便面就是低档品。
B. 在家庭生活中，随着人们收入的减少，对食盐的需求并没有变大，毫无疑问，食盐是一种低档品。
C. 在一个日趋老龄化的社会，对汽油的需求越来越少，对家庭护理服务的需求越来越大。与汽油相比，家庭护理服务属于低档品。
D. 当人们的收入增加时，家长会给孩子多买几件名牌服装，收入减少时就少买点。名牌服装不是低档品，也不是正常品，而是高档品。
E. 在现代生活中，随着健康观念的改变，人们开始"限盐少油"。食盐和食用油都是低档品。

【解析】题干断定，低档品是指"收入增加了，消费者对这种东西的需求反而变小；收入减少了，需求就会变大"。选项A中的方便面符合题干的断定，属于低档品，因此，选项A为正确答案。选项B中的食盐，随着收入减少，其需求并没有变大，所以不属于低档品，排除。选项C没有涉及收入问题，是无关选项，排除。选项D中的名牌服装不符合低档品的定义，但题干并没有定义何为高档品，因此也不能确定其为高档品，排除。选项E没有说明食盐和食用油与收入的直接关系，排除。

【答案】A。

基础能力练习题

1~2题基于以下题干：

以下是某市体委对该市业余体育运动爱好者的一项调查得出的若干结论：

所有的桥牌爱好者都爱好围棋；有的围棋爱好者爱好武术；所有的武术爱好者都不爱好健身操；有的桥牌爱好者同时爱好健身操。

1. 如果上述结论都是真实的，则以下哪项不可能为真？

A. 所有的围棋爱好者也都爱好桥牌。

B. 有的桥牌爱好者爱好武术。

C. 健身操爱好者都爱好围棋。

D. 有的桥牌爱好者不爱好健身操。

E. 围棋爱好者都爱好健身操。

2. 如果在题干中再增加一个结论，每个围棋爱好者爱好武术或者健身操，则以下哪个人的业余体育爱好与题干断定的条件矛盾？

A. 一个桥牌爱好者，既不爱好武术，也不爱好健身操。

B. 一个健身操爱好者，既不爱好围棋，也不爱好桥牌。

C. 一个武术爱好者，爱好围棋，但不爱好桥牌。

D. 一个武术爱好者，既不爱好围棋，也不爱好桥牌。

E. 一个围棋爱好者，爱好武术，但不爱好桥牌。

3. 有些具有良好效果的护肤化妆品是诺亚公司生产的，所有诺亚公司生产的护肤化妆品都价格昂贵，而价格昂贵的护肤化妆品无一例外地得到女士们的青睐。

以下各项都能从题干的断定中推出，除了：

A. 有些效果良好的化妆品得到女士们的青睐。

B. 得到女士们青睐的护肤化妆品中，有些实际效果并不好。

C. 所有诺亚公司生产的护肤化妆品都得到女士们的青睐。

D. 有些价格昂贵的护肤化妆品是效果良好的。

E. 所有不被女士们青睐的护肤化妆品价格都便宜。

4. 在美国出生的正常婴儿在3个月大时平均体重为12~14磅。因此，如果一个3个月大的小孩体重只有10磅，那么他的体重增长低于美国平均水平。

以下哪一项指出了上述推理中的一处缺陷？

A. 体重只是正常婴儿成长的一项指标。

B. 一些3个月大的小孩体重有17磅。

C. 一个正常的小孩在出生时体重达到10磅是有可能的。

D. 平均体重增长同平均体重并不相同。

E. 上述论证是基于特例得出来的结论，不足以作为结论。

5. 在某次全国范围内的社会实践中，中央财经大学共有 70 名学生参加，其中男生有 42 人，本科生有 40 人，女生中非本科生有 10 人。

根据上述信息可知，中央财经大学参加此次社会实践的男生中非本科生有几人？
A. 18。　　　　B. 20。　　　　C. 22。　　　　D. 30。　　　　E. 16。

● 基础能力练习题解析

1. 【答案】E。

   【解析】考点：概念外延间的关系。此题可以用欧拉图的方法解题。

   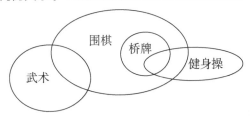

   题目的问题是"以下哪项不可能为真"，也就是要寻找必定为假的选项。根据上图可知，选项 A，可能为真，排除；选项 B，可能为真，排除；选项 C，当"健身操"的圈缩进"围棋"的圈时，可能为真，排除；选项 D，可能为真，排除；选项 E，"武术"的圈，不能缩入"健身操"中，所以必然为假，入选。

2. 【答案】A。

   【解析】考点：概念外延间的关系。选项 A 不可能为真，入选。

3. 【答案】B。

   【解析】考点：概念外延间的关系。此题可以用欧拉图的方法解题。

   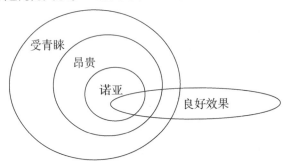

   选项 B，当"良好效果"的圈扩大到包含"受青睐"的圈的时候，选项 B 就不必然为真，所以入选。其他的选项都一定能推出，排除。

4. 【答案】D。

   【解析】考点：论证推理中的漏洞，即逻辑错误。题目先说到了"平均体重"，结论中提到的又是"体重增长"，明显犯了偷换概念的逻辑错误，只有选项 D 指出了题目推理中的漏洞，该选项为正确答案。

5.【答案】 B。

【解析】 设本科男生人数为 A，非本科男生人数为 B，本科女生人数为 C，非本科女生人数为 D，列表如下：

性别＼学历	本科	非本科
男	A	B
女	C	D

根据题意，列式如下：

A + B = 42，C + D = 28，D = 10，A + C = 40。由此可得：C = 18，A = 22，B = 20。

第二章 对当关系

第4讲 性质命题及其对当关系

考点分析

（一）什么是性质命题

性质命题是反映对象具有或不具有某种性质的命题。一般来说，在自然语言中都是用单句的形式来表现的。什么是命题？命题就是表达了判断的语句，即陈述句。有些时候，也会以反问句的形式来表达一种肯定的或者否定的判断。例如："这些逻辑题难道不简单吗？"

所有性质命题都是由四个部分组成的。例如："美国国会议员中有些人是黑种人。"

（1）主项，即表示命题对象的概念，也叫主词，如上例中的"美国国会议员"，在逻辑上一般用符号"S"表示。

（2）谓项，即表示命题对象具有或不具有某种性质的概念，也叫宾词，如上例中的"黑种人"，在逻辑上一般用符号"P"表示。

（3）联项，也叫性质命题的"质"，即联结主项与谓项的概念。联项分为肯定联项与否定联项，即"是"与"不是"。要说明的是，在汉语自然表达中，我们常常会省略肯定联项"是"，或者根本就没有这个"是"，只要表达的是肯定的意思，那就是肯定命题。例如：情况很好。这个命题虽然没有"是"这个字，但它仍然是肯定命题，联项为"是"（肯定联项）。

（4）量项，即表示命题中主项数量的概念。

命题的量一般有三种：

①全部的量（逻辑术语为全称量项），即对主项这个概念的每一个分子都做了断定，一般用自然语言"所有""一切""都"等词语来表示。要说明的是，在自然语言中，"所有""一切"等全称量词经常会省略，如"人皆会死"。只要其意思是断定主项的全部，就是全称量项。

②部分的量（逻辑术语为特称量项），即在一个命题中，仅仅是对主项的部分做了反映，但未确定主项的全部外延，通常用自然语言"有些""有的""有""部分"等词语来表示。特称量项不能省略。

③个体的量（逻辑术语为单称量项），即在一个命题中对主项的一个对象做了反映。通常用"这个""那个"来表示，如"这个学生考得不错"；或者干脆用单独概念充当主项，如"我是一个逻辑教师""周杰伦开演唱会的那个体育馆"等。

> **敲黑板**
>
> 特称命题中的特称量项"有的""有些"的具体含义是指，表示在一类事物中有对象具有或不具有某种性质，至于这一类事物中没有说明的那些部分情况如何，它没有做出明确的表示，只能说不确定。因此，在逻辑考试中，特称量项"有些""有的"的意思仅仅是"至少有

些",即"至少有一个"的意思。

例如:已知"有些人是自私的"为真,只能确定"至少有人是自私的"为真,但不能确定"有些人不自私"为真。这一点和我们的日常表达有些差异,也是很多考生的疑惑点。因为在平时生活中,当我们说"有些人很努力",往往意味着"有些人不努力"。但在逻辑上,这是不确定的,最多只能说"可能",绝对不能认为"一定可以"推出,请牢记!

【引例】有的同学上今天的逻辑课迟到了,郭老师郁闷了,班长下课安慰我:"有的同学上逻辑课迟到,就说明有的同学没迟到呀,大家其实还是挺喜欢上逻辑课的!"请问:班长的上述推理是否存在漏洞?为什么?

(二)性质命题的种类

根据量和质的不同进行排列组合,可得出以下六种性质命题。

(1)全部肯定命题(逻辑术语为全称肯定命题,符号表示:SAP。S 表示主项,P 表示谓项,A 表示全部肯定,即所有的 S 都是 P。下同)。例如:所有的人都是会死的。

(2)全部否定命题(逻辑术语为全称否定命题,符号表示:SEP)。例如:所有的人都不会死。

(3)部分肯定命题(逻辑术语为特称肯定命题,符号表示:SIP)。例如:有些人是会死的。

(4)部分否定命题(逻辑术语为特称否定命题,符号表示:SOP)。例如:有些人不会死。

(5)单称肯定命题。例如:这个人会死。

(6)单称否定命题。例如:这个人不会死。

名称	基本表达形式	例子
全称肯定命题	所有 A 都是 B	所有的同学都能考上自己心仪的学校
全称否定命题	所有 A 都不是 B	所有的同学以前都没有学过逻辑
特称肯定命题	有的 A 是 B	有的逻辑题很简单
特称否定命题	有的 A 不是 B	有的逻辑题不简单
单称肯定命题	某个 A 是 B	华晨宇是我的爱豆
单称否定命题	某个 A 不是 B	张三不是人

大家应该已经发现,上面列举的 6 个命题不可能都是真的,因为有些命题之间存在矛盾关系,或者有真假之间的对应关系。逻辑考试的重要考点之一就是,相同主项谓项的性质命题之间的真假关系,在试题中表现为"已知某个命题为真,判断其他几个命题的真假"。判断这些命题之间的真假关系并不复杂,只需要掌握相应的技巧,摒除日常定式思维的影响即可。

•• 敲黑板

当我们在论证中见到相同主项谓项的性质命题,即"同一个概念的同一个性质"时,请先考虑这个命题是否是性质命题,如果这个命题是性质命题,就要具体区分其究竟是性质命题中的哪种命题。

（三）相同主项谓项的性质命题之间的真假关系及六角矩阵

1. 矛盾关系

构成：全称肯定命题 SAP 与特称否定命题 SOP 之间、特称肯定命题 SIP 与全称否定命题 SEP 之间以及单称肯定命题与单称否定命题之间为矛盾关系。

性质：矛盾关系的双方，必有一真，必有一假，即不可同时为真，也不可同时为假。

推理：

（1）已知其中一支为真，另一支必为假。

（2）已知其中一支为假，另一支必为真。

（3）矛盾关系之间互为否命题。

在性质命题对当关系中，有三对矛盾关系的命题："所有的 S 都是 P"与"有些 S 不是 P"；"所有的 S 都不是 P"与"有些 S 是 P"；"某个 S 是 P"与"某个 S 不是 P"。

例如：如果已知"所有的人都是会死的"为真，则"有些人不会死"这个命题一定为假。

2. 反对关系

构成：全称肯定命题 SAP 与全称否定命题 SEP 之间的真假关系就是反对关系。

性质：反对关系至少一假，可以同时为假。

推理：

（1）如果已知其中的一个命题为真，则另一个命题一定为假。

（2）如果已知其中的一个命题为假，则另一个命题不能确定真假，除非有别的条件加入。

在反对关系中，逻辑试题只考查"所有的 S 都是 P"与"所有的 S 都不是 P"这对命题之间的关系。

例如：如果已知"所有的人都是会死的"为真，则"所有的人都不会死"一定为假；如果已知"所有的人都是会死的"为假，则"所有的人都不会死"真假不能确定。

> **敲黑板**
>
> 逻辑考试要考查考生根据已有的条件进行分析推理的能力，一般都会假定一些条件为真或为假，再进行判断。有些时候，这些假定为真或为假的命题可能并不符合生活常理或专业知识，所以考生一定要分清逻辑真和事实真，看清楚题目，不要不看题目就用生活经验或专业知识否定题干，以免掉入陷阱。

3. 下反对关系

构成：特称肯定命题 SIP 与特称否定命题 SOP 为下反对关系。

性质：下反对关系至少一真，即下反对关系的命题至少有一个是真的，但也有可能同时为真。

推理：

（1）如果已知其中的一个命题为真，则另一个命题不能确定真假。

（2）如果其中的一个命题为假，则另一个命题一定为真。

例如：如果"有些人很优秀"为真，那么"有些人不是很优秀"就不能确定真假；如果"有些人很优秀"为假,则"有些人不是很优秀"一定为真。

4. 从属关系（差等关系、包含关系）

构成：

（1）全称肯定命题 SAP 与特称肯定命题 SIP，全称肯定命题 SAP 与单称肯定命题，单称肯定命题与特称肯定命题 SIP 之间构成从属关系。

（2）全称否定命题 SEP 与特称否定命题 SOP，全称否定命题 SEP 与单称否定命题，单称否定命题与特称否定命题 SOP 之间构成从属关系。

推理：

①若全称命题为真，则同质的特称命题为真。

②若特称命题为假，则同质的全称命题为假。

③其他推理方向的真假不定。

> **敲黑板**
>
> 记忆口诀：顺着箭头真推真，逆着箭头假推假。
>
> 性质命题之间的真假关系可用下图——六角矩阵来帮助记忆。

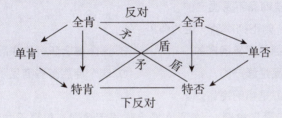

题型分析

题型一：利用六角矩阵的性质，判断命题的真假。

【题目特征】给出性质命题中的一支，用已知命题的真假判断其他命题的真假。

例 1 这个单位已发现有育龄职工违纪超生。

如果上述断定是真的，那么在下述三个断定中不能确定真假的是：

Ⅰ. 这个单位没有育龄职工不违纪超生。

Ⅱ. 这个单位有的育龄职工没违纪超生。

Ⅲ. 这个单位所有的育龄职工都未违纪超生。

A. 只有Ⅰ和Ⅱ。　　　　　　B. Ⅰ、Ⅱ和Ⅲ。　　　　　　C. 只有Ⅰ和Ⅲ。

D. 只有Ⅱ。　　　　　　　　E. 只有Ⅰ。

【解析】题干为特称肯定命题，已知其为真。复选项Ⅰ是全称肯定命题，和题目的特称肯定命题构成从属关系，下层为真，上层真假不定。复选项Ⅱ是特称否定命题，和题目的特称肯定命题构成下反对关系，已知其中一支为真，另一支真假不定。复选项Ⅲ是全称否定命题，和题目的特称肯定命题构成矛盾关系，已知其中一支为真，另一支必为假。题目需要找"不能确定真假"的命题，选项 A 入选。

【答案】A。

例2 所有的三星级饭店都搜查过了，没有发现犯罪嫌疑人的踪迹。

如果上述断定为真，则在下面四个断定中可确定为假的是：

Ⅰ．没有三星级饭店被搜查过。

Ⅱ．有的三星级饭店被搜查过。

Ⅲ．有的三星级饭店没有被搜查过。

Ⅳ．犯罪嫌疑人躲藏的三星级饭店已被搜查过。

A. 仅Ⅰ和Ⅱ。 B. 仅Ⅰ和Ⅲ。 C. 仅Ⅱ和Ⅲ。

D. 仅Ⅰ、Ⅲ和Ⅳ。 E. Ⅰ、Ⅱ、Ⅲ和Ⅳ。

【解析】 题干为全称肯定命题，且已知其为真。复选项Ⅰ是全称否定命题，和题干命题构成反对关系，已知其中一支为真，另一支必为假；复选项Ⅱ是特称肯定命题，和题干命题构成从属关系，上层为真，下层必为真；复选项Ⅲ是特称否定命题，和题干命题构成矛盾关系，已知其中一支为真，另一支必为假；复选项Ⅳ是单称肯定命题，和题干命题构成从属关系，上层为真，下层必为真。题目需要找"可确定为假的"命题，正确答案是复选项Ⅰ和复选项Ⅲ，即选项 B。

【答案】 B。

例3 这个商店有些商品不是国产的。

如果上述断定为假，则下列哪项一定为假？

A. 这个商店所有的商品都是国产的。 B. 这个商店所有的商品都不是国产的。

C. 这个商店有些商品是国产的。 D. 这个商店有些商品不是优质商品。

E. 这个商店有些商品是畅销商品。

【解析】 题干为特称否定命题。选项 A 是全称肯定命题，和题干命题构成矛盾关系，已知其中一支为假，另一支必为真，排除；选项 B 是全称否定命题，和题干命题构成从属关系，下层为假，上层必为假，入选；选项 C 是特称肯定命题，和题干命题构成下反对关系，已知其中一支为假，另一支必为真，排除；选项 D 和选项 E 都不是题干命题的六角矩阵中的命题，因此真假未知，排除。

【答案】 B。

> **敲黑板**
>
> 性质命题相关题目的注意事项
>
> （1）只有同一个对象的同一个性质之间才可以用六角矩阵进行判断。
>
> （2）题目中可能会遇到非标准形式的命题，如何才能化简为标准形式呢？ 一般要用到对角线之间的矛盾关系。
>
> （3）题目给出的命题，可以是真命题，也可以是假命题，在审题的时候要注意，谨防上当。
>
> （4）题目给出的命题可能不止一个，到底从哪个命题入手呢？ 一定要通过选项判断题目中哪个命题最为重要。
>
> （5）注意题目要找的答案是必为真、可能为真、不可能为真，等等。

题型二：矛盾关系的衍生及非标准形式的命题的化简。

【题目特征】给出的命题不能直接和六角矩阵的六个顶点之一对应，需要通过化简找到其等价的标准形式。

例1 写出下列命题的等价形式。

（1）并非所有的明星都是女神。

（2）并非有的明星是女神。

（3）并非所有的明星不是女神。

（4）并非有的明星不是女神。

【解析】（1）并非所有的明星都是女神= 有的明星不是女神。

（2）并非有的明星是女神= 所有的明星都不是女神。

（3）并非所有的明星不是女神= 有的明星是女神。

（4）并非有的明星不是女神= 所有的明星都是女神。

●•·敲黑板

化简规则

非标准形式的命题的化简，使用关键语素替换法即可。其关键语素有否定词、量项，后续还会学到模态词以及命题的联结词，具体的化简口诀如下：

"不"+"原命题"，等价于否定词从前往后化简。"原命题"中，肯定变否定，否定变肯定；所有变有的，有的变所有。

例2 "所有的金属都是固体"。

以下哪项最能反驳这一论断？

A. 也许有的非金属是固体。

B. 可能有的金属不是固体。

C. 日常生活中还没有发现不是固体的金属。

D. 不是固体的金属不大可能是金属。

E. 水银是金属，但不是固体。

【解析】题目给出的是全称肯定命题，最能够反驳这个命题的一定是它的对角线的矛盾关系——特称否定命题。选项A中的主项是"非金属"，与题干并不是同一个主项，无法判断，排除。选项B中"可能"的表述降低了其削弱性。选项C中"没有发现"不代表不存在，排除。选项D判断的是金属和金属的关系，而题目判断的是金属和固体之间的关系，排除。选项E相当于"某个金属不是固体"，根据从属关系可以得出"有的金属不是固体"，正好是题干命题的矛盾命题，所以如果选项E为真，那么题干命题必然是一个假命题，选项E最能反驳题干论断。

【答案】E。

例3 大会主席在公司大会上宣布："此次提出的方案没有异议，大家都赞同，通过。"会后，小陈对此事进行了调查，发现大会主席所言不是事实。

如果小陈的发现为真，则下面哪项也必然是事实？

A. 大家都不赞同方案。　　　　　　　B. 有少数人不赞同方案。
C. 有些人赞同，有些人不赞同方案。　D. 至少有人反对方案。
E. 至少有人不赞同方案。

【解析】 本题考查性质命题的否命题。大会主席的观点是"此方案大家都赞同"，即全称肯定命题。只有小陈的发现是大会主席观点的否命题，才能证明大会主席所言不是事实。因此，小陈的发现是"有人不赞同方案"，选项 E 入选。

【答案】 E。

例4　学者张某说："问题本身并不神秘，因与果不仅是哲学家的事。每个凡夫俗子一生之中都将面临许多问题，但分析问题的方法与技巧却很少有人掌握，无怪乎华尔街的大师们趾高气扬、身价百倍。"

以下哪项如果为真，最能反驳张某的观点？

A. 有些凡夫俗子可能不需要掌握分析问题的方法与技巧。
B. 有些凡夫俗子一生之中将要面临的问题并不多。
C. 凡夫俗子之中很少有人掌握分析问题的方法与技巧。
D. 掌握分析问题的方法与技巧对多数人来说很重要。
E. 华尔街的分析大师们大都掌握分析问题的方法与技巧。

【解析】 本题考查性质命题对当关系。题目要求寻找最能反驳张某观点的选项，即应该寻找原命题的否命题。但是张某的观点有好几句，到底是要寻找某个命题的否命题，还是要寻找所有命题的否命题？要观察选项才能知道题目真正关心的是什么。选项 A 和题干无关，排除。

题干中张某的观点"每个凡夫俗子一生之中都将面临许多问题"等价于"所有的凡夫俗子一生之中都将面临许多问题"，其否命题为，有些凡夫俗子一生之中不会面临许多问题，等价于有些凡夫俗子一生之中将面临的问题并不多。由此可见，选项 B 是题干断定的否命题，和题干断定互为矛盾关系，是最能削弱张某观点的选项，入选。

【答案】 B。

> **• • 做题要领**
> 　　当题目在论证中给出不止一个命题的时候，到底从哪个命题入手？这一点是在考场上简化做题步骤的重要环节，大家需要先观察选项，弄清楚题目真正关心的是什么，再根据题目要求进一步推理。

题型三：涉及性质命题的真假话推理。

【题目特征】题目给出几句话，知道几真几假，由已知条件做推断。

例1　桌子上有4个杯子，每个杯子上写着一句话。第一个杯子：所有的杯子中都有水果糖。第二个杯子：本杯中有苹果。第三个杯子：本杯中没有巧克力。第四个杯子：有些杯子中没有水果糖。

如果其中只有一句真话，则那么以下哪项为真？

A. 所有的杯子中都有水果糖。　　　　　B. 所有的杯子中都没有水果糖。
C. 所有的杯子中都没有苹果。　　　　　D. 第三个杯子中有巧克力。
E. 第二个杯子里有苹果。

【解析】 本题考查归谬法。第一、四个杯子上的话是矛盾关系，必有一真，必有一假，从而可知第二、三个杯子上的话均为假。由第二个杯子上的话为假可得，第二个杯子中没有苹果。由第三个杯子上的话为假可得，第三个杯子中有巧克力。所以，唯一能够得出的结论是选项 D。其他的选项都得不出。

【答案】 D。

例 2　小东在玩"勇士大战"游戏，进入第二关时，界面出现四个选项。第一个是"选择任意选项都需要支付游戏币"，第二个选项是"选择本项后可以得到额外游戏奖励"，第三个选项是"选择本项游戏后游戏不会进行下去"，第四个选项是"选择某个选项不需要支付游戏币"。

如果四个选项中的陈述只有一句为真，则以下哪项一定为真？

A. 选择任意选项都需要支付游戏币。
B. 选择任意选项都不需要支付游戏币。
C. 选择任意选项都不能得到额外游戏奖励。
D. 选择第二个选项后可以得到额外游戏奖励。
E. 选择第三个选项后游戏能继续进行下去。

【解析】 第一个选项和第四个选项互相矛盾，必有一真，必有一假。因此，矛盾之外的两个选项必为假。由第三个选项为假可得，选择第三个选项后游戏能继续进行下去。选项 E 入选。

【答案】 E。

> **做题要领**
> 真假话推理中，当题目明确了几真几假时，一定要用归谬法。归谬法的做题步骤：先化简，再找矛盾关系。因为矛盾关系的特点是一真一假。如果能够找到一对矛盾关系，那矛盾关系中必然包含了一真一假。所以，找到矛盾关系后，不管互相矛盾的命题谁真谁假，都需要绕开矛盾关系，在矛盾关系之外寻找突破口。

例 3　某律师事务所共有 12 名工作人员。
（1）有人会使用计算机。
（2）有人不会使用计算机。
（3）所长不会使用计算机。
上述三个判断中只有一个是真的。
以下哪项正确表示了该律师事务所会使用计算机的人数？

A. 12 人都会使用。　　　B. 12 人没人会使用。　　　C. 仅有一人不会使用。
D. 仅有一人会使用。　　　E. 不能确定。

【解析】 本题考查归谬法。题目中的三个命题分别是特称肯定命题、特称否定命题和单称否定命题，并且已知三个命题是一真两假。特称肯定命题和特称否定命题是下反对关系，下反对关系的特点是"至少一真，可以同时为真"，因此，真命题一定存在于下反对关系中，下反对关系之外的单称否定命题一定是假命题。由"所长不会使用计算机"为假可知，"所长会使用计算机"，根据从属关系可知，"有人会使用计算机"为真。因此"有人不会使用计算机"这个特称否定命题就是假命题，它的对角线的矛盾关系是真命题，即全称肯定命题为真。

【答案】 A。

例 4 在一次对全省小煤矿的安全检查后，甲、乙、丙三个安检人员有如下结论：

甲：有小煤矿存在安全隐患。

乙：有小煤矿不存在安全隐患。

丙：大运和宏通两个小煤矿不存在安全隐患。

如果上述三个结论只有一个正确，则以下哪项一定为真？

A. 大运和宏通煤矿都不存在安全隐患。

B. 大运和宏通煤矿都存在安全隐患。

C. 大运存在安全隐患，但宏通不存在安全隐患。

D. 大运不存在安全隐患，但宏通存在安全隐患。

E. 上述断定都不一定为真。

【解析】 本题考查归谬法。题目中的三个命题分别是特称肯定命题、特称否定命题和单称否定命题，并且已知三个命题是一真两假。按照归谬法在下反对关系中的考查规律，这种组合的正确答案一定是"全称肯定命题"，但当选项中没有全称肯定命题的时候，要考虑全称肯定命题的从属关系，即特称肯定命题和单称肯定命题都可以入选。

【答案】 B。

> **做题要领**
>
> 真假话推理中，如果找不到矛盾关系，就要考虑去找"下反对关系"（必有一真）。如果已知题目中的命题是"一真N假"，则真命题一定存在于下反对关系中。同理，如果已知题目中的命题是"N真一假"，就要考虑去找"反对关系"，如果有反对关系，则假命题一定存在于反对关系中。另外还要注意从属关系的应用，从属关系是最近几年真题的考查重点，这一点会在《MBA MPA MPAcc MEM 管理类与经济类综合能力逻辑历年真题全解（题型分类版）》一书的真题解析中详细分析。

例 5 相传古时候某国的国民都分别居住在两座城堡中，一座"真城"，一座"假城"。凡真城里的人个个说真话，假城里的人个个说假话。一位知晓这一情况的国外游客来到其中一座城市，他只向遇到的该国国民提了一个问题，就明白了自己所到的是真城还是假城。

下列哪个问句是最恰当的？

A. 你是真城的人吗？ B. 你是假城的人吗？ C. 你是说真话的人吗？

D. 你是说假话的人吗？ E. 你是这座城的人吗？

【解析】 本题也涉及真假话推理，但是题目并没有告知几真几假，那么就不再适用归谬法。如果从题目入手找不到破解点的时候，就可以考虑逆向思维，将选项代入题干。选项 A 代入进行假设，如果碰到的是真城的人，他要说真话，就会回答"是"；如果碰到的是假城的人，他要说假话，也会回答"是"。因此这个选项无法区分该城到底是真城还是假城，排除。同理可排除选项 B、C、D。

当选项 E 代入题干进行假设的时候，真城的人说真话，会回答"是"；假城的人说假话，就会说"不是"，他明明是这座城市的人却回答"不是"，所以可以推断这个人在撒谎。

【答案】 E。

• 做题要领

代入法实际上是逻辑推理中重要的方法之一。当我们没有办法从题干中直接进行推理的时候，就可以考虑将选项代入题干。选项代入时需要注意：首先，选项要充分；其次，在代入的过程中要能够区分结果。本题代入的其实是我们已经心知肚明的结果，然后根据被询问人的回答来推断他是说真话，还是说假话。

第5讲　模态命题及其对当关系

考点分析

1. 识别模态命题

模态逻辑属于非经典性逻辑中的一种，最早要追溯到亚里士多德。模态（Modality）一词的原意是指"必然"和"可能"两个词，含有"必然"或"可能"的命题就称为模态命题。研究有模态命题参与推理的学科就叫模态逻辑。例如：汽车的速度不可能超过光速。

在生活中，大多数判断可以概括为三类。

（1）必然的判断：X = 10 或 X≠10 是必然的。

（2）可能的判断：我这个决策方案很可能会成功。（就像买彩票，如果卖方不作弊，那么你买彩票中奖的可能性还是有的。）

以上两种包含"必然""可能"的命题就是模态命题。

（3）事实判断：我考了一百分。

一般来说，只有事实判断才有我们平时所说的真假。比如，当我没有考一百分时，我却说："我考了一百分。"这个命题一定是假的。而"我可能考了一百分"这个命题不一定是假的。模态逻辑比较抽象，但在综合能力考试中的逻辑部分，一般只会出现 2 分的题目，而且有行之有效的解题方法。

所谓的模态命题，就是指断定事物可能性或必然性的判断。通俗地讲，在管综考试中，就是指包含"可能""必然""不可能""不必然"等词语（这些词语被称为模态词）的句子。在模态命题中，模态词的位置是不固定的，可以在前，也可以在后，还可以在中间，大家要注意识别。

2. 模态命题之间的对当关系

（1）矛盾关系：

① "必然 P"与"可能非 P"为矛盾关系。

② "可能 P"与"必然非 P"为矛盾关系。

互为矛盾关系的命题之间的真假关系：不能同真，不能同假。

（2）反对关系："必然 P"与"必然非 P"。

互为反对关系的命题之间的真假关系：不能同真，但可能同假。

（3）下反对关系："可能 P"和"可能非 P"。

互为下反对关系的命题之间的真假关系：可能同真，但不可能同假。

（4）从属关系（差等关系）：

① "必然 P"与"可能 P"：当"必然 P"为真时，"可能 P"必真；当"可能 P"为假时，"必然 P"必假。

② "必然非 P"与"可能非 P"：当"必然非 P"为真时，"可能非 P"必真；当"可能非 P"为假时，"必然非 P"必假。

3. 模态命题的否定等值

在试题中，问题多为"下列哪句话意思最接近上文意思？"或者"以下哪项最能支持（最能质疑）上述论断？"等。 以下为比较常用的等值公式：

"并非必然 P"等值于"可能非 P"。

"并非必然非 P"等值于"可能 P"。

"并非可能 P"等值于"必然非 P"。

"并非可能非 P"等值于"必然 P"。

以上公式有什么规律吗？

大家应该可以发现，当"并非"在句首时，是对后面整个表达的否定。 当"并非"消除后，其后面的模态词、量词、质词都要变成原命题的对立面。

试着写出下列命题的等价命题。

（1）有的鸟不可能会飞。

（2）有的鸟不必然会飞。

（3）不可能所有鸟都会飞。

（4）鸟不可能都会飞。

（5）鸟都会飞是不可能的。

（6）鸟可能不都会飞。

（7）鸟都不可能会飞。

（8）并非不可能鸟都会飞。

（9）并非不必然有的鸟会飞。

（10）并非有的鸟不可能会飞。

（11）并非所有鸟不必然会飞。

【解析】（1）有的鸟不可能会飞 = 有的鸟必然不会飞。

（2）有的鸟不必然会飞 = 有的鸟可能不会飞。

（3）不可能所有鸟都会飞 = 必然有的鸟不会飞。

（4）鸟不可能都会飞 = 不可能所有鸟都会飞 = 必然有的鸟不会飞。

（5）鸟都会飞是不可能的 = 不可能所有鸟都会飞 = 必然有的鸟不会飞。

（6）鸟可能不都会飞 = 可能不是所有鸟都会飞 = 可能有的鸟不会飞。

（7）鸟都不可能会飞 = 所有鸟不可能会飞 = 所有鸟必然不会飞。

（8）并非不可能鸟都会飞 = 可能鸟都会飞。

（9）并非不必然有的鸟会飞 = 必然有的鸟会飞。

（10）并非有的鸟不可能会飞 = 所有鸟可能会飞。

（11）并非所有鸟不必然会飞 = 有的鸟必然会飞。

> **敲黑板**
>
> 化简口诀
>
> 肯定变否定，否定变肯定；所有变有的，有的变所有；必然变可能，可能变必然。

题型分析

题型：模态命题的化简。

例 1 并非他必然不来。

如果上述判断为真，则下列哪项为真？

A. 他必然来。　　　　　　B. 他必然不来。　　　　　　C. 他可能来。

D. 他可能不来。　　　　　E. 他不可能来。

【解析】 题目信息可以化简为"他可能来"。选项 C 符合，入选。

【答案】 C。

例 2 在新疆恐龙发掘现场，专家预言：可能发现恐龙头骨。

以下哪个命题和专家意思相同？

A. 不可能不发现恐龙头骨。

B. 不一定发现恐龙头骨。

C. 恐龙头骨发现的可能性很小。

D. 不一定不发现恐龙头骨。

E. 在其他地方也可能发现恐龙头骨。

【解析】 题目信息可以化简为"可能发现"。选项 A，可以化简为"必然发现"，不符合，排除；选项 B，可以化简为"可能不发现"，不符合，排除；选项 C 根据题干无法判断其可能性的大小，排除；选项 D，可以化简为"可能发现"，符合，入选；选项 E，无关选项，排除。

【答案】 D。

例3 在国际大赛中，即使是优秀的运动员，也有人不必然不失误，当然并非所有的优秀运动员都可能失误。

以下哪项与上述意思最接近？

A. 优秀运动员都可能失误，其中有的优秀运动员不可能不失误。

B. 有的优秀运动员可能失误，有的优秀运动员可能不失误。

C. 有的优秀运动员可能失误，有的优秀运动员不可能失误。

D. 有的优秀运动员可能不失误，有的优秀运动员不可能不失误。

E. 有的优秀运动员一定失误，有的优秀运动员一定不失误。

【解析】 命题的前半段"有人不必然不失误"等价于"有人可能会失误"，从而可以排除选项 A、D、E。 命题的后半段"并非所有的优秀运动员都可能失误"，否定词从前往后化简：所有变有的；可能变必然；肯定变否定。 其等价于"有的优秀运动员必然不失误"。 选项 C 中的"不可能"等价于"必然不"。

【答案】 C。

例4 盛夏时节的某一天，某市早报刊载了由该市专业气象台提供的全国部分城市当天的天气预报，择其内容列表如下。

天津	阴	上海	雷阵雨	昆明	小雨
呼和浩特	阵雨	哈尔滨	少云	乌鲁木齐	晴
西安	中雨	南昌	大雨	香港	多云
南京	雷阵雨	拉萨	阵雨	福州	阴

根据上述信息，以下哪项做出的论断最为准确？

A. 由于所列城市盛夏天气变化频繁，所以上面所列的9类天气一定就是所有的天气类型。

B. 由于所列城市在同一天不一定展示所有的天气类型，所以上面所列的9类天气可能不是所有的天气类型。

C. 由于所列城市分处我国的东南西北中，所以上面所列的9类天气一定就是所有的天气类型。

D. 由于所列城市在同一天可能展示所有的天气类型，所以上面所列的9类天气一定是所有的天气类型。

E. 由于所列城市并非我国的所有城市，所以上面所列的9类天气一定不是所有的天气类型。

【解析】 题目要求做推断，也就是要得出结论。 在此类题目中，选项包含"全""都""必然""一定"等词时，存在推理过于绝对的问题，排除。 只有选项 B 的表述相对客观，入选。

【答案】 B。

● **基础能力练习题**

1. 长沙市芙蓉区发现有外来户未办暂住证。

如果上述断定为真,则以下哪项不能确定真假?

Ⅰ. 长沙市芙蓉区所有外来户都未办暂住证。

Ⅱ. 长沙市芙蓉区所有外来户都办了暂住证。

Ⅲ. 长沙市芙蓉区有外来户办了暂住证。

Ⅳ. 长沙市芙蓉区的外来户陈秀英办了暂住证。

A. Ⅰ、Ⅱ、Ⅲ和Ⅳ。   B. 仅Ⅰ、Ⅲ和Ⅳ。   C. 仅Ⅰ。

D. 仅Ⅰ和Ⅳ。   E. 仅Ⅳ。

2. 有的运动员有时竞技状态不好。

如果上述断定为真,则以下哪项必假?

A. 所有的运动员在某一时刻的竞技状态都好。

B. 并非所有的运动员在任何时刻的竞技状态都好。

C. 某个运动员在所有时刻的竞技状态都好。

D. 每个运动员在任何时刻的竞技状态都好。

E. 有时有的运动员竞技状态良好。

3. 某公司发生一起贪污案,在对所有可能涉案人员进行排查后,四位审计人员得出如下结论:

甲:所有人都没有贪污。

乙:张经理没有贪污。

丙:这些涉案人员不都没有贪污。

丁:有的人没有贪污。

如果四位审计人员中只有一人断定属实,那么以下哪项是真的?

A. 甲断定属实,张经理没有贪污。   B. 丙断定属实,张经理没有贪污。

C. 丙断定属实,张经理贪污了。   D. 丁断定属实,张经理没有贪污。

E. 丁断定属实,张经理贪污了。

4. 一批人报考江西师范大学汉语国际教育硕士。其中:(1)有些考生通过了笔试;(2)有些考生没有通过笔试;(3)周旋和周迅没有通过笔试。

如果上述三个断定中只有一个为真,则以下哪项关于这批考生的断定一定为真?

A. 周旋通过了笔试,但周迅没通过。   B. 周迅通过了笔试,但周旋没通过。

C. 所有考生都没有通过笔试。   D. 所有考生都通过了笔试。

E. 以上各项都不一定为真。

5. 在商学院硕士研究生第二学期的"人力资源与管理"课程期末考试后,学习委员想从老师那里打听成绩。学习委员说:"老师,这次考试不太难,我估计我们班同学们的成绩都在80分以上吧。"老师说:"你的前半句话没错,后半句不对。"

根据老师的意思,下列哪项必为事实?

A. 多数同学的成绩在 80 分以上,有少数同学的成绩在 60 分以下。

B. 有些同学的成绩在 80 分以上,有些同学的成绩在 80 分以下。

C. 这次考试太容易,全班同学的考试成绩都在 95 分以上。

D. 这次考试太难,多数同学的考试成绩都在 79 分以下。

E. 如果研究生的课程 85 分才算及格,那么肯定有的同学成绩不及格。

6. 不必然任何书籍都产生良好社会效益,但不可能有不影响社会发展的书籍。

以下哪项最为准确地表达了题干的含义?

A. 任何书籍都不必然产生良好社会效益,但任何书籍都必然影响社会发展。

B. 有的书籍可能产生良好社会效益,而好书都可能影响社会发展。

C. 有的书籍可能不产生良好社会效益,但好书都可能影响社会发展。

D. 有的书籍可能不产生良好社会效益,但好书都必然影响社会发展。

E. 可能所有的书籍都会产生良好的社会效益。

7. 在"宏达杯"足球联赛前,四个球迷有如下预测:

甲:红队必然不能夺冠。

乙:红队可能夺冠。

丙:如果蓝队夺冠,那么黄队是第三名。

丁:冠军是蓝队。

如果四人的断定中只有一个断定为假,则可推出以下哪项结论?

A. 冠军是红队。　　　　B. 甲的断定为假。　　　　C. 乙的断定为真。

D. 黄队是第三名。　　　E. 丁的断定为假。

8. 人都不可能不犯错误,不一定所有人都会犯严重错误。

如果上述断定为真,则以下哪项一定为真?

A. 人都可能会犯错误,但有的人可能不犯严重错误。

B. 人都可能会犯错误,但所有的人都可能不犯严重错误。

C. 人都一定会犯错误,但有的人可能不犯严重错误。

D. 人都一定会犯错误,但所有的人都可能不犯严重错误。

E. 人都可能会犯错误,但有的人一定不犯严重错误。

● 基础能力练习题解析

1.【答案】B。

【解析】题目给出的是特称否定命题。复选项Ⅰ是全称否定命题,全称否定命题和特称否定命题构成从属关系,下层为真,上层真假不定。复选项Ⅱ和题干命题构成矛盾关系,所以复选项Ⅱ是假命题。复选项Ⅲ和题干命题构成下反对关系,已知其中一支为真,另一支真假不定。复选项Ⅳ和题干没有直接关系,但是根据复选项Ⅱ是假命题,也可以判断复选项Ⅳ真假未知。题目要求选择不能确定真假的选项,选项B符合。

2. 【答案】D。
【解析】已知题目条件为真,寻找必为假的选项。知真求假,一定是找原命题的否命题。适用的规则:否定词从前往后化简,原命题中"有的变所有,所有变有的;肯定变否定,否定变肯定"。

3. 【答案】C。
【解析】题干已知只有一位审计人员说真话,是一真三假,采用归谬法求解。
甲的结论是全称否定命题,乙的结论是单称否定命题,丙的结论是特称肯定命题("不都没有贪污"等价于"有人贪污"),丁的结论是特称否定命题。因此甲、丙的结论构成矛盾关系,从而可知乙、丁的结论都是假命题。因此张经理贪污了。根据从属关系可知,丙的表述为真。

4. 【答案】D。
【解析】(1)是特称肯定命题,(2)是特称否定命题,(3)是单称否定命题。已知题干命题一真两假。虽然题干命题中没有矛盾关系,但(1)(2)是下反对关系,(3)一定是一个假命题。如果(3)是假命题,说明周旋或者周迅通过了笔试,也就是说单称肯定命题为真。根据从属关系可知,(1)是真命题,则(2)是假命题。如果(2)是假命题,则其矛盾关系——全称肯定命题就是真命题,所以所有考生都通过了笔试。

5. 【答案】E。
【解析】学习委员观点的后半段"我们班同学们的成绩都在80分以上",这是个全称肯定命题。如果不对,那么它的矛盾关系——特称否定命题为真,等价于"有的同学的成绩不在80分以上",即成绩小于80分。选项A中涉及"多数",在逻辑推理中,"多数""少数"的表述有着严格的界限,必须用50%做标杆,大于50%才能说"多数",故排除。选项B"有些同学的成绩在80分以下",这也是有漏洞的,得到的结论是小于等于80分,不一定是小于80分。况且,选项B"有些同学的成绩在80分以上"是特称肯定命题,由题干的特称否定命题也不足以判断它的真假。只有选项E才符合。

6. 【答案】D。
【解析】"不必然任何书籍都产生良好社会效益"等价于"可能有的书籍不会产生良好社会效益",所以排除选项A、B、E;"不可能有不影响社会发展的书籍"等价于"必然所有书籍都影响社会发展",排除选项C。

7. 【答案】D。
【解析】甲、乙的断定是一对矛盾关系,所以甲、乙的断定中必有一个为假,即丙、丁的断定都是真命题。因此,蓝队夺冠,黄队是第三名。

8. 【答案】C。
【解析】"人都不可能不犯错误"等价于"人都必然会犯错误",排除选项A、B、E;"不一定所有的人都会犯严重错误"等价于"可能有的人不会犯严重错误",排除选项D。

第三章 复合命题及其推理

第6讲 复合命题之联言命题和选言命题

考点分析

（一）否命题

否命题也叫负命题，是由否定联结词（如"并非"）联结支命题而形成的复合命题。

(1) 判别依据："并非"以及所有的否定词。

例如：

①并非所有的教授都是科学家。

②并非有的选修逻辑的学生是文科生。

③如果它是三角形，则内角和等于180°，这个观点不对。

注：负命题的支命题可以是简单命题，也可以是复合命题。

化简公式：¬P（读作"非P"，称为"否定式"）。

(2) 取值规则。

P	¬P
T	F
F	T

(3) 推理规则。

①已知其中一支为真，另一支必为假。

②已知其中一支为假，另一支必为真。

> **敲黑板**
>
> 必考点：负命题及其等值推理。

（二）联言命题

(1) 定义和表现形式。

联言命题是断定几种事物情况同时存在的复合命题，标准形式是"P并且Q"，联言命题的符号是"∧"，因此，"P并且Q"可以表达为"P∧Q"。

(2) 判别依据："并列""转折""递进"的关联词都表示联言关系。

例如：

①小张歌唱得好并且舞跳得好。

②这样建立的逻辑系统既有可靠性，又有完整性。

③外资控股国有银行，不仅会提升国有银行的服务质量，也会提高国有银行抗风险的能力。

在日常语言中，联言命题也经常表达为"不仅P，而且Q""虽然P，但是Q""既P，又Q""一边P，一边Q"等。当然，也可能没有这些关联词。只要命题断定的是几种事物情况同时存在，其就是联言命题。

（3）取值规则。

P	Q	P∧Q
T	T	T
T	F	F
F	T	F
F	F	F

> **敲黑板**
> 记忆口诀：遇假则假。

（4）推理规则。

一个联言命题是真的，当且仅当它的所有分支都是真的。也就是说，只要有一个分支是假的，联言命题就是假的。

例如：

①小张喜爱音乐，小张喜爱体育，所以，小张不但喜爱音乐，也喜爱体育。

②小张既有优点，也有缺点，所以，小张是有优点的。

> **敲黑板**
> P∧Q为真，可以推出P为真，并且Q为真。
> P为真，并且Q为真，也可以推出P∧Q为真。

（三）选言命题

选言命题分为相容选言命题和不相容选言命题。

1. 相容选言命题

（1）定义及表现形式。

相容选言命题是断定事物若干种可能情况中至少有一种情况存在的命题，标准形式是"或者P，或者Q"，其中，P、Q称为变项，"或者"称为"联结词"。相容选言命题的符号是"∨"，因此，"P或者Q"可以表达为"P∨Q"。

（2）判别依据：或（者）……或（者）……，至少……。

例如：

①小王或者是班干部，或者是学生会干部（二者可以兼得）。

②这份统计材料，或者是原始材料有错误，或者是计算有错误，或者两种情况都存在。

在自然语言中，相容选言命题的表达形式还有"可能……，可能……""或许……，或许……"。

（3）取值规则。

P	Q	P∨Q
T	T	T
T	F	T
F	T	T
F	F	F

> **敲黑板**
> 记忆口诀：遇真则真。

（4）推理规则（请注意区分有效和无效）。
①肯定其中一支对另一支无效。
②否定一个选言支，就要肯定另一个选言支。

例如：

或者李某是犯罪嫌疑人，或者王某是犯罪嫌疑人；李某不是犯罪嫌疑人，所以，王某是犯罪嫌疑人。

如果一个相容选言命题是真的，则它所有的变项中，至少有一个为真（这是必然的），至多可以全部为真（这是可能的）。也就是说，只有在所有变项都为假的情况下，这个相容选言命题才是假的。只要有一个变项为真，这个相容选言命题就为真。因为相容选言命题的性质是所有的变项中至少有一个是真的，所以，如果我们能确定一个正确的相容选言命题中其他几个变项是假的，就能确定剩下的变项是真的。

> **敲黑板**
> P∨Q为真，可以推出P、Q中至少有一个是真的。
> 如果P是真的，则Q的真假不能确定。（无效推理形式）
> 如果P是假的，则Q一定为真。（有效推理形式）

2. 不相容选言命题

（1）定义及表现形式。

不相容选言命题是断定事物若干种可能情况中只有一种情况存在的命题，标准形式是"要么P，要么Q"，不相容选言命题的符号是"∨"，因此，"要么P，要么Q"可以表达为"P∨Q"。

（2）判别依据：要么……要么……，……二者必居其一。

例如：
①要么闭关锁国等候死亡，要么改革开放迎接新生。
②鱼，我所欲也；熊掌，亦我所欲也；二者必居其一。

（3）取值规则。

P	Q	P∨Q
T	T	F
T	F	T
F	T	T
F	F	F

（4）推理规则。

①肯定其中一支，必否定另一支。

②否定其中一支，必肯定另一支。

例如：

①张三要么是好人，要么是坏人。

②小明要么考研，要么找工作。

> **敲黑板**
>
> P强析取Q为真，可以推出P、Q必有一真，必有一假。
>
> 如果P是真的，则Q一定为假。（有效推理形式）
>
> 如果P是假的，则Q一定为真。（有效推理形式）

题型分析

题型一：否命题。

【题目特征】给出一个命题，需要寻找最严重削弱题干的选项；或者知真求假，已知上述断定为真，问哪个命题一定是假的；或者知假求真，已知上述断定为假，问哪个命题一定是真的。除此之外，问以下哪项表明"承诺没有兑现"；抑或在对话中，一个人说了一句话，另一个人说"我不同意"。这些问法，其实都是对否命题的考查。

例 下列命题可以用来驳斥"有的交通事故没有原因"的是：

A. 有的交通事故有原因。　　　　B. 交通事故都有原因。

C. 并非交通事故都有原因。　　　D. 交通事故都没有原因。

E. 交通事故不都没有原因。

【解析】原命题是特称否定命题，最能够反驳这个命题的一定是其否命题——全称肯定命题。

【答案】B。

题型二：相容选言命题和不相容选言命题的性质。

【题目特征】题干信息中出现选言命题的判别依据。

例1 小李考上了清华，或者小孙没考上北大。

增加以下哪项条件，能推出小李考上了清华？

A. 小张和小孙至少有一人未考上北大。　　B. 小张和小李至少有一人未考上清华。
C. 小张和小孙都考上了北大。　　　　　　D. 小张和小李都未考上清华。
E. 小张和小孙都未考上北大。

【解析】 题干信息化简为：小李考上了清华∨小孙没考上北大。这是一个相容选言命题。

根据"相容选言命题中，肯定其中的一支对另一支没有影响，但是否定其中的一支，必然可以肯定另一支"，要得出"小李考上了清华"，那"小孙没考上北大"一定为假，即要求"小孙考上了北大"，只有选项 C 才能使得"小孙考上了北大"一定为真。

【答案】 C。

例 2 一桩投毒谋杀案，作案者要么是甲，要么是乙，二者必有其一，所用毒药或者是毒鼠强或者是乐果，二者至少其一。

如果上述断定为真，则以下哪项推断一定成立？

Ⅰ．该投毒案不是甲投毒鼠强所为，因此一定是乙投乐果所为。
Ⅱ．在该案侦破中发现甲投了毒鼠强，因此此案中的毒药不可能是乐果。
Ⅲ．该投毒案的作案者不是甲，并且所投毒药不是毒鼠强，因此一定是乙投乐果所为。

A. 只有Ⅰ。　　　　　　　　B. 只有Ⅱ。　　　　　　　　C. 只有Ⅲ。
D. 只有Ⅰ和Ⅲ。　　　　　　E. Ⅰ、Ⅱ和Ⅲ。

【解析】 题干信息化简为，甲∨乙；毒鼠强∨乐果。

复选项Ⅰ："不是甲投毒鼠强所为"，但可以是甲投乐果所为，也可以是乙投毒鼠强所为，并不能一定得出"乙投乐果所为"，不一定为真，排除。

复选项Ⅱ：无法判断真假，原因是，对于相容选言命题，肯定其中的一支对另一支没有影响。

复选项Ⅲ：已知"作案者不是甲"，那么可以判断作案者一定是乙（原因：对于不相容选言命题，肯定其中的一支，必然否定和它对应的另一支；否定其中的一支，必然肯定和它对应的另一支）。已知"所投毒药不是毒鼠强"，那么可以判断毒药一定是乐果（原因：对于相容选言命题，肯定其中的一支，对另一支没有影响；否定其中的一支，必然肯定和它对应的另一支）。

【答案】 C。

例 3 要么张三不去北京，要么李四不去北京。

如果上述判断为真，那么下列哪项必为真？

A. 如果张三不去北京，那么李四去北京。
B. 如果张三去北京，那么李四也去北京。
C. 只有张三去北京，李四才去北京。
D. 只有张三不去北京，李四才不去北京。
E. 无法判断。

【解析】 题干的意思是张三与李四只能一个人不去北京，选项 A 是不相容选言命题的肯定否定式，必然为真，其余选项都不一定为真，排除。

【答案】 A。

例 4 在某餐馆中,所有的菜点或属于川菜系或属于粤菜系。张先生的菜中有川菜,因此,张先生点的菜中没有粤菜。

以下哪项最能增强上述论证?

A. 餐馆规定:点粤菜就不能点川菜,反之亦然。

B. 餐馆规定:如果点了川菜,可以不点粤菜;但点了粤菜,一定也要点川菜。

C. 张先生是四川人,只喜欢川菜。

D. 张先生是广东人,他喜欢粤菜。

E. 张先生是四川人,最不喜欢粤菜。

【解析】 题干推理肯定了相容选言命题的其中一支,不能得出必然的结论,只有不相容选言命题才能肯定其中一支而否定另一支。因此,要使结论成立,就要使前提变成不相容选言命题,选项 A 符合要求,入选。选项 C、D、E 为主观性选项,对题干论证既没有加强作用也没有削弱作用,排除。

【答案】 A。

例 5 某大学正在组队参加国际大学生辩论赛。张珊和李思是两个候选辩手。

甲说:"要么张珊入选,要么李思入选。"

乙说:"张珊入选,或者李思入选。"

组队结果表明,两人的预测只有一个成立。

由上述断定能推出以下哪项结论?

A. 张珊和李思都入选。　　　　　　B. 张珊和李思都未入选。

C. 张珊入选,李思未入选。　　　　D. 张珊未入选,李思入选。

E. 题干条件不足以推出两人是否入选的确定结论。

【解析】 题干所给出的两个命题,甲是不相容选言命题,乙是相容选言命题,两个命题基于相同分支。当 P 为真,Q 也为真的时候,那么"P 或 Q"取的是真值,"要么 P,要么 Q"取的是假值,符合题干一真一假的要求。所以,只能是张珊入选,李思也入选。

【答案】 A。

例 6 大小行星悬浮在太阳系边缘,极易受附近星体引力作用的影响。据研究人员计算,有时这些力量会将彗星从奥尔特星云拖出。这样,它们更有可能靠近太阳。两位研究人员据此分别做出了以下两种有所不同的断定:一、木星的引力作用要么将它们推至更小的轨道,要么将它们逐出太阳系;二、木星的引力作用或者将它们推至更小的轨道,或者将它们逐出太阳系。

如果上述两种断定只有一种为真,则可以推出以下哪项结论?

A. 木星的引力作用将它们推至最小的轨道,并且将它们逐出太阳系。

B. 木星的引力作用没有将它们推至最小的轨道,但是将它们逐出太阳系。

C. 木星的引力作用将它们推至最小的轨道,但是没有将它们逐出太阳系。

D. 木星的引力作用既没有将它们推至最小的轨道,也没有将它们逐出太阳系。

E. 木星的引力作用如果将它们推至最小的轨道,就不会将它们逐出太阳系。

【解析】 题干的两种断定是关于同一对分支的相容选言命题和不相容选言命题。根据选言命题的取值规则，已知两种断定有一真，一定是断定一为假，断定二为真。

能让 P∨Q 和 P∨Q 一真一假的取值情况，只能是 P、Q 两支同时为真，因此选项 A 符合，入选。

【答案】 A。

例7 王涛和周波是理科（1）班同学，他们是无话不说的好朋友。他们发现班里每一个人或者喜欢物理或者喜欢化学。王涛喜欢物理，周波不喜欢化学。

根据以上陈述，以下哪项必为真？

Ⅰ. 周波喜欢物理。
Ⅱ. 王涛不喜欢化学。
Ⅲ. 理科（1）班不喜欢物理的人喜欢化学。
Ⅳ. 理科（1）班一半人喜欢物理，一半人喜欢化学。

A. 仅Ⅰ。　　B. 仅Ⅲ。　　C. 仅Ⅰ、Ⅱ。　　D. 仅Ⅰ、Ⅲ。　　E. 仅Ⅱ、Ⅲ、Ⅳ。

【解析】 题干信息化简为：（1）物理∨化学；（2）王涛物理∧¬周波化学。

已知周波不喜欢化学，根据（1）和"相容选言命题中，否定其中一支可以得出另一支为真"可知，"周波喜欢物理"，不喜欢物理的人必然喜欢化学。已知王涛喜欢物理，肯定其中一支得不出确定结论，即"王涛不喜欢化学"不一定为真。复选项Ⅳ显然不可能从题干中推出，不一定为真。因此可知，复选项Ⅰ、复选项Ⅲ为真，复选项Ⅱ、复选项Ⅳ不一定为真。

【答案】 D。

> •• **做题要领**
>
> 相容选言命题 P∨Q 为真时，否定其中一支可得出另一支必为真；但肯定其中一支时，得不出另一支的真假情况。

例8 这两个《通知》或者属于规章或者属于规范性文件，任何人均无权依据这两个《通知》将本来属于当事人选择公证的事项规定为强制公证的事项。

根据以上信息可以得出以下哪项？

A. 规章或者规范性文件既不是法律，也不是行政法规。
B. 规章或规范性文件或者不是法律，或者不是行政法规。
C. 这两个《通知》如果一个属于规章，那么另一个属于规范性文件。
D. 这两个《通知》如果都不属于规范性文件，那么就属于规章。
E. 将本来属于当事人选择公证的事项规定为强制公证的事项属于违法行为。

【解析】 题干信息化简为：规章∨规范性文件。

题干中提到了"规章"和"规范性文件"，并没有给出判断什么是"法律"，什么是"行政法规"，因此，选项 A 和选项 B 均不能得出，排除。选项 C 化简为：规章→规范性文件。其等价于，¬规章∨规范性文件，和题干的形式不同，排除。选项 D 化简为：¬规范性文件→规章。其等价于，规章∨规范性文件，和题干的形式相同，入选。选项 E 不能得出，因为题干只是断定"任何人均无权依据这两个《通知》将本来属于当事人选择公证的事项规定为强制公证的事项"，这一断定不能排除"当事人可以依据其他某种法律或法规合法地处置此种事务",所以,武断地说其是违法行为是不妥当的,排除。

【答案】 D。

> **做题要领**
> 掌握选言命题的取值规则能加快做题速度。
> "P∨Q"和"P∨Q"两个判断一真一假时,"P∨Q"一定为假,则可得出"P∨Q"为真。

第7讲　复合命题之假言命题

考点分析1

充分条件假言命题

(1)判别依据:"如果……那么……""只要……就……"。

充分条件假言命题的形式:如果P,那么Q。一般用P→Q来表示,读作"P蕴涵Q",也可以说"P推出Q"。在P→Q中,P称为"→"的前件,Q称为"→"的后件。

例如:

①如果寒潮到来,那么气温就会下降。

②只要功夫深,铁杵就能磨成针。

③无风不起浪。

④木秀于林,风必摧之。(这句话的意思是说,如果"木秀于林",则"风必摧之"。)

除了上面说到的联结词,一般来说,"若……必……""所有的……都是……""一……就……""越……越……"等语言形式也表达P是Q的充分条件。还有"P推出Q""P产生,导致Q"等表达方式也表达充分条件假言命题。

(2)推理规则:

①肯定前件就要肯定后件。

②否定前件对后件无效(否定前件不能否定后件)。

③肯定后件对前件无效(肯定后件不能肯定前件)。

④否定后件就要否定前件(逆否命题)。

> **敲黑板**
> 记忆口诀:肯前必肯后,否后必否前。(有没有觉得似曾相识?)
> 在日常思维中,关于"→"的推理,容易出现的错误是忽略其单向推理,要警惕!

题型分析

【题目特征】题干中出现假言命题的判别依据。

例 如果风很大，我们就会放飞风筝。如果天空不晴朗，我们就不会放飞风筝。如果天气很暖和，我们就会放飞风筝。

假定上面的陈述属实，如果我们现在正在放飞风筝，则下面的哪项也必定是真的？

Ⅰ. 风很大。

Ⅱ. 天空晴朗。

Ⅲ. 天气暖和。

A. 仅Ⅰ。　　B. 仅Ⅰ、Ⅲ。　　C. 仅Ⅲ。　　D. 仅Ⅱ。　　E. 仅Ⅱ、Ⅲ。

【解析】考点：复合命题的论证有效形式。

题目的问题是"下面的哪项也必定是真的？"大家可先对题目信息进行化简：（1）风很大→放飞风筝；（2）天空不晴朗→不放飞风筝；（3）暖和→放飞风筝。题目提供的信息还有"现在正在放飞风筝"，这个断定对于命题（1）来说，是肯定后件的无效形式，复选项Ⅰ真假未知；这个断定对于命题（2）来说，是否定后件的有效形式，复选项Ⅱ必为真；这个断定对于命题（3）来说，是肯定后件的无效形式，复选项Ⅲ真假未知。因此，必为真的只有复选项Ⅱ。

【答案】D。

考点分析2

必要条件假言命题

（1）判别依据："只有……才……""除非……否则不……"。

必要条件假言命题的形式：只有 P，才 Q。一般用 P←Q 来表示，读作"P 反推出 Q"。

例如：

①只有你去，我才放心。

②只有学好逻辑，才能考上研究生。

③只有我爱你，我才会嫁给你。

④只有年满十八周岁，才有选举权。

可以化简为：

①你去←我放心。

②学好逻辑←考上研究生。

③我爱你←嫁给你。

④年满十八周岁←有选举权。

考生要特别注意特殊的必要条件假言命题的化简。

例如：

①除非起雾，否则飞机按时起飞。

②除非你去，否则我不去。

③除非你去，我不去。

④你去，否则我不去。

⑤我不去，除非你去。

⑥爱情是婚姻的基础。

⑦好好学习是考上大学的前提。
⑧穿滑板鞋对于保持时尚是不可或缺的。
⑨国家稳定是社会发展的保障。
⑩保持自信是获得成功的必要条件。

可以化简为：
①起雾←飞机不按时起飞。
②你去←我去。
③你去←我去。
④你去←我去。
⑤你去←我去。
⑥爱情←婚姻。
⑦好好学习←考上大学。
⑧穿滑板鞋←保持时尚。
⑨国家稳定←社会发展。
⑩保持自信←获得成功。

> **敲黑板**
> （1）"除非……否则不……"必须凑够五个字才等价于"←"。在化简中，经常会遇到需要补齐判别依据的情况。其实在日常表达中，"除非"能省略，"否则"也能省略，但是不能二者都省略。
> （2）日常表达中的"……是……的基础""……是……的依托""……是……的基石""必不可少""不可或缺"等，都是必要条件假言命题的判别依据。

（2）推理规则：
①有前件未必有后件。
②无前件则必无后件。
③有后件必有前件。
④无后件未必无前件。

> **敲黑板**
> 其实必要条件假言命题的推理性质不需要死记硬背，在化简后，只需要颠倒前后件，就可以把必要条件假言命题转化为我们大家更加熟悉的充分条件假言命题，所以，复合命题中才有"充分假言考推理，必要假言考化简"一说。

考点分析3

充要条件假言命题

（1）判别依据："当且仅当""……是……的唯一条件"。

充要条件假言命题的形式：当且仅当 P 时，Q 发生。一般用 P↔Q 来表示，P 可推出 Q，Q 可推出 P。

例如：

① 当且仅当一个三角形的三边相等，这个三角形是等边三角形。

② 你有辣条是我喜欢你的唯一条件。

（2）推理规则。

P↔Q 为真，既可以推出 P→Q 为真，也可以推出 Q→P 为真。

> **敲黑板**
>
> 这部分内容相当重要，一定要完全理解！
>
> 假言命题的常用变形公式：
>
> (1) P→Q = Q←P。（建立必要假言和充分假言的关系）
>
> (2) P→Q = ¬Q→¬P。（时时处处都会出现的逆否公式）
>
> (3) P→Q，Q→R，可以得到 P→R。（神出鬼没的传递公式）
>
> (4) P→Q = ¬P∨Q。（等值置换公式，记忆口诀：头负尾抄）

考点分析 4

复合命题的负命题及其等值命题

(1) "¬（P∧Q）" = "¬P∨¬Q"。

当 P 且 Q 是假的，表明 P、Q 中至少有一个是假的，也就意味着或者 P 是假的，或者 Q 是假的；也就意味着，如果你肯定其中一个，则必然要否定另一个。

(2) "¬（P∨Q）" = "¬P∧¬Q"。

(3) "¬（要么 P，要么 Q）" = "P、Q 全真或者 P、Q 全假" = "（¬P∧¬Q）∨（P∧Q）"。

(4) "¬（P→Q）" = "P∧¬Q"（记忆口诀：肯前否后）

> **敲黑板**
>
> 注意：在做题的过程中，大家要熟练掌握如何运用符号能更加简便地化简题干，这是提高做题速度的不二法则。

题型分析

设计复合命题的知识点每年必考，请考生务必重视。

题型一：复合命题的化简。

例 1 古希腊哲人说，未经反省的人生是没有价值的。

下面哪一个选项与这句格言的意思最不接近？

A. 只有经过反省，人生才有价值。

B. 要想人生有价值，就要不时地对人生进行反省。
C. 糊涂一世，快活一生。
D. 人应该活得明白一点。
E. 除非经过反省，否则人生没有价值。

【解析】 题干提供的信息是"未经反省的人生是没有价值的"，可以化简为，¬反省→¬价值，等价于，价值→反省。题目问的是"哪一个选项与这句格言的意思最不接近"，运用排除法，排除和题目表达相似的选项，在剩下的选项中寻找最不接近的，即正确答案。选项 A，可以化简为，反省←价值，和题干相符，排除；选项 B，可以化简为，价值→反省，和题干相符，排除；选项 C，可以化简为，¬反省→快活，和题目表达的意思不同，不符合题干推理；选项 D，可以化简为，反省，对于题干来说，是肯定后件的无效形式，其真假未知；选项 E，可以化简为，反省←价值，和题目相符，排除。

【答案】 C。

例2 中国要有一流的国家实力，必须有一流的教育。只有拥有一流的国家实力，中国才能做出应有的国际贡献。

以下各项都符合题干意思，除了：
A. 中国难以做出应有的国际贡献，除非拥有一流的教育。
B. 只要中国拥有一流的教育，就能做出应有的国际贡献。
C. 如果中国拥有一流的国家实力，就不会没有一流的教育。
D. 不能设想中国做出了应有的国际贡献，但缺乏一流的教育。
E. 中国面临选择：或者放弃应尽的国际义务，或者创造一流的教育。

【解析】 题干断定的条件关系：
（1）一流的国家实力→一流教育。
（2）一流的国家实力←国际贡献。

各选项的结构：

选项 A：¬一流教育→¬国际贡献。

选项 B：一流教育→国际贡献。

选项 C：一流的国家实力→一流教育。

选项 D：¬（国际贡献∧¬一流教育）=¬国际贡献∨一流教育=国际贡献→一流教育。

选项 E：¬国际义务∨一流教育=国际义务→一流教育。

其中，选项 B 不符合题干，因为"肯定后件，不能得出肯定前件"。其余各项均符合题干。

【答案】 B。

题型二：论证推理的有效形式。

例1 有人说："只有肯花大价钱的足球俱乐部才进得了中超足球联赛。"

如果以上命题是真的，则可能出现的情况是：
Ⅰ. 某足球俱乐部花了大价钱，没有进中超。
Ⅱ. 某足球俱乐部没有花大价钱，进了中超。

Ⅲ. 某足球俱乐部没有花大价钱，没有进中超。
Ⅳ. 某足球俱乐部花了大价钱，进了中超。

A. 仅Ⅳ。　　　　　　　　B. 仅Ⅱ、Ⅲ。　　　　　　　C. 仅Ⅲ、Ⅳ。
D. 仅Ⅱ、Ⅲ、Ⅳ。　　　　E. 仅Ⅰ、Ⅲ、Ⅳ。

【解析】题干可以化简为：花大价钱←进中超。其等价于，进中超→花大价钱；还等价于，没花大价钱→没进中超。题目问的是"可能出现的情况是"，也就是说，确定为真的结论和未知真假的结论都要入选，排除不可能为真（和题干信息相矛盾）的结论。复选项Ⅰ"花大价钱"，对题目来说是肯定后件，是充分条件假言命题推理的无效形式，其结论是未知真假的，但依然是可能出现的情况，因此可以入选；复选项Ⅱ，"没花大价钱"的结果一定是"没进中超"，因此，这个复选项和题干信息相矛盾，是不可能为真的，要排除；复选项Ⅲ"没花大价钱∧没进中超"是一定成立的结论，入选；命题Ⅳ和命题Ⅰ是一样的情况，未知真假，可以入选。

【答案】E。

例2 如果小张考试及格并且大田考试不及格，则小娜考试一定不及格。

如果以上命题是真的，那么再加上什么前提，可以得出结论：大田考试及格了。

A. 小张考试及格而大田考试不及格。　　B. 小张与小娜考试都不及格。
C. 有人没有参加考试。　　　　　　　　D. 小张考试不及格而小娜考试及格。
E. 小张与小娜考试都及格了。

【解析】题干化简为：张∧¬田→¬娜。其等价于逆否命题：娜→¬张∨田。要得出"大田考试及格了"的结论，就必须先保证"小娜考试及格了"；由"小娜考试及格了"可以得出"¬张∨田"；要得出题目结论，在相容选言命题中，想要肯定其中一支的唯一方法是否定另一支，因此需要"¬张"为假，即"小张考试及格了"。

【答案】E。

例3 篮球队教练规定：如果一号队员上场而且三号队员没有上场，那么，五号与七号队员中至少要有一人上场。

如果教练的规定得到贯彻，一号队员没有上场的充分条件是：

A. 三号队员上场，五号、七号队员没上场。　　B. 三号队员没上场，五号、七号队员上场。
C. 三号、五号、七号队员都没有上场。　　　　D. 三号、五号、七号队员都上场了。
E. 无法判断。

【解析】题干信息化简为：一号队员上场∧三号队员没有上场→五号队员上场∨七号队员上场。其等价于"五号队员没有上场∧七号队员没有上场→一号队员没有上场∨三号队员上场"。题目的问题是"一号队员没有上场的充分条件"是什么，也就是说，由哪些条件可以得出"一号队员没有上场"。要保证"一号队员没有上场"，首先要确保"五号队员没有上场∧七号队员没有上场"这个条件为真，仅有这两个条件还不够，这两个条件只能使得题干信息化简的命题后件为真，即"一号队员没有上场∨三号队员上场"为真，并不能保证"一号队员没有上场"。根据"相容的选言命题中，肯定其中的一支对另一支没有影响，但是否定其中的一支，必然可以肯定与其对应的那一支"可知，想得到"一号队员没有上场"，就一定要确保"三号队员上场"为假，也就是"三号队员没有上场"为真。因此,想要得到题干的结论,必须保证"三号、五号、七号队员都没有上场"。

【答案】C。

例4 如果赵川参加宴会,那么钱华、孙旭和李元将一起参加宴会。
如果上述断定是真的,那么以下哪项也是真的?
A. 如果赵川没参加宴会,那么钱华、孙旭、李元三人中至少有一人没参加宴会。
B. 如果赵川没参加宴会,那么钱华、孙旭、李元三人都没参加宴会。
C. 如果钱华、孙旭、李元都参加了宴会,那么赵川参加宴会。
D. 如果李元没参加宴会,那么钱华和孙旭不会都参加宴会。
E. 如果孙旭没参加宴会,那么赵川和李元不会都参加宴会。

【解析】题目可以化简为,赵→钱∧孙∧李,其等价于,¬钱∨¬孙∨¬李→¬赵。选项A,如果赵没参加宴会,否定前件是充分条件假言命题的无效推理形式,排除;选项B,如果赵没参加宴会,否定前件是充分条件假言命题的无效推理形式,排除;选项C,如果钱、孙、李都参加了宴会,肯定后件是充分条件假言命题的无效推理形式,排除;选项D,如果李没参加宴会,我们得到的唯一结论是赵没有参加,但是孙、钱二人是否参加的结论是得不出的,排除;选项E,如果孙没参加宴会,我们得到的唯一结论是赵没有参加,那么当然"赵和李不会都参加宴会",因为赵是一定不参加的。

【答案】E。

例5 国际足联一直坚称,世界杯冠军队所获得的"大力神"杯是实心的纯金奖杯。某教授经过精密测量和计算认为,世界杯冠军奖杯——实心的"大力神"杯不可能是纯金制成的,否则球员根本不能将它举过头顶并随意挥舞。
以下哪项与这位教授的意思最为接近?
A. 若球员能够将"大力神"杯举过头顶并自由挥舞,则它可能是空心的纯金杯。
B. 若"大力神"杯是实心的纯金杯,则球员不可能把它举过头顶并随意挥舞。
C. 若"大力神"杯是纯金制成的,则它肯定是空心的。
D. 只有"大力神"杯是实心的,它才可能是纯金的。
E. 只有球员能够将"大力神"杯举过头顶并自由挥舞,它才由纯金制成,并且不是实心的。

【解析】题干断定:实心非纯金←举过头顶∧随意挥舞。其等价于,非(实心非纯金)→不可能(举过头顶∧随意挥舞),否定(实心非纯金)= 非实心的非纯金或者实心的纯金,即空心的非纯金或者实心的纯金。

选项A指出,若球员能够将"大力神"杯举过头顶并自由挥舞,则它可能是空心的纯金杯。题干得不出空心的纯金杯,排除。选项B是题干断定的等价命题,必然与教授的意思最为接近,入选。选项C,若"大力神"杯是纯金制成的,则它肯定是空心的,推出的是纯金和空心之间的关系,不符合题干推理,排除。选项D,只有"大力神"杯是实心的,它才可能是纯金的,也是推出纯金和空心之间的关系,不符合题干推理,排除。选项E化简为,举过头顶并自由挥舞←纯金∧非实心,与题目推理方向不同,排除。

【答案】B。

例6 10月6日晚上，张强要么去电影院看了电影，要么拜访了他的朋友秦玲。如果那天晚上张强开车回家，他就没去电影院看电影。只有张强事先与秦玲约定，张强才能去拜访她。事实上，张强不可能事先与秦玲约定。

根据以上陈述，可以得出以下哪项？

A. 那天晚上张强与秦玲一起去电影院看电影。

B. 那天晚上张强拜访了他的朋友秦玲。

C. 那天晚上张强没有开车回家。

D. 那天晚上张强没有去电影院看电影。

E. 那天晚上张强开车去电影院看电影。

【解析】题干断定：

（1）要么看了电影，要么拜访了秦玲。

（2）开车回家→¬看电影。

（3）拜访秦玲→事先约定。

（4）¬事先约定。

由条件（3）和（4）得出"¬拜访秦玲"；由"¬拜访秦玲"和条件（1）得出"看了电影"；由"看了电影"和条件（2）得出"¬开车回家"。

【答案】C。

> •• **敲黑板**
> 　　大家要对复合命题的各种判别依据熟识并且敏感，这样才能快速解涉及复合命题的基本化简和有效形式的题。这是考查非常密集的部分，考生要重视并且熟练掌握。

题型三：复合命题的否命题。

例1 小陈并非既懂英语又懂法语。

如果上述断定为真，那么下述哪项断定必定为真？

①小陈懂英语但不懂法语。

②小陈懂法语但不懂英语。

③小陈或者不懂英语，或者不懂法语。

④如果小陈懂英语，那么他一定不懂法语。

⑤小陈要是不懂法语的话，那么他就一定懂英语。

A. ①和②。　　B. ④。　　C. ④和⑤。　　D. ③和④。　　E. ①②③④。

【解析】考点：复合命题的否命题。

题干信息可以化简为：¬（英语∧法语）。其等价于，¬英语∨¬法语，据此可以排除①和②。③符合题干推理，入选。④等值置换之后变成"¬英语∨¬法语"，符合题干推理，入选。⑤等值置换之后变成"法语∨英语"，不符合题干推理，排除。

【答案】D。

例2 如果鱼和熊掌不可兼得是不可改变的事实，则以下哪项也一定是事实？

A. 鱼可得但熊掌不可得。　　　　　　　B. 熊掌可得但鱼不可得。
C. 鱼和熊掌皆不可得。　　　　　　　　D. 如果鱼不可得,则熊掌可得。
E. 如果鱼可得,则熊掌不可得。

【解析】考点:联言命题的否定。

破解这种题目,必须牢记以下公式:"并非(p且q)"="非p或者非q"="如果p,则非q"="p、q中至少有一个是假的"。说明:当"p且q"是假的,意味着p、q中至少有一个是假的,即或者p是假的,或者q是假的;也就意味着如果其中一个为真,则必然要否定另一个。p表示"鱼可得",q表示"熊掌可得",则题干断定的是并非"p且q",等价于"非p或者非q""如果p真,则非q"。选项E与题干等价,"鱼和熊掌不可兼得"的意思是说,鱼和熊掌中至少有一个得不到,那么如果你得到了鱼,则熊掌一定得不到。

【答案】E。

例3 某汽车司机违章驾驶,交警向他宣布处理决定:"要么扣留驾驶执照三个月,要么罚款1 000元。"司机说:"我不同意。"

如果司机坚持己见,那么,以下哪项实际上是他必须同意的?

A. 扣留驾驶执照但不罚款。

B. 罚款但不扣留驾驶执照。

C. 既不罚款也不扣留驾驶执照。

D. 如果做不到既不罚款也不扣留驾驶执照,那么必须接受既罚款又扣留驾驶执照。

E. 既罚款又扣留驾驶执照。

【解析】考点:复合命题的否命题。

强析取的否命题和析取的否命题是不同的。由题目信息可知,交警的意见是"扣留驾驶执照三个月∨罚款1 000元",司机的意见是上述命题的否命题,等价于(¬扣留驾驶执照三个月∧¬罚款1 000元)∨(扣留驾驶执照三个月∧罚款1 000元)。

【答案】D。

例4 甲:"每当我喝了咖啡,我就睡不着。"乙:"我恰恰相反。"

下列哪项是乙的意思?

A. 我不喝咖啡,就睡不着。　　　　　　B. 我喝了咖啡,也能睡着。
C. 我不喝咖啡,才能睡着。　　　　　　D. 我不喝咖啡,就能睡着。
E. 我不爱喝咖啡。

【解析】由题干信息可知,甲的意见是"喝了咖啡→睡不着",乙的意见是甲的观点的否命题,等价于"喝了咖啡∧睡着"。

【答案】B。

例5 未来的中国,将是一个更加开放包容、文明和谐的国家。一个国家、一个民族,只有开放包容,才能发展进步。唯有开放,先进和有用的东西才能进得来;唯有包容,吸收借鉴优秀文化,才能使自己充实和强大起来。

如果以上说法为真,则以下哪项陈述一定为假?

A. 一个国家或民族，即使不开放包容，也能发展进步。
B. 一个国家或民族，如果不开放包容，它就不能发展进步。
C. 一个国家或民族，即使开放包容，也可能不会发展进步。
D. 一个国家或民族，如果要发展进步，那它就必须开放包容。
E. 一个国家或民族，如果要发展进步，那么它就必须开放包容。

【解析】 题干断定：开放包容←发展进步。 其否命题是"不开放包容也能发展进步"。

【答案】 A。

例6 如果这匹马儿不吃饱草，那么这匹马儿不能跑。
以上断定如果为真，则除了以下哪项外，其余选项都必然为真？
A. 只要这匹马儿不吃饱草，这匹马儿就不能跑。
B. 只有这匹马儿吃饱草，这匹马儿才能跑。
C. 或者这匹马儿吃饱草，或者这匹马儿不能跑。
D. 既要这匹马儿跑，又要这匹马儿不吃饱草，这是办不到的。
E. 除非这匹马儿跑，否则这匹马儿没有吃饱草。

【解析】 题干化简为：¬吃→¬跑。 选项 A 与题干等价。 选项 B 化简为，吃←跑，与题干等价。 选项 C 化简为，吃∨¬跑，与题干等价。 选项 D 化简为，¬（跑∧¬吃）=¬跑∨吃，与题干等价。 选项 E 化简为，¬跑→¬吃，与题干意思不一致，因此选项 E 为正确答案。

【答案】 E。

例7 足球是一项集体运动，若想不断取得胜利，每个强队都必须有一位核心队员，他总能在关键场次带领全队赢得比赛。 友南是某国甲级联赛强队西海队队员。 据某记者统计，在上赛季参加的所有比赛中，有友南参赛的场次，西海队胜率高达 75.5%，另有 16.3% 的平局，8.2% 的场次输球；而在友南缺阵的情况下，西海队胜率只有 58.9%，输球的比率高达 23.5%。 该记者由此得出结论：友南是上赛季西海队的核心队员。

以下哪项如果为真，最能质疑该记者的结论？
A. 西海队教练表示：球队是一个整体，不存在有友南的西海队和没有友南的西海队。
B. 上赛季友南缺席且西海队输球的比赛，都是小组赛中西海队已经确定出线后的比赛。
C. 西海队队长表示：没有友南我们将失去很多东西，但我们会找到解决办法。
D. 上赛季友南上场且西海队输球的比赛，都是西海队与传统强队对阵的关键场次。
E. 本赛季开始以来，在友南上阵的情况下，西海队胜率暴跌 20%。

【解析】 记者的结论：友南是上赛季西海队的核心队员。
目标：最能削弱记者的观点。
核心概念：核心队员——总能在关键场次带领全队赢得比赛。

选项 A 是主观性选项，排除。 选项 B 指出，上赛季友南缺席且西海队输球的比赛，都是小组赛中西海队已经确定出线后的比赛。 也就是说，友南缺席且西海队输球的比赛并不是关键场次的比赛，不是关键场次的比赛输赢和友南是不是核心队员的判断无关，排除。 选项 C 是主观性选项，排除。 选项 D 指出，上赛季友南上场且西海队输球的比赛，都是西海队与传统强队对阵的关键场次。选项 D 断定，上赛季友南上场且输球的比赛都是关键场次，足以说明友南不是核心队员，最强地削弱了记者的观点，入选。选项 E 只是指出了在友南上阵的情况下，西海队胜率暴跌 20%，但是友南上阵的是不是关键场次，没有说明，排除。

【答案】D。

> **做题要领**
>
> "关键场次"是理解此题的关键概念。题干记者推论的漏洞在于忽视了这一关键概念，仅依据出场的胜败率来推断友南是否为核心队员。
>
> 和题干结论"唱反调"是解"最能削弱"这种题型很重要的手段，需要大家积累和熟练。

例 8 有人认为，任何一个机构都包括不同的职位等级或层级，每个人都隶属于其中的一个层级。如果某人在原来级别岗位上干得出色，就会被提拔，而被提拔者得到重用后却碌碌无为，这会造成机构效率低下、人浮于事。

以下哪项如果为真，则最能质疑上述观点？

A. 不同岗位的工作方法是不同的，对新岗位要有一个适应过程。

B. 部门经理王先生业绩出众，被提拔为公司总经理后工作依然出色。

C. 个人晋升常常在一定程度上影响所在机构的发展。

D. 李明的体育运动成绩并不理想，但他进入管理层后却干得得心应手。

E. 王副教授教学和科研能力都很强，而晋升为正教授后却表现平平。

【解析】题干结论：被提拔者得到重用后却碌碌无为，这会造成机构效率低下、人浮于事。

目标：最能质疑上述观点。

首先寻找结论的否命题。题干结论的否命题：¬（被提拔者得到重用后却碌碌无为）= 被提拔者得到重用 ∧ ¬ 碌碌无为。

选项 B 符合题干结论的否命题，显然是对上述观点的有力质疑，入选。选项 A 和选项 C 均为无关选项。选项 D 不符合题干要求的"提拔"，因为"进入管理层"和"提拔"是两个概念，排除。选项 E 符合题干的观点，加强了题干结论，排除。

【答案】B。

题型四：传递公式。

【题目特征】化简之后会出现两个或者两个以上的假言命题。

例 1 一项产品要成功占领市场，必须既有合格的质量，又有必要的包装。一项产品，不具备足够的技术投入，合格的质量和必要的包装难以两全。而只有足够的资金投入，才能保证足够的技术投入。

以下哪项结论可以从题干的断定中推出？

Ⅰ. 一项成功占领市场的产品，其中不可能不包含足够的技术投入。

Ⅱ. 一项资金投入不足但质量合格的产品，一定缺少必要的包装。

Ⅲ. 一项产品，只要既有合格的质量，又有必要的包装，就一定能成功占领市场。

A. 只有Ⅰ。　　　　　　　B. 只有Ⅱ。　　　　　　　C. 只有Ⅲ。

D. 只有Ⅰ和Ⅱ。　　　　　　　　　E. Ⅰ、Ⅱ和Ⅲ

【解析】考点：通过假言命题的传递得出结论。

由题干可以推出：（1）占领市场→合格质量∧必要包装；（2）合格质量∧必要包装→足够的技术投入；（3）足够的技术→足够的资金。

复选项Ⅰ，根据题干条件可知，占领市场的产品必须既有合格质量又有必要包装，如此可推出具备足够的技术投入，因此该项符合题意。

复选项Ⅱ，由题干条件可知，资金不足→技术不足，技术不足→质量不合格或者没有必要包装，因此该项也符合题意。

复选项Ⅲ，合格质量∧必要包装→占领市场，肯定充分条件假言命题的后件推不出前件，因此该项不符合题意。

【答案】D。

例2 环宇公司规定，其所属的各营业分公司，如果年营业额超过800万元，其职员可获得优秀奖；只有年营业额超过600万元，其职员才能获得激励奖。年终统计显示，该公司所属的12个分公司中，6个年营业额超过了1 000万元，其余的则不足600万元。

如果上述断定为真，则以下哪项关于该公司今年获奖情况的断定一定为真？

Ⅰ. 获得激励奖的职员，一定获得优秀奖。

Ⅱ. 获得优秀奖的职员，一定获得激励奖。

Ⅲ. 半数职员获得了优秀奖。

A. 仅Ⅰ。　　　　　　　　B. 仅Ⅱ。　　　　　　　　C. 仅Ⅲ。

D. 仅Ⅰ和Ⅱ。　　　　　　　　E. Ⅰ、Ⅱ和Ⅲ。

【解析】题干条件化简为：（1）年营业额超过800万元→其职员可获得优秀奖；（2）年营业额超过600万元←其职员获得激励奖。（注意，这个命题是必要条件假言命题，所以是反蕴涵。）

根据传递性质，我们可以知道，获得激励奖→年营业额超过600万元。对于题目所给的信息，如果年营业额超过600万元，也就可以推出"年营业额超过800万元"，因此职员可以获得优秀奖，复选项Ⅰ正确。

由"获得优秀奖"推不出"获得激励奖"，故复选项Ⅱ不正确。（推导方向是逆着箭头方向的。）

半数分公司和半数职员是两个概念，所以推不出复选项Ⅲ。

【答案】A。

例3 在本年度篮球联赛中，长江队主教练发现，黄河队五名主力队员之间的上场配置有如下规律：

（1）若甲上场，则乙也要上场。

（2）只有甲不上场，丙才不上场。

（3）要么丙不上场，要么乙和戊中有人不上场。

（4）除非丙不上场，否则丁上场。

若乙不上场,则以下哪项配置合乎上述规律?

A.甲、丙、丁同时上场。 B.丙不上场,丁、戊同时上场。

C.甲不上场,丙、丁都上场。 D.甲、丁都上场,戊不上场。

E.甲、丁、戊都不上场。

【解析】题干信息化简为:

(1)甲上场→乙上场。

(2)丙不上场→甲不上场 = 甲上场→丙上场。

(3)要么丙不上场,要么乙和戊中有人不上场。

(4)丁不上场→丙不上场。

已知乙不上场,结合(1)可得,甲不上场;再结合(3)可得,丙上场;再结合(4)可得,丁上场。综合可得,甲不上场,丙、丁上场。

【答案】C。

> **做题要领**
> 对于 P→Q 和 ¬Q→¬P 的变形,大家要熟练应用。

例 4 某大学运动会即将召开,经管学院拟组建一支 12 人的代表队参赛,参赛队员将从该院 4 个年级的学生中选拔。学院规定:每个年级都须在长跑、短跑、跳高、跳远、铅球 5 个项目中选择 1~2 项参加比赛,其余项目可任意选择;一个年级如果选择长跑,就不能选择短跑或跳高;一个年级如果选择跳远,就不能选长跑或铅球;每名队员只能参加 1 项比赛。已知该院:

(1)每个年级均有队员被选拔进入代表队。

(2)每个年级被选拔进入代表队的人数各不相同。

(3)有两个年级的队员人数相乘等于另一个年级的队员人数。

如果某年级队员人数不是最少的,且选择了长跑,那么对该年级来说,以下哪项是不可能的?

A. 选择短跑或铅球。 B. 选择短跑或跳远。 C. 选择铅球或跳高。

D. 选择长跑或跳高。 E. 选择铅球或跳远。

【解析】题干信息化简如下:

(1)长跑→¬(短跑∨跳高),等价于,长跑→¬短跑∧¬跳高。其还等价于:短跑∨跳高→¬长跑。

(2)跳远→¬(长跑∨铅球),等价于,跳远→¬长跑∧¬铅球。其还等价于:长跑∨铅球→¬跳远。

如果该年级有队员选择了长跑,则由条件(1)可知,该年级不可能选择短跑;由条件(2)可知,该年级不可能选择跳远。

【答案】B。

> **做题要领**
>
> 本题要注意，题干条件"如果选择长跑，就不能选择短跑或跳高"，要化简为，长跑→¬（短跑∨跳高）。

题型五：开关题。

【题目特征】题干已知条件为多个假言命题。

例 1 一个数据库中有 A、B、C、D、E、F 六个语句，但目前这个数据库是不协调的，必须删除某些语句才能恢复数据库的协调性。已知：

（1）如果保留语句 A，那么必须保留语句 B 和语句 C。
（2）如果保留语句 E，则必须同时删除语句 D 和语句 C。
（3）只有保留语句 E，才能保留语句 F。
（4）语句 A 是重要的信息，不能删除。

以上各项如果为真，则以下哪项一定为真？

A. 保留语句 E 并且删除语句 C。　　　　B. 同时保留语句 C 和语句 D。
C. 保留语句 E 并且删除语句 D。　　　　D. 同时删除语句 E 和语句 F。
E. 无法判断。

【解析】题干条件化简为：（1）A→B∧C；（2）E→¬D∧¬C；（3）E←F；（4）A。由条件（1）得出，B 和 C 保留；由条件（2）的否定后件可得，非 E；由条件（3）可得，非 F。联立这些条件，可得：A→B∧C→¬E→¬F。

【答案】D。

例 2 某电路中有 S、T、W、X、Y、Z 六个开关，使用这些开关必须满足下面的条件：

（1）如果 W 接通，则 X 也要接通。
（2）只有断开 S，才能断开 T。
（3）T 和 X 不能同时接通，也不能同时断开。
（4）如果 Y 和 Z 同时接通，则 W 也必须接通。

如果现在同时接通 S 和 Z，则以下哪项一定为真？

A. T 是接通状态并且 Y 是断开状态。　　　B. W 和 T 都是接通状态。
C. T 和 Y 都是断开状态。　　　　　　　　D. X 是接通状态并且 Y 是断开状态。
E. T 和 Y 都是接通状态。

【解析】题干信息化简为：（1）W→X；（2）¬S←¬T，等价于，S→T；（3）T 和 X 构成强析取；（4）Y∧Z→W。

按照题干信息，同时接通 S 和 Z，由条件（2）可知，T 开关接通；由条件（3）可知，X 断开；由条件（1）可知，W 断开；再由条件（4）可知，¬W→¬Y∨¬Z；已知 Z，因此可知 Y 断开。

【答案】A。

例 3 某市已开通运营一、二、三、四号地铁线路，各条地铁线路每一站运行加停靠所需时间均彼此相同。小张、小王、小李 3 人是同一单位的职工，单位附近有北口地铁站。某天早晨，3人同时都在常青站乘一号线上班，但3人关于乘车路线的想法不尽相同。已知：

（1）如果一号线拥挤，小张就坐2站后转三号线，再坐3站到北口站；如果一号线不拥挤，小张就坐3站后转二号线，再坐4站到北口站。

（2）只有一号线拥挤，小王才坐2站后转三号线，再坐3站到北口站。

（3）如果一号线不拥挤，小李就坐4站后转四号线，坐3站之后再转三号线，坐1站到达北口站。

（4）该天早晨地铁一号线不拥挤。

假定三人换乘及步行总时间相同，则以下哪项最可能与上述信息不一致？

A. 小李比小张先到达单位。
B. 小王比小李先到达单位。
C. 小张比小王先到达单位。
D. 小王和小李同时到达单位。
E. 小张和小王同时到达单位。

【解析】 题干条件可概括为：

(1) 一号线拥挤→小张2站＋转＋3站；¬一号线拥挤→小张3站＋转＋4站。

(2) 一号线拥挤←小王2站＋转＋3站。

(3) ¬一号线拥挤→小李4站＋转＋3站＋转＋1站。

(4) ¬一号线拥挤。

(5) 三人换乘及步行总时间相同。

根据题意可知：小李坐8站＋换乘2次；小张坐7站＋换乘1次。所以，小李不可能比小张早到达单位。

【答案】 A。

题型六：二难推理。

【题目特征】二难推理的主要特点是使人进入"左右为难""进退维谷"的境地。二难推理主要有四种推理形式：简单构成式、简单破坏式、复杂构成式、复杂破坏式。其中简单构成式和简单破坏式是考试中最常见的两种二难推理形式。考生只有牢牢掌握这四种推理形式，才能在考试中灵活、正确地运用二难推理解题。

（1）简单构成式。

这种形式是在前提中肯定假言命题的前件，结论中肯定后件。具体形式如下：

如果A，则B；

如果C，则B；

或者A，或者C；

总之，B。

（2）简单破坏式。

这种形式是在前提中否定假言命题的后件，结论否定前件。具体形式如下：

如果A，则B；

如果A，则C；

或者非B，或者非C；

总之，非 A。

在这个形式中，两个假言命题的后件不同，但有相同的前件，因而不论否定哪个后件，结果都是否定了这个相同前件。

（3）复杂构成式。

复杂构成式是相对于简单构成式而言的，是指前提中两个假言命题的前件不同，后件也不同，选言命题肯定不同的前件，结论则以选言命题的形式肯定不同的后件。具体形式如下：

如果 A，那么 B；

如果 C，那么 D；

A 或 C；

所以，B 或 D。

在这个形式中，两个假言命题有不同的前件和不同的后件，因此肯定某个前件，结论便肯定相应的后件。

（4）复杂破坏式。

复杂破坏式是相对于简单破坏式而言的，是指前提中两个假言命题的前件不同，后件也不同，选言命题否定不同的后件，结论则以选言命题的形式否定不同的前件。其实，复杂破坏式就是复杂构成式在逆否命题基础上的推理。具体形式如下：

如果 A，那么 B；

如果 C，那么 D；

非 B 或非 D；

所以，非 A 或非 C。

在这个形式中，两个假言命题有不同的前件和不同的后件，因此否定某个后件，结论便否定相应的前件。

例1 如果李生喜欢表演，那么他报考戏剧学院。如果他不喜欢表演，那么他可以成为戏剧理论家。如果他不报考戏剧学院，那么不能成为戏剧理论家。

由此可推出李生：

A. 不喜欢表演。　　　　　　　B. 成为戏剧理论家。

C. 不报考戏剧学院。　　　　　D. 报考戏剧学院。

E. 不成为戏剧理论家。

【解析】题干信息化简为：（1）喜欢表演→报考戏剧学院；（2）不喜欢表演→成为戏剧理论家；（3）不报考戏剧学院→不能成为戏剧理论家。由（2）和（3）的传递可得：不喜欢表演→报考戏剧学院。可见，无论喜不喜欢表演，李生都会报考戏剧学院，选项 D 一定正确，入选。

【答案】D。

例2 小赵："最近几个月的股票和基金市场很活跃。你有没有成为股民或基民？"

小王："我只能告诉你，股票和基金我至少买了其中之一；如果我不买基金，那么我也不买股票。"

如果小王告诉小赵的都是实话，则以下哪项一定为真？

A. 小王买了基金。 B. 小王买了股票。
C. 小王没买基金。 D. 小王没买股票。
E. 小王既没买基金也没买股票。

【解析】 小王的话可以化简为：（1）基金∨股票；（2）非基金→非股票，等价于，股票→基金，还等价于，非股票∨基金。当这两个命题都为真的时候，可以得出"小王买了基金"。

【答案】 A。

例3 太阳风中的一部分带电粒子可以到达M星表面，将足够的能量传递给M星表面粒子，使后者脱离M星表面，逃逸到M星大气中。为了判定那些逃逸的粒子，科学家们通过三个实验获得了如下信息：

实验一：或者是X粒子，或者是Y粒子。
实验二：或者不是Y粒子，或者不是Z粒子。
实验三：如果不是Z粒子，就不是Y粒子。

根据上述三个实验，以下哪项一定为真？

A. 这种粒子是X粒子。 B. 这种粒子是Y粒子。
C. 这种粒子是Z粒子。 D. 这种粒子不是X粒子。
E. 这种粒子不是Z粒子。

【解析】 题干条件可概括为：（1）X∨Y；（2）¬Y∨¬Z = Z→¬Y；（3）¬Z→¬Y。条件（2）和条件（3）构成两难推理，从而可得，¬Y，即这种粒子不是Y粒子；再由条件（1）可得，这种粒子是X粒子。

【答案】 A。

> •• 做题要领
> 首先，要熟练掌握¬Y∨¬Z向Z→¬Y的转化；其次，要熟练应用两难推理，即根据Z→¬Y和¬Z→¬Y必定得到¬Y。

例4 一个人如果没有崇高的信仰，就不可能守住道德的底线；而一个人只有不断加强理论学习，才能始终保持崇高的信仰。

根据以上信息，可以得出以下哪项？

A. 一个人没能守住道德的底线，是因为他首先丧失了崇高的信仰。
B. 一个人只要有崇高的信仰，就能守住道德的底线。
C. 一个人只有不断加强理论学习，才能守住道德的底线。
D. 一个人如果不能守住道德的底线，就不可能保持崇高的信仰。
E. 一个人只要不断加强理论学习，就能守住道德的底线。

【解析】 题干信息可概括为：
（1）¬崇高信仰→¬守住道德的底线；
（2）不断加强理论学习←崇高信仰。
解法一：

结合条件（1）和条件（2），再根据二难推理的规则可得，¬守住道德底线∨不断加强理论学习，其等价于守住道德底线→不断加强理论学习，即只有不断加强理论学习，才能守住道德底线，选项C符合。

解法二：

选项A可以化简为，¬守住道德的底线→丧失了崇高的信仰，肯定条件（1）的后件，属于无效推理形式，不能推出，排除。

选项B可以化简为，崇高的信仰→守住道德的底线，否定条件（1）的前件，属于无效推理形式，不能推出，排除。

选项C可以化简为，不断加强理论学习←守住道德的底线。按照条件（1）和条件（2）的传递可以推出，入选。

选项D可以化简为，¬守住道德的底线→¬保持崇高的信仰，肯定条件（1）的后件，属于无效推理形式，不能推出，排除。

选项E可以化简为，加强理论学习→守住道德的底线。按照条件（1）和条件（2）的传递不能推出，排除。

【答案】C。

> •• 敲黑板
>
> 熟悉二难推理的几种变形形式。
> (1) P→Q为真；
>   ¬P→Q为真；
>   则Q为真。
> (2) P∨Q为真；
>   ¬P∨Q为真；
>   则Q为真。
> (3) P→Q为真；
>   ¬P→S为真；
>   则Q∨S为真。
> (4) P∨Q为真；
>   ¬P∨S为真；
>   则Q∨S为真。

● 基础能力练习题

1. 一道逻辑推理单选题的四个选择分别是：
（1）作案者是甲。
（2）作案者是乙。
（3）作案者是丙。
（4）作案者是甲或乙。
则该题的正确答案应是：
A.（1）。　　B.（3）。　　C.（2）。　　D.（4）。　　E. 无法确定。

2. 如果小王考上了博士并且小刘没考上博士，那么温丽一定考不上博士。
如果以上命题为真，再加上什么前提，可以推出"小刘考上了博士"？
A. 小王与温丽一同考上了博士。
B. 小王与小刘都没考上博士。
C. 小王考上了博士而小刘没有考上博士。
D. 小王没考上博士而小刘考上了博士。
E. 小王或温丽没参加考试。

3. 只要小王能评上教授，同时老雷没有评上研究员，大李就一定会评上教授。
如果以上判断为真，那么加上以下哪项前提，则可得出老雷评上了研究员的结论？
A. 小王没有评上教授，也没有评上研究员。
B. 小王和大李都评上了教授。
C. 小王评上了教授，大李没有评上教授。
D. 小王没有评上教授，大李评上了教授。
E. 肯定有人没参加职称评定。

4. 一位编辑正在考虑报纸理论版稿件的取舍问题。有 E、F、G、H、J、K 六篇论文可供选择。考虑到文章的内容、报纸的版面等因素：
（1）如果用论文 E，那么不能用论文 F 但要用论文 K。
（2）只有不用论文 J，才能用论文 G 或论文 H。
（3）如果不用论文 G，那也不用论文 K。
（4）论文 E 是向名人约的稿件，不能不用。
以上各项如果为真，则下面哪项一定是真的？
A. 用论文 E，但不用论文 H。　　　　B. G 和 H 两篇论文都用。
C. 不用论文 J，但用论文 K。　　　　D. G 和 J 两篇论文都不用。
E. 无法判断。

5. 一个热力站有 5 个阀门控制对外送蒸汽，使用这些阀门必须遵守以下操作规则：

（1）如果开启1号阀，那么必须同时打开2号阀并且关闭5号阀。
（2）如果开启2号阀或者5号阀，则要关闭4号阀。
（3）不能同时关闭3号阀和4号阀。

现在要打开1号阀，同时要打开的阀门是哪两个？

A. 2号阀和4号阀。 B. 2号阀和3号阀。
C. 3号阀和5号阀。 D. 4号阀和5号阀。
E. 1号阀和4号阀。

6. 并非蔡经理负责研发或者负责销售工作。

如果上述陈述为真，则以下哪项陈述一定为真？

A. 蔡经理既不负责研发也不负责销售。
B. 蔡经理负责销售但不负责研发。
C. 蔡经理负责研发但不负责销售。
D. 如果蔡经理不负责销售，那么他负责研发。
E. 如果蔡经理负责销售，那么他不负责研发。

7~8题基于以下题干：

只要不起雾，飞机就按时起飞。

7. 以下哪项正确地表达了上述断定？

Ⅰ. 如果飞机按时起飞，则一定没有起雾。
Ⅱ. 如果飞机不按时起飞，则一定起雾。
Ⅲ. 除非起雾，否则飞机按时起飞。

A. 只有Ⅰ。 B. 只有Ⅱ。 C. 只有Ⅲ。
D. 只有Ⅱ和Ⅲ。 E. Ⅰ、Ⅱ和Ⅲ。

8. 以下哪项如果为真，说明上述断定不成立？

Ⅰ. 没起雾，但飞机没按时起飞。
Ⅱ. 起雾，但飞机仍然按时起飞。
Ⅲ. 起雾，飞机航班延期。

A. 只有Ⅰ。 B. 只有Ⅱ。 C. 只有Ⅲ。
D. 只有Ⅱ和Ⅲ。 E. Ⅰ、Ⅱ和Ⅲ。

9~10题基于以下题干：

八个博士C、D、L、M、N、S、W、Z正在争取获取某项科研基金。按规定只有一人能获取该项基金。谁能获取该项基金，由学校评委的投票数决定。评委分成不同的投票小组。如果D获得的票数比W多，那么M将获取该项基金。如果Z获得的票数比L多，或者M获得的票数比N多，那么S将获取该项基金。如果I获得的票数比Z多，同时W获得的票数比D多，那么C将获取该项基金。

9. 如果 S 获取了该项基金，那么下面哪个结论一定是正确的？
A. L 获得的票数比 Z 多。
B. Z 获得的票数比 L 多。
C. D 获得的票数不比 W 多。
D. M 获得的票数比 N 多。
E. W 获得的票数比 D 多。

10. 如果 W 获得的票数比 D 多，但 C 并没有获取该项基金，那么下面哪一个结论必然正确？
A. M 获取了该项基金。
B. S 获取了该项基金。
C. M 获得的票数比 N 多。
D. L 获得的票数不比 Z 多。
E. Z 获得的票数不比 M 多。

11. 只有在广江市的人才能够不理睬通货膨胀的影响；住在广江市的每一个人都要付税；每一个付税的人都发牢骚。

根据上面的这些句子，判断下列哪项一定是真的？

Ⅰ. 每一个不理睬通货膨胀影响的人都要付税。
Ⅱ. 不发牢骚的人中没有一个能够不理睬通货膨胀的影响。
Ⅲ. 每一个发牢骚的人都能够不理睬通货膨胀的影响。

A. 仅Ⅰ。
B. 仅Ⅰ和Ⅱ。
C. 仅Ⅱ。
D. 仅Ⅱ和Ⅲ。
E. Ⅰ、Ⅱ和Ⅲ。

12. 如果飞行员严格遵守操作规程，并且飞机在起飞前经过严格的例行技术检验，那么，飞机就不会失事，除非出现例如劫机这样的特殊意外。这架波音 747 在金沙岛上空失事。

如果上述断定是真的，则以下哪项也一定是真的？

A. 如果失事时无特殊意外发生，则飞行员一定没有严格遵守操作规程，并且飞机在起飞前没有经过严格的例行技术检验。
B. 如果失事时有特殊意外发生，则飞行员一定严格遵守了操作规程，并且飞机在起飞前经过了严格的例行技术检验。
C. 如果飞行员没有严格遵守操作规程，并且飞机起飞前没有经过严格的例行技术检验，则失事时一定没有特殊意外发生。
D. 如果失事时没有特殊意外发生，则可得出结论：只要飞机失事的原因是飞行员没有严格遵守操作规程，那么飞机在起飞前一定经过了严格的例行技术检验。
E. 如果失事时没有特殊意外发生，则可得出结论：只要飞机失事的原因不是飞机在起飞前没能经过严格的例行技术检验，那么一定是飞行员没有严格遵守操作规程。

13. 天然生成的化学物质结构一旦被公布，它就不能获得新的专利。但是，在一种天然生成的化学合成物被当作药物之前，必须通过与人工合成的药品一样严格的测试程序，这一程序的最终环节是在一份出版的报告中详细说明药品的结构和观察到的效果。

如果以上陈述为真，则以下哪项也必然为真？

A. 一旦天然生成的化学物质结构公布于众，任何天然生成的化学物质都可以由人工合成。

B. 如果人工生产的化学物质合成物取得专利，则其化学结构一定公布于众。

C. 如果天然生成的化学物质被证明效果并不差，则人们偏好使用天然生成的化学物质作为药用而不偏好人工生产的药品。

D. 一旦天然生成的化学合成物被允许作为药物使用，它就不能取得新的专利。

E. 如果为一种天然生成的化学物质申请专利，则它作为药物的有效性一定要受到严格的证实。

14. 假设"如果甲是经理或乙不是经理，那么，丙是经理"为真。

由以下哪个前提可推出"乙是经理"的结论？

A. 丙不是经理。　　　　　　　　B. 甲和丙都是经理。

C. 丙是经理。　　　　　　　　　D. 甲不是经理。

E. 无法判断。

15. 不可能宏达公司和亚鹏公司都没有中标。

以下哪项最为准确地表达了上述断定的意思？

A. 宏达公司和亚鹏公司可能都中标。

B. 宏达公司和亚鹏公司至少有一个可能中标。

C. 宏达公司和亚鹏公司必然都中标。

D. 宏达公司和亚鹏公司至少有一个必然中标。

E. 无法判断。

16. 只要天上有太阳并且气温在零度以下，街上总有很多人穿着皮夹克。只要天下着雨并且气温在零度以上，街上总有人穿着雨衣。有时，天上有太阳但同时下着雨。

如果上述断定为真，则以下哪项一定为真？

A. 有时街上会有人在皮夹克外面套着雨衣。

B. 如果街上有很多人穿着皮夹克但天没下雨，则天上一定有太阳。

C. 如果气温在零度以下并且街上没有多少人穿着皮夹克，则天一定下着雨。

D. 如果气温在零度以上但街上没人穿雨衣则天一定没下雨。

E. 无法判断。

17. 只有她去，你和我才会一起去唱"卡拉OK"；而她只到能跳舞的"卡拉OK"唱歌，那些场所都在市中心。只有你参加，她妹妹才会去唱"卡拉OK"。

如果上述断定都是真的，则以下哪项也一定为真？

A. 她不和她妹妹一起唱"卡拉OK"。

B. 你和我不会一起在市郊的"卡拉OK"唱歌。

C. 我不在，你不会和她一起去唱"卡拉OK"。

D. 她不在，你不会和她妹妹一起去唱"卡拉OK"。

E. 她妹妹也只到能跳舞的地方唱"卡拉OK"。

18. 由于最近的市场变化，绿岛公司必须在以后两年的时间里提高10%的生产率，否则它就会破产。事实上，从绿岛公司的生产和经营结构来看，如果能提高10%的生产率，那么它能实现提高20%的生产率的目标。

如果以上陈述为真，则以下哪项陈述必然为真？

A. 如果绿岛公司不能达到提高20%的生产率的目标，那么它就会破产。

B. 在以后两年内，如果绿岛公司提高了20%的生产率，那么它就不会破产。

C. 如果市场没有变化，那么绿岛公司就不需要提高生产率以防止破产。

D. 在以后两年内，绿岛公司有可能提高10%的生产率，但不可能达到提高20%的目标。

E. 绿岛公司快要倒闭了。

● 基础能力练习题解析

1. 【答案】 B。

【解析】 命题（4）化简为：甲∨乙。如果命题（1）或者命题（2）为真，则命题（4）也为真，和"题目是单选题"相矛盾，排除。如果命题（4）为真，则命题（1）、命题（2）中至少有一个是真的，和题干矛盾，排除。所以，只能是命题（3）为真。

2. 【答案】 A。

【解析】 题干信息化简为：小王考上了博士∧小刘没考上博士→温丽考不上博士。要想得到"小刘考上了博士"，一定要通过假言命题的有效推理形式——否定后件来否定前件进行推理，即，温丽考上了博士→小王考不上博士∨小刘考上了博士。要得出"小刘考上了博士"，必须要保证"温丽考上了博士"为真，"小王考不上博士"为假，即"小王考上了博士"为真。

3. 【答案】 C。

【解析】 题干信息化简为：王∧¬雷→李。其等价的逆否命题为：¬李→¬王∨雷。这意味着如果大李没有评上教授，那么必然有小王没评上教授或者老雷评上了研究员。如果小王评上了教授，那么必然得出结论：老雷评上了研究员。

4. 【答案】 C。

【解析】 题干表明的逻辑关系：（1）E→¬F∧K；（2）¬J←G∨H；（3）¬G→¬K；（4）E。由条件（4）入手，结合条件（1）可得：¬F∧K。再根据条件（3）的逆否命题（K→G）可得：G。再结合条件（2）可得：¬J。

5. 【答案】 B。

【解析】 题干信息可以化简为：（1）1号→2号∧¬5号；（2）2号∨5号→¬4号；（3）¬（¬3号∧4号），等价于，3号∨4号。已知1号阀打开，由（1）可知，2号阀打开并且5号阀关闭；由2号阀打开，根据命题（2）可知，4号阀关闭；再根据命题（3）可知，3号阀打开。因此，打开的阀门是2号和3号。

6.【答案】 A。

【解析】 题干信息可以化简为：¬（研发∨销售）= ¬研发∧¬销售。

7.【答案】 D。

【解析】 题干信息可以化简为，不起雾→按时起飞，等价于，不按时起飞→起雾。题目的问题是"以下哪项正确地表达了上述断定？"，即寻找上述断定的等价命题。

复选项Ⅰ可以化简为，按时起飞→没起雾，不符合题干断定，排除。

复选项Ⅱ可以化简为，不起雾→按时起飞，符合题干断定，入选。

复选项Ⅲ可以化简为，起雾←不按时起飞，符合题干断定，入选。

8.【答案】 A。

【解析】 题目的问题是"以下哪项如果为真，说明上述断定不成立？"。此题需要寻找题干命题的否命题，其否命题等价于"不起雾∧不按时起飞"，只有复选项Ⅰ符合。

9.【答案】 C。

【解析】 题目提供的信息：（1）D＞W→M将获取该项基金；（2）（Z＞L）∨（M＞N）→S将获取该项基金；（3）（L＞Z）∧（W＞D）→C将获取该项基金。

已知S获取了该项基金，切不可从条件（2）入手，因为S获取了该项基金肯定了条件（2）的后件，是论证推理的无效形式。"S获取了该项基金"说明¬M、¬C。由¬M可知，¬（D＞W），即D≤W，选项C入选。

10.【答案】 D。

【解析】 根据题目提供的条件"C没有获取该项基金"可得，¬C→¬（L＞Z）∨¬（W＞D）；再由"W获得的票数比D多"可知，"¬（L＞Z）"，即L≤Z，选项D入选。

11.【答案】 B。

【解析】 题干信息可以化简为：（1）住在广江市←不理睬通货膨胀；（2）住在广江市→付税；（3）付税→发牢骚。

因此，由条件（1）和条件（2）的传递，可以得出复选项Ⅰ。由条件（1）（2）（3）三者的传递可以得出结论，不理睬通货膨胀→发牢骚，等价于"不发牢骚→理睬通货膨胀"，即可推出复选项Ⅱ。复选项Ⅲ是无法得出的结论，因此排除。

12.【答案】 E。

【解析】 对于相容选言命题，肯定其中的一支，对另一支没有影响；否定其中的一支，必然肯定另一支。因此，当命题出现三支时，必须要否定其中的两支才能够肯定剩下的那一支。

题干可以化简为：飞机失事→没有检验∨没有严格遵守操作规程∨出现特殊意外。只有选项E是通过否定其中的两支去肯定剩下的那一支。

13.【答案】 D。

【解析】 这道题是假言命题在论证推理中的应用，考生要注意这个命题趋势。

题干可以化简为：结构被公布→不能获得专利；化学合成物当作药物→结构被公布。

因此得出的结论是：化学合成物当作药物→不能获得专利。

14.【答案】A。

【解析】题干可以化简为，甲∨¬乙→丙，等价于"¬丙→¬甲∧乙"。所以，只需要"¬丙"为真，也就是"丙不是经理"为真，就可以得出"乙是经理"的结论。

15.【答案】D。

【解析】题干信息可以化简为：不可能（¬宏达∧¬亚鹏），等价于"必然（宏达∨亚鹏）"。

16.【答案】D。

【解析】题干信息化简如下：

（1）天上有太阳∧气温在零度以下→街上有人穿皮夹克。

（2）下雨∧气温在零度以上→街上有人穿雨衣。

（3）有时，天上有太阳∧下雨。

选项A，当"天上有太阳∧气温在零度以下∧下雨∧气温在零度以上"这四个条件同时为真，"皮夹克外面套着雨衣"才可以成立，即既穿皮夹克又穿雨衣。虽然根据条件（3）"天上有太阳∧下雨"可以同时为真，但是气温不能既在零度以下，又在零度以上，因此选项A被排除。

选项B，"街上有很多人穿着皮夹克"对于条件（1）来说是肯定后件，肯定后件是充分条件假言命题的无效推理形式，推不出任何结果，所以选项B被排除。

选项C，"街上没有多少人穿着皮夹克"对条件（1）来说是否定后件的有效推理形式，可以得到：天上没有太阳∨气温没有在零度以下。选项已经设定"气温在零度以下"，因此我们一定可以得出结论"天上没有太阳"。但是选项C中是"天一定下着雨"，因此排除。

选项D，由"街上没人穿雨衣"可以推出"气温不在零度以上∨天没下雨"，该选项已经设定"气温在零度以上"，因此我们一定可以得出结论"天没下雨"，选项D为正确答案。

17.【答案】B。

【解析】由题目可知：（1）她去←你去∧我去；（2）她去→唱歌∧跳舞∧在市中心；（3）你去←她妹妹去。

选项A，当"你去∧我去"为真时，条件（1）和条件（3）之间可以构成传递，则她可以和她妹妹一起去唱卡拉OK，但是这个结论成立是有条件的，所以选项A不足以得出，排除。选项B，由条件（1）和条件（2）之间构成传递，可知"你去∧我去→唱歌∧跳舞∧在市中心"，所以一定不会在市郊唱歌，入选。选项C，"我不去"对条件（1）来说是否定前件的无效推理，排除。选项D，由条件（3）可知，妹妹去卡拉OK，我就可以去，也即，我和妹妹可以一起出现，但是前提是妹妹要去，她去不去不会影响我和妹妹的情况，排除。选项E无法得出，排除。

18.【答案】A。

【解析】题目提供的信息：（1）非提高10%的生产率→破产；（2）提高10%的生产率→提高20%的生产率。由上述两个断定可知，非提高20%的生产率→破产。

● 温故知新——复合命题小结

(一) 填写下表:

命题	化简符号	判别依据	推理规则
否命题			
联言命题			
相容选言命题			
不相容选言命题			
充分条件假言命题			
必要条件假言命题			
充要条件假言命题			

(二) 填写以下真值表:

P	Q	¬P	P∧Q	P∨Q	P∨Q	P→Q	¬P∨Q
1	1						
1	0						
0	1						
0	0						

(三) 化简以下命题:

1. 世上无难事，只要肯攀登。

2. 你若安好，便是晴天。

3. 一见到你就让我快活。

4. 付出定有回报。

5. 不经历风雨，哪能见彩虹？

6. 永不言败是成功的先决条件。

7. 除非买房，否则不结婚。

8. 团结就是力量。

9. 胡歌不仅帅还很支持环保。

10. 如果小李是个单身狗，那么他或者穷或者矮或者丑。

(四) 已知"只要勤奋耕耘，就会有所收获"为真，以下哪些命题与其表述一致？

1. 只有有所收获，才会勤奋耕耘。

2. 如果有所收获，那么勤奋耕耘。

3. 若勤奋耕耘，则会有所收获。

4. 必须勤奋耕耘，才会有所收获。

5. 除非勤奋耕耘，才会有所收获。

6. 除非勤奋耕耘，否则不会有所收获。

7. 一旦勤奋耕耘，就会有所收获。

8. 勤奋耕耘一定会有所收获。

9. 不勤奋耕耘，除非有所收获。

10. 勤奋耕耘，否则不会有所收获。

11. 不勤奋耕耘，不会有所收获。

12. 没有勤奋耕耘，不会有所收获。

（五）请用"→"表示下列条件关系，然后用"∨"等值置换：

1. 有 A，就不会没 B。

2. 只要有 A，就不会有 B。

3. 如果没 A，就不会有 B。

4. 要有 A，必须有 B。

5. 只有 A，才 B。

6. 除非没 A，否则一定有 B。

7. B，除非 A。

8. B，否则 A。

9. A 和 B 至少有一，否则 C。

10. 只要 A 和 B 都有，就不会没 C。

（六）分别指出在何种情况下以下各项承诺没有兑现：

1. 不提拔李，但提拔赵。

2. 李和赵至少提拔一人。

3. 除非不提拔李，否则提拔赵。

4. 如果提拔李，就不能提拔赵。

5. 李和赵至多提拔一人。

6. 只有提拔李，才提拔赵。

7. 或者罚款，或者停业。

8. 要么罚款，要么停业。

温故知新参考答案

（一）填写下表：

命题	化简符号	判别依据	推理规则
否命题	¬	并非、各种否定词	和原命题互为矛盾关系，必有一真，必有一假
联言命题	∧	且、不仅……而且……、但是	遇假则假
相容选言命题	∨	或（者）……或（者）……、至少	遇真则真
不相容选言命题	∨	要么……要么……	一真一假
充分条件假言命题	→	如果……那么……、只要……就……	肯前肯后，否后否前
必要条件假言命题	←	只有……才……、除非……否则不……	转换成充分条件假言命题
充要条件假言命题	↔	当且仅当	前后均可推理

（二）填写以下真值表：

P	Q	¬P	P∧Q	P∨Q	P要么Q	P→Q	¬P∨Q
1	1	0	1	1	0	1	1
1	0	0	0	1	1	0	0
0	1	1	0	1	1	1	1
0	0	1	0	0	0	1	1

（三）化简以下命题：

1. 无难事←肯攀登。

2. 安好→晴天。

3. 见到你→让我快活。

4. 付出→有回报。

5. 非风雨→非彩虹。

6. 永不言败←成功。

7. 买房←结婚。

8. 团结→力量。

9. 胡歌帅∧胡歌支持环保。

10. 小李单身狗→小李穷∨小李矮∨小李丑。

（四）题干信息化简如下：勤奋耕耘→有所收获。

1. 有所收获←勤奋耕耘。（相同）

2. 有所收获→勤奋耕耘。（不相同）

3. 勤奋耕耘→有所收获。（相同）

4. 勤奋耕耘←有所收获。（不相同）

5. 勤奋耕耘←有所收获。（不相同）
6. 勤奋耕耘←有所收获。（不相同）
7. 勤奋耕耘→有所收获。（相同）
8. 勤奋耕耘→有所收获。（相同）
9. 勤奋耕耘→有所收获。（相同）
10. 勤奋耕耘←有所收获。（不相同）
11. 有所收获→勤奋耕耘。（不相同）
12. 有所收获→勤奋耕耘。（不相同）

（五）请用"→"表示下列条件关系，然后用"∨"等值置换：

1. A→B= ¬A∨B。
2. A→¬B= ¬A∨¬B。
3. ¬A→¬B= A∨¬B。
4. A→B= ¬A∨B。
5. A←B= ¬B∨A。
6. ¬A←¬B= B∨¬A。
7. A←¬B= B∨A。
8. B←¬A= A∨B。
9. A∨B←¬C= C∨A∨B。
10. A∧B→C= ¬A∨¬B∨C。

（六）分别指出在何种情况下以下各项承诺没有兑现：

1. ¬（¬李∧赵）= 李∨¬赵。
2. ¬（李∨赵）= ¬李∧¬赵。
3. ¬（¬李←¬赵）= ¬赵∧李。
4. ¬（李→¬赵）= 李∧赵。
5. ¬（¬李∨¬赵）= 李∧赵。
6. ¬（李←赵）= 赵∧¬李。
7. ¬（罚款∨停业）= ¬罚款∧¬停业。
8. ¬（罚款∨停业）=（¬罚款∧¬停业）∨（罚款∧停业）。

第四章 形式逻辑中的其他考点

第8讲 关系命题

考点分析

1. 什么是关系命题

关系命题是断定事物对象之间关系的简单命题。

例如：

（1）姚明的个子比孙杨高。

（2）贾玲比关晓彤重。

2. 关系命题的分类

（1）按照其对称性可以分为：对称关系、非对称关系、反对称关系。

关系的对称性是指当对象A与对象B具有某种关系R时，对象B与对象A是否也具有这种关系R。

① 对称关系。

当对象A与对象B具有某种关系R时，对象B与对象A也一定具有关系R。

例：是同学、等于、相邻、在……附近。

② 非对称关系。

当对象A与对象B具有某种关系R时，对象B与对象A是否具有关系R不确定。

例：喜欢、爱、认识、理解、信任、帮助、赞成。

③ 反对称关系。

当对象A与对象B具有某种关系R时，对象B与对象A之间一定没有关系R。

例：大于、小于、多于、早于、在……之上、是……的父亲。

（2）按照其传递性可以分为：传递关系、非传递关系、反传递关系。

关系的传递性是指当对象A与对象B具有某种关系R，并且对象B与对象C也具有这种关系R时，判断对象A与对象C是否也具有这种关系R。

① 传递关系。

当对象A与对象B具有某种关系R，并且对象B与对象C也具有这种关系R时，对象A与对象C一定也具有这种关系R。

例：大于、小于、早于、等于、高于。

② 非传递关系。

当对象A与对象B具有某种关系R，并且对象B与对象C也具有这种关系R时，对象A与对象C不一定具有这种关系R。

例：喜欢、爱、认识。

③ 反传递关系。

当对象 A 与对象 B 具有某种关系 R，并且对象 B 与对象 C 也具有这种关系 R 时，对象 A 与对象 C 之间一定没有这种关系 R。

例：是……的父亲、比……小三岁、比……长十米。

题型分析

题型一：利用传递关系排序。

例 1 有四个外表看起来没有分别的小球，它们的重量可能有所不同。取一个天平，将甲、乙归为一组，丙、丁归为另一组，分别放在天平的两边，天平是基本平衡的。将乙和丁对调一下，甲、丁一边明显要比乙、丙一边重得多。可奇怪的是，我们在天平一边放上甲、丙，而另一边刚放上乙，还没有来得及放上丁时，天平就压向了乙一边。

请你判断，这四个球中由重到轻的顺序是什么？

A. 丁、乙、甲、丙。　　　　　　　B. 丁、乙、丙、甲。
C. 乙、丙、丁、甲。　　　　　　　D. 乙、甲、丁、丙。
E. 乙、丁、甲、丙。

【解析】由题干信息可知：（1）甲＋乙＝丙＋丁；（2）甲＋丁＞丙＋乙；（3）甲＋丙＜乙。（1）式加（2）式可得，甲＞丙；（2）式减（1）式可得，丁＞乙；由（3）式可得，甲＜乙，丙＜乙。因此，丁＞乙＞甲＞丙。

【答案】A。

例 2 方宁、王宜和余涌，一个是江西人，一个是安徽人，一个是上海人。余涌的年龄比上海人大，方宁和安徽人不同岁，安徽人比王宜年龄小。

根据上述断定，以下结论都不可能推出，除了：

A. 方宁是江西人，王宜是安徽人，余涌是上海人。
B. 方宁是安徽人，王宜是江西人，余涌是上海人。
C. 方宁是安徽人，王宜是上海人，余涌是江西人。
D. 方宁是上海人，王宜是江西人，余涌是安徽人。
E. 无法判断。

【解析】将选项代入题干，当选项 D 为真时，与题干论述不矛盾。同时，我们也可以从题干推出选项 D。由"余涌的年龄比上海人大"与"安徽人比王宜年龄小"可以得出，江西人年龄最大；由"方宁和安徽人不同岁，安徽人比王宜年龄小"可知，余涌是安徽人；由"余涌的年龄比上海人大"可知，上海人年龄最小；由"安徽人比王宜年龄小"可知，王宜是江西人，剩下的方宁只能是上海人，与选项 D 完全一致。既然选项 D 可以从题干推出，其他选项与选项 D 不同，所以其他选项都是错的。

列个表更直观些：

	方宁	王宜	余涌
江西	×	√	×
安徽	×	×	√
上海	√	×	×

【答案】D。

例3 甘蓝比菠菜更有营养。但是，因为绿芥蓝比莴苣更有营养，所以甘蓝比莴苣更有营养。

以下各项，作为新的前提分别加入题干的前提中，都能使题干的推理成立，除了：

A. 甘蓝与绿芥蓝同样有营养。　　　　B. 菠菜比莴苣更有营养。
C. 菠菜比绿芥蓝更有营养。　　　　　D. 菠菜与绿芥蓝同样有营养。
E. 绿芥蓝比甘蓝更有营养。

【解析】根据题意可以列式如下：

前提：（1）甘蓝＞菠菜；（2）绿芥蓝＞莴苣。结论：甘蓝＞莴苣。

代入选项 A 可得，甘蓝＝绿芥蓝＞莴苣，可以成立，排除。

代入选项 B 可得，甘蓝＞菠菜＞莴苣，可以成立，排除。

代入选项 C 可得，甘蓝＞菠菜＞绿芥蓝＞莴苣，可以成立，排除。

代入选项 D 可得，甘蓝＞菠菜＝绿芥蓝＞莴苣，可以成立，排除。

代入选项 E 可得，绿芥蓝＞甘蓝；但不能推断甘蓝和莴苣的关系。

【答案】E。

题型二：关系的非对称、非传递。

例1 某学术会议正在举行分组会议。某一组有 8 人出席。分组会议主席问大家原来各自认识与否。结果是，全组中仅有一个人认识小组中的三个人，有三个人认识小组中的两个人，有四个人认识小组中的一个人。

若以上统计是真实的，则最能得出以下哪项结论？

A. 会议主席认识小组的人最多，其他人相互认识的少。
B. 此类学术会议是第一次召开，大家都是生面孔。
C. 有些成员所说的认识可能仅是在电视上或报告会上见过面而已。
D. 虽然会议成员原来的熟人不多，但原来认识的都是至交。
E. 通过这次会议，小组成员都能相互认识了，以后见面就能直呼其名了。

【解析】这道题考查的"认识"关系是非对称、非传递的。选项 A，未知其真假性，因为从题目条件不能得知那个认识三个人的人是否为会议主席。选项 B 为假，如果"大家都是生面孔"，那么大家应该相互不认识才对。选项 C 正确，因为"认识"这个关系是非对称、非传递的，所以认识是单方面的。例如，你认识刘德华，但是刘德华不一定认识你。选项 D 为假，如果"原来认识的都是至交"，那么他们之间的关系应该是相互认识才对，不符合题目给的条件，排除。选项 E，无关选项，排除。

【答案】C。

例2 在 LH 公司，从董事长、总经理、总会计师到每个员工，没有人信任所有的人。董事长信任总经理；总会计师不信任董事长；总经理信任所有信任董事长的人。

如果上述断定为真，则以下哪项不可能为真？

Ⅰ. 总经理不信任董事长。

Ⅱ. 总经理信任总会计师。

Ⅲ. 所有的人都信任董事长。

A. 只Ⅰ。   B. 只Ⅱ。   C. 只Ⅲ。

D. 只Ⅱ、Ⅲ。   E. Ⅰ、Ⅱ和Ⅲ。

【解析】 信任关系是非对称、非传递的。

题目中的信息"总经理信任所有信任董事长的人"可以表达为下图：

复选项Ⅰ"总经理不信任董事长"，由于信任关系是非对称、非传递的，所以真假未知；复选项Ⅱ"总经理信任总会计师"，由上图可知，此命题真假未知；复选项Ⅲ"所有的人都信任董事长"必为假，因为题目已知"总会计师不信任董事长"，因此，复选项Ⅲ入选。

【答案】 C。

第9讲 ‖ 三段论

考点分析

三段论是演绎推理的一种，甚至可以说是自亚里士多德以来的古典演绎推理的重要部分。从逻辑学的教学来看，三段论当然是重要的，一般要掌握三段论的构成形式、公理、规则、格式等知识。但如果仅仅是针对研究生入学考试的逻辑科目，则没有必要掌握以上全部的知识。要想做题又快又准，只要知道三段论的基本结构即可。

在研究生入学考试的逻辑试题中，三段论这个考点往往侧重于考查比较三段论的结构类似、补充三段论推理的前提、利用三段论推理推出结论（这一点也可以利用欧拉图来解决）。大家要多做几道真题，掌握其中的技巧。

1. 三段论的结构

三段论在我们的日常讲话、法庭辩论、公文写作中都是比较常见的，在研究生入学考试的逻辑试题中，最重要的一个题型就是结构类似。所以，首先必须理解三段论的含义。

所谓三段论推理，是由两句已知前提推出一句新结论的推理。其特点是有一个词项在两句作为前提的判断中都有出现，起到桥梁作用，以使另外两个前提中出现一次的词项建立起联系。逻辑学将前提出现两次而结论不出现的这个词项称为"中间项"。

例如：

凡科学都是有用的；凡社会科学都是科学。所以，凡社会科学都是有用的。

该推理中"科学"在两句前提中各出现一次，但在结论中不出现，所以"科学"是中间项。

再如：

知识分子都应该受人尊敬，人民教师是知识分子，所以人民教师应该受人尊敬。

这是一个标准的三段论，两个包含公共词项的命题作为前提，消去中间项，得到结论。其推理竖式如下：

知识分子都应该受人尊敬
人民教师是知识分子
―――――――――――――
人民教师应该受人尊敬

例 凡金属都是导电的，铜是导电的，所以铜是金属。

下面哪项与上述推理结构最相似？

A. 所有的鸟都是卵生动物，蝙蝠不是卵生动物，所以蝙蝠不是鸟。

B. 所有的鸟都是卵生动物，天鹅是鸟，所以天鹅是卵生动物。

C. 所有从事工商管理工作的都要学习企业管理，老陈学习企业管理，所以老陈是从事工商管理工作的。

D. 只有精通市场营销理论，才是一个合格的市场营销经理，老张精通，所以老张是合格的市场营销经理。

E. 华山险于黄山，黄山险于泰山，所以华山险于泰山。

【解析】 题干本身就是一个三段论，只不过这个三段论是错误的。但比较结构类似的题型并不一定要求考生指出错在何处，只要结构相似即可。

【答案】 C。

2. 三段论推理需要满足的规则

（1）三段论必须有且仅有三个概念：主项、谓项、中间项。

（2）中间项至少要周延一次。

（3）在前提中不周延的概念，在结论中不得周延。一个概念在前提中不周延，即在前提中没有断定 S（或 P）的全部外延，而只断定了部分外延，因而由部分外延的断定推不出对全部外延的断定。

（4）从两个否定前提不能得出结论。如果前提中有一个否定判断，那么结论必为否定判断；如果结论为否定判断，那么前提中必有一个否定判断。

（5）从两个特称前提不能得出结论。如果有一个前提是特称的，那么结论也是特称的。如果结论为特称的，那么前提中必有一个特称、一个全称。

在确定范围的前提下，三段论推理还可以转化为假言推理。

3. 三段论重点用到的推理规则

（1）所有的 A 是 B，可以简化为：A→B。按照逆否规则，其等价于，¬B→¬A，即，所有不是 B 的不是 A。

（2）换位推理：有的 A 是 B，可以简化为，有的 A→B= 有的 B→A，即，有的 B 是 A。

（3）传递规则：A→B，B→C，可得，A→B→C。

对于三段论试题掌握以上规则基本够用了，有兴趣的同学可以考虑掌握换质换位推理。

4. 拓展内容：换质换位推理

（1）当所有S是P为真时，可以推出，所有S不是非P为真。

例如：所有的花是红色的，等价于，所有的花不是非红色的。

（2）当有的S是P为真时，可以推出，有的S不是非P为真。

例如：有的花是红色的，等价于，有的花不是非红色的。

（3）当有的S不是P为真时，可以推出，有的S是非P为真。

例如：有的花不是红色的，等价于，有的花是非红色的。

（4）当有的S是P为真时，可以推出，有的P是S为真。

例如：有的花是红色的，等价于，有的红色的是花。

（5）当所有S都是P为真时，可以推出，有的S是P为真，有的P是S为真。

例如：所有金属都是导电的，可以推出，有的金属是导电的，等价于，有的导电的是金属。

（6）当有的S不是P为真时，什么都推不出来。

例如：有的人不自私。

（7）当所有S都不是P为真时，可以推出，所有P都不是S为真，也可以推出有的P不是S为真。

例如：所有无价证券都是不准买卖的物品，等价于，所有准买卖的物品都不是无价证券。

> •• **敲黑板**
>
> 记忆小贴士：
>
> （1）所有S都是P，S→P= 非P→非S。
>
> （2）所有S都不是P，S→非P= P→非S。
>
>   （只可逆否，不能换位）
>
> （3）有的S是P，有的S→P= 有的P→S。
>
> （4）有的S不是P，有的S→非P= 有的非P→S。
>
>   （只可换位，不能逆否）
>
> （5）常见命题形式：
>
> ①前提：A→B；B→C。 结论：A→C。
>
> ②前提：A→B；有的C→A。 结论：有的C→B。
>
> ③前提：A→B；有的C→非B。
>
> 因为A→B= 非B→非A，该式与有的C→非B联立。
>
> 结论：有的C→非A。
>
> ④前提：A→B；B→C。 有的D→A。
>
> 结论：有的D→A→B→C。
>
> ⑤前提：A→B；B→C。 有的D→非C。
>
> 结论：有的D→非C→非B→非A。
>
> （6）常见补全形式：
>
> ①题目给出：A→B，因此，A→C。要求补充一个条件，使上述结论成立。

显然需要补充：B→C。将条件串联可得：A→B→C。

②题目给出：有的 A→B，因此，有的 A→C。要求补充一个条件，使上述结论成立。

显然需要补充：B→C。将条件串联可得：有的 A→B→C。

③题目给出：有的 A→B，因此，有的 B→C。要求补充一个条件，使上述结论成立。

因为"有的 A→B" = "有的 B→A"。

显然需要补充：A→C。将条件串联可得：有的 B→A→C。

做题口诀：全称命题做逆否，特称命题做换位。

试试看用上面所学的"换质换位推理"和"传递公式"来判断以下命题的真假。

例1 所有爆红的网络主播都经过长年不懈的付出，有些具有扎实基本功的演员是爆红的网络主播，所有经过长年不懈的付出的都不是三心二意的人。

如果上述断定为真，那么请判断下列命题的真假。

（1）有些具有扎实基本功的演员是经过长年不懈的付出的。

（2）有些爆红的网络主播不是三心二意的人。

（3）有些爆红的网络主播不具有扎实基本功。

（4）有些具有扎实基本功的演员是三心二意的人。

（5）有些具有扎实基本功的演员不是三心二意的人。

（6）所有具有扎实基本功的演员都是三心二意的人。

（7）所有具有扎实基本功的演员都不是三心二意的人。

（8）所有爆红的网络主播都是三心二意的人。

（9）有些三心二意的人不是具有扎实基本功的演员。

（10）所有三心二意的人都是具有扎实基本功的演员。

【解析】①所有爆红的网络主播都经过长年不懈的付出，化简为：爆红→长年不懈。

②有些具有扎实基本功的演员是爆红的网络主播，化简为：有些扎实基本功→爆红。

③所有经过长年不懈的付出的都不是三心二意的人，化简为：长年不懈→不是三心二意。

【答案】

（1）真；（2）真；（3）不确定；（4）不确定；（5）真；（6）假；（7）不确定；（8）假；（9）不确定；（10）不确定。

例2 所有诺亚公司生产的护肤化妆品都是价格昂贵的；有些具有优良效果的护肤化妆品是劣质品；所有价格昂贵的化妆品都不是劣质品。

如果上述断定为真，那么请判断下列命题的真假。

（1）有些具有优良效果的护肤化妆品是价格昂贵的。

（2）所有劣质品都不是诺亚公司生产的。

（3）有些诺亚公司生产的护肤化妆品是具有优良效果的。

（4）有些诺亚公司生产的护肤化妆品不具有优良效果。

（5）有些价格昂贵的护肤化妆品是诺亚公司生产的。

(6) 所有诺亚公司生产的护肤化妆品都是劣质的。

(7) 所有具有优良效果的护肤化妆品都是诺亚公司生产的。

(8) 有些不是诺亚公司生产的护肤化妆品是具有优良效果的。

(9) 所有具有优良效果的护肤化妆品都不是诺亚公司生产的。

(10) 有些劣质品不是诺亚公司生产的护肤化妆品。

【解析】①所有诺亚公司生产的护肤化妆品都是价格昂贵的，可以化简为：诺亚→价格昂贵。

②有些具有优良效果的护肤化妆品是劣质品，可以化简为：有些优良效果→劣质品。

③所有价格昂贵的化妆品都不是劣质品，可以化简为：价格昂贵→不是劣质品。其等价于：劣质品→不是价格昂贵。

【答案】

(1) 不确定；(2) 真；(3) 不确定；(4) 不确定；(5) 真；(6) 假；(7) 假；(8) 真；(9) 不确定；(10) 真。

> •• 敲黑板
>
> 这个时候，有些同学就一脸问号：换质换位推理和传递关系，与前面在概念中所学过的欧拉图，能够处理的题目好像是一样的，那么什么时候用欧拉图，什么时候用换质换位推理和传递关系呢？事实上，用这两种方法中的哪一种，要视题目的特点决定。
>
> (1) 如果题目给出的概念很多，可能用欧拉图（画圈圈）会更直观。
>
> (2) 如果题目只有两三个命题，这个时候画圈圈和换质换位推理和传递关系的解题速度差不多。
>
> (3) 但是，如果题目里面出现了"有些 S 不是 P"的表达，在这种情况下，用换质换位推理和传递关系会更好一些。

题型分析

题型一：推出结论的题型。

【题目特征】以三段论规则来寻找结论型试题是指，题干给出若干前提，要求从前提中推导出结论。这一类试题的特点是，题干给出若干句简单命题（一般是三句以上简单命题）作为已知条件，要求将上述简单命题两个或者两个以上相结合，推出相应的结论。

解这类试题最简单的方法是在熟悉规则的基础上，将选项逐项代入前提中去验证。在代入时，要注意前提和结论的特点，包括性质上的肯定和否定，概念在范围上是否周延等。

这种题型也可以利用三段论的规则和欧拉图来解题。但要注意的是，全称命题能够精确作图，特称命题不能精确作图，需要特别警惕其特例形式。

例1 德国人都是白种人，有些德国人不是日耳曼人。

如果以上命题为真，则以下哪项必为真？

A. 有些白种人是日耳曼人。　　　　B. 有些白种人不是日耳曼人。

C. 有些日耳曼人是白种人。　　D. 有些日耳曼人不是白种人。

E. 有些德国人是日耳曼人。

【解析】题干信息中有"有些S不是P"的表达，因此用换质换位推理和传递关系更好一些。

（1）德国人都是白种人，化简为：德国人→白种人。

（2）有些德国人不是日耳曼人，化简为：有些德国人→¬日耳曼人。

根据做题口诀：全称命题做逆否，特称命题做换位。有些德国人→¬日耳曼人 = 有些¬日耳曼人→德国人；然后利用传递关系得到，有些¬日耳曼人→白种人；再用换位就可以得到，有些白种人→¬日耳曼人。

【答案】B。

例2 张教授的所有初中同学都不是博士；通过张教授而认识其哲学研究所同事的都是博士；张教授的一个初中同学通过张教授认识了王研究员。

以下哪项能作为结论从上述断定中推出？

A. 王研究员是张教授的哲学研究所同事。

B. 王研究员不是张教授的哲学研究所同事。

C. 王研究员是博士。

D. 王研究员不是博士。

E. 王研究员不是张教授的初中同学。

【解析】题干信息化简为：（1）初中同学→¬博士；（2）通过张教授认识其哲学研究所同事→博士 = ¬博士→不能通过张教授认识其哲学研究所同事；（3）初中同学通过张教授认识了王研究员。

由条件（1）和条件（2）可得：张教授的初中同学不能通过张教授认识其哲学研究所同事。

再由条件（3）可得：王研究员是通过张教授被初中同学认识的，那么王研究员一定不能是张教授的哲学研究所同事。

【答案】B。

> •• **做题要领**
>
> 要懂得将题中的话语转化为逻辑推理的形式，本题关键要从条件（2）中得出：通过张教授认识其哲学研究所同事的那些人是博士。

例3 一位房地产信息员通过对某地的调查发现：护城河两岸房屋的租金都比较廉价；廉租房都坐落在凤凰山北麓；东向的房屋都是别墅；非廉租房不可能具有廉价的租金；有些单室套的两限房建在凤凰山南麓，别墅也都建在凤凰山南麓。

根据该房地产信息员的调查，以下哪项不可能存在？

A. 东向的护城河两岸的房屋。　　B. 凤凰山北麓的两限房。

C. 单室套的廉租房。　　　　　　D. 护城河两岸的单室套。

E. 南向的廉租房。

【解析】题干信息化简如下：

（1）护城河两岸房屋→廉租房→凤凰山北麓；

（2）东向的房屋→别墅→凤凰山南麓。

由这两个条件显然可得，东向的房屋→¬护城河两岸的房屋，即不可能存在东向的护城河两岸的房屋。

选项 A，不存在东向护城河两岸的房屋，入选。选项 B，可能存在凤凰山北麓的两限房，排除。选项 C，可能存在单室套的廉租房，排除。选项 D，可能存在护城河两岸的单室套，排除。选项 E，可能存在南向的廉租房，排除。

【答案】 A。

> **做题要领**
>
> 这道题目可以试试通过欧拉图（画圈圈）的方式来解决，看看哪种方法更快一点。

例 4 所有参加此次运动会的选手都是身体强壮的运动员，所有身体强壮的运动员都是极少生病的，但是有一些身体不适的选手参加了此次运动会。

以下哪项不能从上述前提中得出？

A. 有些身体不适的选手是极少生病的。

B. 极少生病的选手都参加了此次运功会。

C. 参加此次运功会的选手都是极少生病的。

D. 有些身体强壮的运动员感到身体不适。

E. 有些极少生病的选手感到身体不适。

【解析】 方法一：欧拉图。

题干信息可以化简，如图所示：

选项 A、C、D、E 均能从题干中推出。选项 B 在"参加运动会"和"极少生病"的圈是全同的时候也可以得出，但是在绝大多数情况下不能得出，仅在特例下能得出。因此选坝 B 为本题的正确答案。

方法二：

题干信息化简为：

（1）参加运动会的选手→身体强壮→很少生病；

（2）有些身体不适→参加运动会。

由条件（1）（2）的传递可以得出，选项 A、C、D、E 为真，均可排除。

【答案】 B。

> **做题要领**
> 此题涉及概念的外延之间的关系,最简单直观的方式就是借助画欧拉图的方法解答。在解题中,要注意其特例的表达及特例对选项的影响。

例 5 翠竹的大学同学都在某德资企业工作,溪兰是翠竹的大学同学。涧松是该德资企业的部门经理。该德资企业的员工有些来自淮安。该德资企业的员工都曾到德国研修,他们都会说德语。

以下哪项可以从以上陈述中得出?

A. 涧松来自淮安。
B. 翠竹的大学同学有些是部门经理。
C. 溪兰会说德语。
D. 翠竹与涧松是大学同学。
E. 涧松与溪兰是大学同学。

【解析】本题可用欧拉图的方法明确概念的外延。逻辑关系如图所示:

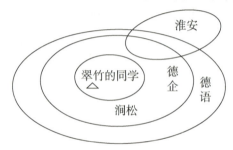

选项 A 断定,涧松来自淮安。从题干条件中只能推出涧松在德资企业,但未必和来自淮安有交集,未知真假,排除。选项 B 断定,翠竹的大学同学有些是部门经理。从题干条件中无法推出部门经理的具体范围,也不能断定选项 B 的真假,排除。选项 C 断定,溪兰会说德语。由"翠竹的大学同学都在某德资企业工作,溪兰是翠竹的大学同学"可得,溪兰在该德资企业工作。又由"该德资企业的员工都会说德语"可得,溪兰会说德语,符合题干推理,入选。选项 D、E 都不足以推出,排除。

【答案】C。

题型二:三段论的结构相似性。

【题目特征】这类题目的关键在于从形式结构上比较题干和选项之间的相同或不同,即比较几个不同的推理在结构上的相同或者不同。做这类题型时,只考虑抽象出推理结构和形式,而不考虑其内容的对错。解这类题的最终判断标准是写出三段论的标准形式结构,但这需要有个熟练过程,将题干和选项都写出形式结构花费时间较多,所以建议考生优先用对应法和排除法,用这两种方法即可解决大部分的题。排除就是排除明显不一致的选项。

排除的标准有三条:

(1)根据结论的肯定/否定排除;
(2)根据中间项的位置排除;
(3)根据否定词的位置排除。

例1 所有的聪明人都是近视眼，我近视得很厉害，所以我很聪明。

以下哪项与上述推理的逻辑结构一致？

A. 我是个笨人，因为所有的聪明人都是近视眼，而我的视力那么好。

B. 所有的猪都有四条腿，但这种动物有八条腿，所以它不是猪。

C. 小陈十分高兴，所以小陈一定长得很胖，因为高兴的人都能长胖。

D. 所有的天才都高度近视，我一定是高度近视，因为我是天才。

E. 所有的鸡都是尖嘴，这种总在树上待着的鸟是尖嘴，因此它是鸡。

【解析】 本题考查结构相同的三段论，主要考查中间项的位置对应和否定词的个数。题目特点：没有否定词，中间项位置均在右侧。

选项 A，我是个笨人的意思也就是，我不是个聪明人，有否定词，直接排除。

选项 B，有否定词，直接排除。

选项 C，注意结论是"小陈一定长得很胖"，中间项位置左右交叉，不符合题干要求，排除。

选项 D，中间项位置左右交叉，不符合题干要求，排除。

选项 E，和题干结构一致，因此该项是正确答案，入选。

【答案】 E。

> • • **做题要领**
> 做题的时候，一定要看清楚哪句话是前提，哪句话是结论。

例2 所有名词是实词，动词不是名词，所以动词不是实词。

以下哪项推理与上述推理在结构上最为相似？

A. 凡细粮都不是高产作物，因为凡薯类都是高产作物，凡细粮都不是薯类。

B. 先进学生都是遵守纪律的，有些先进学生是大学生，所以大学生都是遵守纪律的。

C. 铝是金属，又因为金属都是导电的，因此铝是导电的。

D. 虚词不能独立充当句法成分，介词是虚词，所以介词不能独立充当句法成分。

E. 实词能独立充当句法成分，连词不能独立充当句法成分，所以连词不是实词。

【解析】 本题考查三段论的结构相似。题目的特点：有否定词、中间项左右交叉、否定词在中间项上，只有选项 A 满足，入选。

【答案】 A。

> • • **敲黑板**
> 三段论的结构相似题型中，出题老师最喜欢挖的坑就是"写在前面的不一定是前提，写在后面的不一定是结论"，切记！
> 如果出现中间项交叉的情况，需要区分大、小前提。
> 要区分大、小前提，首先要从结论入手。结论的主项叫小项，表示为 S；结论的谓项叫大项，表示为 P。包含小项的前提是小前提，包含大项的前提是大前提。也就是说，大前提、小前提是由包含了哪个项决定的。举个例子：凡是金属都是导体，铜是金属，所以，铜是导体。

> 在这个三段论中,"铜是导体"是结论。"铜"是小项,因此"铜是金属"是小前提。"导体"是大项,所以"凡是金属都是导体"是大前提。
>
> 三段论的结构应该是,大前提和小前提消去中间项得到结论。不是每一个涉及三段论的题目都需要区分大、小前提,只有出现中间项交叉的情况才会考虑这一点。

例3 韩国人爱吃酸菜,翠花爱吃酸菜,所以,翠花是韩国人。
以下哪个选项最明确地显示了上述推理的荒谬?
A. 所有的克里特岛人都说谎,约翰是克里特岛人,所以,约翰说谎。
B. 会走路的动物都有腿,桌子有腿,所以,桌子是会走路的动物。
C. 西村爱翠花,翠花爱吃酸菜,所以,西村爱吃酸菜。
D. 所有金子都闪光,所以,有些闪光的东西是金子。
E. 所有的鸡都是尖嘴,这种总在树上待着的鸟是尖嘴,因此它是鸡。

【解析】题目要求证明题干推理是荒谬的,即不成立的。这种题目有两种做法:一是找到题目论证推理中的漏洞;二是找到一个和题目的推理结构完全一致,但是结论明显荒谬的选项。题干信息竖式化之后,结构为:

韩国人爱吃酸菜
翠花爱吃酸菜
——————
翠花是韩国人

该论证的结构特点:①没有否定词;②中间项同在右侧。要找出至少具备这两个特征的选项。

选项A中间项"左右交叉",排除;选项B和题目结构一致,待选;选项C中间项"左右交叉",排除(中间项交叉的情况要注意大小前提);选项D是不完整的三段论,排除;选项E和题目推理结构一致,待选。但是本题需要证明题目的论证是荒谬的,仅找到结构相似的选项只完成了一部分要求。对比选项B和选项E,不难发现,选项B的推理更为荒谬,入选。

【答案】B。

题型三:三段论补充前提类题型。

【题目特征】题干已知一句或者若干句命题作为前提,同时已知某一命题作为结论,要求补充前提,使上述结论能够被推出,或者使上述结论不能被推出,后者即推出上述结论的矛盾命题。这种试题解题的关键在于划去共同项,同时考虑命题彼此之间肯定或者否定的性质,最后还要考虑结论中主项或者谓项的周延性。

补充前提的具体思路如下:
已知:A—B(表示概念A和B具有联系);C—D;D—E。结论:A—E。
前提和结论中,A、D、E出现两次,B和C仅出现一次,所以,要补充B和C的关系。如果前提都是肯定,当结论是肯定时,B和C是肯定关系;当结论是否定时,B和C是否定关系。具体关于B和C的命题还需要考虑周延的问题(结论中周延的概念,前提中此概念要周延,中项至少周延一次)。

做这类题,需要熟练掌握三段论的规则。

例1 所有物质实体都是可见的,而任何可见的东西都没有神秘感。因此,精神世界不是物质实体。

以下哪项最可能是上述论证所假设的?

A. 精神世界是不可见的。
B. 有神秘感的东西都是不可见的。
C. 可见的东西都是物质实体。
D. 精神世界有时也是可见的。
E. 精神世界具有神秘感。

【解析】 将中间项"可见的""物质实体"划掉,剩下"精神世界"和"神秘感",由于前提中已经有一句是否定,所以要补充两者之间的肯定关系。

【答案】 E。

例2 有些通信网络的维护涉及个人信息安全,因而不是所有通信网络的维护都可以外包。

以下哪项可以使上述论证成立?

A. 所有涉及个人信息安全的都不可以外包。
B. 有些涉及个人信息安全的不可以外包。
C. 有些涉及个人信息安全的可以外包。
D. 所有涉及国家信息安全的都不可以外包。
E. 有些通信网络的维护涉及国家信息安全。

【解析】 将共同项"通信网络的维护"划掉,剩下两个词项是"涉及个人信息安全"和"外包",由于结论否定,所以,这两个词项之间是否定关系。

【答案】 A。

例3 某科研机构对市民所反映的一种奇异现象进行研究,该现象无法使用已有的科学理论进行解释。助理研究员小王由此断言:该现象是错觉。

以下哪项如果为真,最可能使小王的断言不成立?

A. 有些错觉可以用已有的科学理论进行解释。
B. 有些错觉不能用已有的科学理论进行解释。
C. 错觉都可以用已有的科学理论进行解释。
D. 所有的错觉都不能用已有的科学理论进行解释。
E. 已有的科学理论尚不能完全解释错觉是如何形成的。

【解析】 题目的问题是"使小王的断言不成立",那么解题的思路是"如何使小王断言的矛盾命题成立"。选项C与已知条件"该现象无法使用已有的科学理论进行解释"相结合,可以得到"该现象不是错觉",这样可使得小王的断言为假。

【答案】 C。

例4 有些低碳经济是绿色经济,因此低碳经济都是高技术经济。

以下哪项如果为真,最能反驳上述论证?

A. 绿色经济有些是高技术经济。
B. 绿色经济都不是高技术经济。
C. 有些低碳经济不是绿色经济。
D. 有些绿色经济不是低碳经济。

E. 低碳经济就是绿色经济。

【解析】此题有两种做法：做法 1，先判断从前提到结论，缺什么，再找缺失项的否命题；做法 2，先做结论的否命题，再看从前提到结论的否命题缺什么内容，补齐这个内容即可。也就是说，补充了这个选项，会得到结论的否命题，当然是对原结论最有效的削弱。原结论是"低碳经济都是高技术经济"，其否命题为"有些低碳经济不是高技术经济"，这时候，题目就变成了从"有些低碳经济是绿色经济"到"有些低碳经济不是高技术经济"，需要补充的内容是"所有的绿色经济都不是高技术经济"，B 选项入选。

【答案】B。

第 10 讲　逻辑的三大基本规律

考点分析1

同一律

同一律是指在同一思维过程中同一个概念或同一个命题必须和自身保持同一。违者则会犯"混淆概念"或"偷换概念"、"转移论题"或"偷换论题"的错误。

换句话说，同一律要求在同一思维过程中，在什么意义上使用某个概念（命题），就自始至终在这个确定的意义上使用这个概念（命题）。同一律在生活中非常有用，违背同一律的错误也随处可见。很多的脑筋急转弯就违背了同一律。对于考生来说，需要抓住题干论证中的关键概念，不要被一些似是而非的概念给迷惑了。

题型分析

例 1 罗老师买了块新手表。他把新手表与家中的挂钟对照，发现手表比挂钟一天慢了三分钟；后来他又把家中的挂钟与电台的标准时对照，发现挂钟比电台标准时一天快了三分钟，罗老师因此推断：他的手表是准确的。

以下哪项是对罗老师推断的正确评价？

A. 罗老师的推断是正确的。因为手表比挂钟慢三分钟，挂钟比标准时快三分钟，这说明手表准时。

B. 罗老师的推断是错误的。因为他不应把手表和挂钟比，应直接和标准时比。

C. 罗老师的推断是错误的。因为挂钟比标准时快三分钟，是标准的三分钟，手表比挂钟慢三分钟是不标准的三分钟。

D. 罗老师的推断既无法断定为正确，也无法断定为错误。

E. 以上说法都不正确。

【解析】快速找到结论：罗老师的手表是准确的。理由：手表比挂钟一天慢了三分钟；挂钟比电台标准时一天快了三分钟，一快一慢正好，所以很准。通过分析，我们发现其中的关键点就是两个"三分钟"。第一个"三分钟"是不标准的三分钟，第二个"三分钟"是标准的三分钟，实际上这两个"三分钟"是不同的概念,其内涵与外延并不相同,在此基础上进行推理就违背了同一律。

【答案】C。

例2 商业伦理调查员:ＸＹＺ钱币交易所一直误导它的客户说,它的一些钱币是很稀有的。实际上,那些钱币是比较常见而且很容易得到的。

ＸＹＺ钱币交易所:这太可笑了。ＸＹＺ钱币交易所是世界上最大的几个钱币交易所之一。我们销售钱币是经过一家国际认证的公司鉴定的,并且有钱币经销的执照。

ＸＹＺ钱币交易所的回答显得很没有说服力,因为它_____。

以下哪项作为上文的后续最为恰当?

A. 故意夸大了商业伦理调查员的论述,使其显得不可信。
B. 指责商业伦理调查员有偏见,但不能提供足够的证据来证实他的指责。
C. 没能证实其他钱币交易所也不能鉴定他们所卖的钱币。
D. 列出了ＸＹＺ钱币交易所的优势,但没有对商业伦理调查员的问题做出回答。
E. 没有对"非常稀少"这一意思含混的词做出解释。

【解析】商业伦理调查员质疑ＸＹＺ钱币交易所误导客户,把常见的钱币当成稀有的。这是话题,按照这个话题,ＸＹＺ钱币交易所应该回答它的钱币的情况。但它的回答却是"风马牛不相及"。这就是违背同一律的表现,逻辑术语叫作"转移话题",通俗地讲就是"王顾左右而言他"。

【答案】D。

例3 对同一事物,有的人说"好",有的人说"不好",这两种人之间没有共同语言。可见,不存在全民族通用的共同语言。

以下除哪项外,都与题干推理所犯的逻辑错误近似?

A. 甲:"厂里规定,工作时禁止吸烟。"乙:"当然,可我吸烟时从不工作。"
B. 有的写作教材上讲,写作中应当讲究语言形式的美,我的看法不同。我认为语言就应该朴实,不应该追求那些形式主义的东西。
C. 有意杀人者应处死刑,行刑者是有意杀人者,所以,行刑者应处死刑。
D. 象是动物,所以小象是小动物。
E. 这种观点既不属于唯物主义,又不属于唯心主义,我看两者都有点像。

【解析】题目问题有个小小的陷阱——"除哪项外",意思是找与题干所犯的逻辑错误最不类似的。首先要了解题干的逻辑错误。题干中两个"共同语言"是不同的概念:第一个"共同语言"主要指相关的思想话题,第二个"共同语言"主要指语言工具。所以,题干犯的逻辑错误为"偷换概念"。选项A偷换了"工作"这个概念,前面的"工作"指"工作时段",后面的"工作"指"具体工作",错误类似;选项B偷换了"形式"这个概念,把"语言形式"中的"形式"偷换成"形式主义";选项C偷换了"有意杀人者";选项D中"小象"的"小"为年龄大小,"小动物"中的"小"为体积的大小,同样为偷换概念;只有选项E的错误和概念无关。

【答案】E。

考点分析2

矛盾律与排中律

逻辑学中的矛盾律与排中律是有区别的，也有各自的规则。但在逻辑考试中，主要考查真话假话题与逻辑错误的识别。

1. 矛盾律：在同一思维过程中，两个互相反对或互相矛盾的命题不能同时都真，其中必有一假。

2. 排中律：在同一思维过程中，一对互相矛盾的命题不能都假，其中必有一真。

由于互为下反对关系的两个命题不能同假，可以同真。因此，两个具有下反对关系的命题实际上也受排中律制约。

记住下面几对矛盾关系，然后通过做题掌握技巧。

"所有 S 都是 P" 与 "有些 S 不是 P"。

"所有 S 都不是 P" 与 "有些 S 是 P"。

"P 且 Q" 与 "¬P 或 ¬Q"。

"P 或 Q" 与 "¬P 且 ¬Q"。

"如果 P, 则 Q" 与 "P 且 ¬Q"。

题型分析

例 1 机关的工作人员小张、小王、小李和小周四人中只有一人迟到，主任询问是谁迟到时，他们做了如下回答：

小张：是小李迟到。

小王：我虽然比平时来得晚，但没有迟到。

小李：我不但没迟到，而且还提早来了。

小周：如果小王没迟到，那就是我迟到了。

如果他们四人中只有一个人说了谎，则以下哪项一定成立？

A. 小张迟到。　　　　　　　B. 小李迟到。　　　　　　　C. 小王迟到。

D. 小周迟到。　　　　　　　E. 不能推出。

【解析】题目属于三真一假的真话假话推理，要用归谬法。题干信息化简如下：张说"李"，王说"¬王"，李说"¬李"，周说"¬王→周"。张和李的话是一对矛盾命题，假的那一句话就在矛盾命题中。换句话说，矛盾命题之外的两个命题全部都是真命题，所以如果王没有迟到，那就是周迟到了。

【答案】D。

例 2 这次新机种试飞只是一次例行试验，既不能算成功，也不能算不成功。

以下哪项对题干的评价最为恰当？

A. 题干的陈述没有漏洞。

B. 题干的陈述有漏洞，这一漏洞也出现在后面的陈述中；这次关于物价问题的社会调查结果，既不能说完全反映了民意，也不能说一点也没有反映民意。

C. 题干的陈述有漏洞，这一漏洞也出现在后面的陈述中：这次考前辅导既不能说完全成功，也不能说彻底失败。

D. 题干的陈述有漏洞，这一漏洞也出现在后面的陈述中：人有特异功能，既不是被事实证明的科学结论，也不是纯属欺诈的伪科学结论。

E. 题干的陈述有漏洞，这一漏洞也出现在后面的陈述中：在即将举行的大学生辩论赛中，我不认为我校代表队一定能进入前四名，我也不认为我校代表队可能进不了前四名。

【解析】 题干信息提炼如下：试飞成功或不成功。这两个观点互为矛盾关系，必有一真，必有一假。题干对二者都加以否定，此种谬误称为"模棱两不可"，也称为"两不可"。

题干论证推理中存在漏洞，故排除选项 A。选项 B 中"完全反映了民意"和"一点也没有反映民意（完全不反映民意）"之间互为反对关系，和题干谬误不同，排除。选项 C 中的"完全成功"和"彻底失败（完全不成功）"之间互为反对关系，和题干谬误不同，排除。选项 D 中的"科学结论"和"伪科学结论"不是矛盾关系，"科学"的否命题是"不科学"而并非"伪科学"，"科学结论"和"伪科学结论"之间也是反对关系，和题干谬误不同，排除。选项 E 中的"一定能进入前四名"和"可能进不了前四名"互为矛盾关系，该选项同时否定了上述两个断定，因此，选项 E 存在和题干相同的谬误，入选。

【答案】 E。

> **做题要领**
> 谬误识别——模棱两不可。注意，"模棱两不可"是针对两个矛盾命题的同时否定，要区别矛盾关系和反对关系。本题中选项 B、C 和 D 也都提及两否定，但所否定的两个断定并不互相矛盾，均属于反对关系，与题干不同。

例 3 主持人：有网友称你为"国学巫师"，也有网友称你为"国学大师"，你认为哪个名称更适合你？

上述提问中的不当也存在于以下各项中，除了：

A. 你要社会主义的低速度，还是资本主义的高速度？

B. 你主张为了发展可以牺牲环境，还是主张宁可不发展也不能破坏环境？

C. 你认为人都自私，还是认为人都不自私？

D. 你认为"9·11"恐怖袭击必然发生，还是认为有可能避免？

E. 你认为中国队必然夺冠，还是认为不可能夺冠？

【解析】 题干主持人提问方式的不当在于：在两个并不互相矛盾，还有其他可能的选择中，要求被提问者选择其中之一。此种谬误称为"非黑即白"。

选项 A，"社会主义的低速度"与"资本主义的高速度"属于反对关系，还有其他诸如"社会主义高速度"等的其他的选择，与题干相似，排除；选项 B，"牺牲环境发展"与"不牺牲环境不发展"属于反对关系，还有"不牺牲环境发展"等其他可能，与题干相似，排除；选项 C，"人都自私"与"人都不自私"属于反对关系，还有"有的人不自私"等其他可能，与题干相似，排除；选项 D，无不当，因为"9·11"恐怖袭击"必然发生"和"有可能避免"这两种观点互相矛盾，没有第三种选择；选项 E，"必然夺冠"与"不可能夺冠"属于反对关系，还有其他可能，与题干相似，排除。

【答案】D。

> •• 做题要领
>
> 区分矛盾关系与反对关系的方法：不是 A 就是 B，说明是矛盾关系；不是 A 也可能不是 B，说明是反对关系。

● 基础能力练习题

1. 没有人爱每一个人；牛郎爱织女；织女爱每一个爱牛郎的人。

如果上述断定为真，则以下哪项不可能为真？

Ⅰ. 每一个人都爱牛郎。

Ⅱ. 每一个人都爱一些人。

Ⅲ. 织女不爱牛郎。

A. 仅Ⅰ。　　　　　　　　B. 仅Ⅲ。　　　　　　　　C. 仅Ⅰ和Ⅲ。

D. Ⅰ、Ⅱ和Ⅲ。　　　　　E. Ⅰ、Ⅱ和Ⅲ都可能为真。

2. 在黑、蓝、黄、白四种由深至浅排列的涂料中，一种涂料只能被它自身或者比它颜色更深的涂料所覆盖。

若上述断定为真，则以下哪一项确切地概括了能被蓝色覆盖的颜色？

Ⅰ. 这种颜色不是蓝色。

Ⅱ. 这种颜色不是黑色。

Ⅲ. 这种颜色不如蓝色深。

A. 只有Ⅰ。　　B. 只有Ⅱ。　　C. 只有Ⅲ。　　D. 只有Ⅰ和Ⅱ。　　E. Ⅰ、Ⅱ和Ⅲ。

3. 有些教员也拥有了私人汽车，所有的大款都有私人汽车。因此，有些教员也是大款。以下哪个推理具有和上述推理最为类似的结构？

A. 有些有神论者是佛教徒，所有基督教徒都不是佛教徒。因此，有些有神论者不是基督教徒。

B. 某些牙科医生喜欢烹饪，李进是牙科医生。因此，李进喜欢烹饪。

C. 有些南方人爱吃辣椒，所有的南方人都习惯吃大米。因此，有些习惯吃大米的人爱吃辣椒。

D. 有些进口货是假货，所有国内组装的 APR 空调机的半成品都是进口货。因此，有些 APR 空调机的半成品是假货。

E. 有些自然物品具有审美价值，所有的艺术品都有审美价值。因此，有些自然物品也是艺术品。

4. 我认为，主张信仰都不科学，因为科学不是宗教，宗教都主张信仰。

以下哪项最能说明上述推理不成立？

A. 所有渴望成功的人都必须努力工作，我并不渴望成功，所以我不必努力工作。

B. 商品都有使用价值，空气当然有使用价值，所以空气当然是商品。

C. 不刻苦学习的人都成不了技术骨干，小张是刻苦学习的人，所以小张能成为技术骨干。

D. 历史学家不是物理学家，物理学家都是科学家，所以，科学家都不是历史学家。

E. 犯罪行为都是违法行为，违法行为都应受到社会的谴责，所以应受到社会谴责的行为都是犯罪行为。

5. 没有脊索动物是导管动物，所有的翼龙都是导管动物，所以，没有翼龙属于类人猿家族。

以下哪项陈述是上述推理所必须假设的？

A. 所有类人猿都是导管动物。　　B. 所有类人猿都是脊索动物。

C. 没有类人猿是脊索动物。　　　D. 没有脊索动物是翼龙。

E. 有的类人猿不是脊索动物。

6. 大山中学所有骑自行车上学的学生都回家吃午饭，因此，有些家在郊区的大山中学的学生不骑自行车上学。

为使上述论证成立，以下哪项关于大山中学的断定是必须假设的？

A. 骑自行车上学的学生家都不在郊区。

B. 回家吃午饭的学生都骑自行车上学。

C. 家在郊区的学生都不回家吃午饭。

D. 有些家在郊区的学生不回家吃午饭。

E. 有些不回家吃午饭的学生家不在郊区。

7. 所有的物质实体都可以再分，而任何可以再分的东西都是不完美的。因而，灵魂并非物质实体。

以下哪个选项是使上文结论成立的假设？

A. 所有可以再分的东西都是物质实体。　　B. 没有任何不完美的东西是不可再分的。

C. 灵魂是可分的。　　　　　　　　　　　D. 灵魂是完美的。

E. 灵魂是不完美的。

● 基础能力练习题解析

1.【答案】 A。

【解析】 如果"每一个人都爱牛郎"为真，根据题目已知条件"织女爱每一个爱牛郎的人"，则可以得出"织女爱每一个人"，和题目信息"没有人爱每一个人"矛盾，因此复选项Ⅰ不可能为真。"爱"这个关系是非对称的，尽管题目说"牛郎爱织女"，但是"织女爱不爱牛郎"不能判断，复选项Ⅲ排除。

2.【答案】 B。

【解析】 能够被蓝色覆盖的颜色：白、黄、蓝。

命题一："这种颜色不是蓝色。"那完全可以是黑色，因此不准确，排除。

命题二：准确，入选。

命题三："这种颜色不如蓝色深。"这句话的实质是颜色比蓝色浅，因此就只有白和黄两种颜色，也不准确，排除。

3. 【答案】E。

   【解析】三段论的相似比较型。

   题目的推理结构：①没有否定词；②中间项同在右侧。

4. 【答案】D。

   【解析】题目的论证结构：

   科学非宗教

   宗教主张信仰
   ─────────────
   信仰非科学

   论证特征：①有否定词；②中间项交叉（注意大、小前提）；③否定词在中间项上。

   在三段论中，想要证明上述论证不合理有一个很基本的做法：构建一个和题目的推理一模一样的推理形式，如果具有相同结构的推理是明显荒谬的，同理也可以证明原命题是不成立的。

5. 【答案】B。

   【解析】题目信息化简为：脊索动物→¬导管动物；翼龙→导管动物。传递可得：脊索动物→¬翼龙＝翼龙→¬脊索动物。结论：翼龙→¬类人猿家族。为使上述论证成立，需要补充：¬脊索动物→¬类人猿家族＝类人猿家族→脊索动物。

6. 【答案】D。

   【解析】按照三段论的规则，从题干的条件可以知道："回家吃午饭"这个词项没有出现在结论里面，必然是作为中间项被消掉了，"家在郊区"这个词项前面没有，但是在结论里面出现，因此肯定是被另一个前提引进的。因此，需要补充的前提必定是有关于"回家吃午饭"和"家在郊区"两个词项的。再来判断需补充命题是否定命题还是肯定命题，因为给出的前提是肯定命题，而结论是否定命题，因此补充的命题必然是否定命题。（理由：三段论的规则，两个否定的前提是得不出结论的，前提之一为否定，结论必为否定。）题目的结论是特称命题，给出的结论是全称命题，因此，补充的命题必然是特称命题。（理由：三段论的规则，两个特称的前提是得不出结论的，前提之一为特称，结论必为特称。）综上所述，题目需要补充的是一个关于"回家吃午饭"和"家在郊区"的特称否定命题。选项 C 是个严重干扰项，因为选项 C 是个全称命题，所以要排除。

   本题也可以试试用箭头的化简方式解题。

7. 【答案】D。

   【解析】方法一：三段论的规则，同上题。

   方法二：

   化简题干：物质实体→再分→¬完美。结论：灵魂→¬物质实体＝物质实体→¬灵魂（全称命题做逆否）。为使上述论证成立，需要补充：¬完美→灵魂＝灵魂→完美。

第二部分
论证推理

论证推理题是逻辑考试的主要组成部分，是逻辑推理考试的主流题型，这类试题主要测试考生的思维能力，属于纯粹能力型试题。

论证推理试题主要考查批判性思维和逻辑论证能力。作为主流题型，它不需要直接套用逻辑学知识，大部分逻辑推理总体上是结合题目内容来进行，注重的是题干和选项、前提和结论之间的语意关联。也就是说，主要是关注题目逻辑主干的建立。

设计论证推理试题所依据的理论是"非形式逻辑和批判性思维"，其重点关注的是如何识别、构造，特别是评价实际思维中各种推理和论证能力。一般来说，论证推理试题主要考查考生确定论点、评价论点、规范或者评价一个行动计划三个方面的推理能力——大多数的问题是基于一个单独的推理或是一系列语句，但有时也会存在两三个问题基于一个推理或是一系列语句的情况。

论证推理的知识体系：

（1）加强，包括假设和支持。

（2）削弱。

（3）解释，包括解释现象和解释矛盾。

（4）评价，包括评价论点、论证方法和论证过程。

（5）相似比较型，包括论证形式的相似比较型、论证方法的相似比较型、逻辑谬误的相似比较型等。

（6）语意预设和阅读理解得结论。

其实这些题目的难点在于命题者有意设计的带有迷惑性的文字内容，命题形式变化多，但是事实上，考查的知识点是相对固定的，也就是说"万变不离其宗"，题还是那些题，只是换了命题背景而已。考查的逻辑思路往往并不复杂，只要养成构建逻辑主干而不是阅读文字的做题习惯，在做题的时候能透过文字表面去思考和理解出题的套路，就能事半功倍、举一反三，迅速提高成绩。

论证推理试题的特点主要包括三个方面：

（1）考查重点明确。集中考查考生对逻辑知识的综合运用以及解决实际问题的能力。

（2）出题方式相对固定。具体表现在题目内容虽然很灵活，但题型相对固定。

（3）考查细致化。要求考生准确把握解题技巧和方法。由于解题技巧和方法只有在适当练习中才会真正掌握并巩固，因此，高分的秘诀就是"类型化训练"。

所谓"类型化训练"，就是指以最佳的试题类型分类为基础，根据不同的试题类型所具有的主要特征而提炼出来的处理不同类问题的具体方法。为此，本书针对逻辑题型，深入分析探究，用"举题型讲方法"的方式，按考题的表现形式或解题方法划分为不同的题型和解题套路，并做了详细剖析和说明，通过举例讲解，透彻分析每一种套路的特点和解题方法。

对逻辑题型的分类可以从两个维度进行：

（1）从问题类型的维度进行分类，主要有假设、支持、削弱、评价、推论和解释等题型。

（2）从论证方式的维度进行分类，论证推理题目一般比较综合，虽然可以根据题目的特征和一般解题思路进行分类，但是有的题目是可以从多角度分析的，从不同的角度可以划分为不同的题型。因此，这里的题型分类只具有相对意义，主要是为了帮助考生形成解题的题感，考生在自行解题时不要拘泥题型的细分，更不要生搬硬套。

由于这一部分用分类思维概括了各类论证推理题的解题思路和解题规律，有助于考生全面了解考试题型，因此，如果考生能认真研读本篇总结的方法、技巧以及相关的典型例题和习题，并能在熟练掌握的基础上融会贯通、举一反三、触类旁通，那么在遇到同类问题时，一定有助于尽快理清思路，快速、准确解题。

所谓论证，就是根据一个或一些已知为真的命题来判断某一命题真实性的思维过程。论证由论点（也叫论题）、论据、论证方式三个要素组成。论点是论证的对象，是需要判断真实性的那个命题，即"论证什么"。论据是确定论点真实性的依据，即"用什么论证"，所有论据都应该是真命题。论证方式是从论据到论点的推理过程，即"怎样论证"。

一个有效的论证需要满足以下条件：

（1）论点要明确并且前后一致，不能转移论点。

（2）论据必须是已知为真的，否则就犯了"虚假论据"的逻辑错误。

（3）论据的真实性不能依赖于论点，否则就犯了"循环论证"的逻辑错误。

（4）论据必须是充分的，足以推出结论，否则就犯了"论据不充分"或"推不出"的逻辑错误。

第五章 论证推理的结构和方法

第11讲 论证推理的结构

考点分析

1. 什么是论证

论证是论证者运用论据（或前提）来证明结论（或论点）的逻辑过程和方式，是用一个或一些真实的判断确定另一判断真实性的思维形式。

2. 论证的构成要素

论证是由论点、论据和论证方式三个要素构成的。

（1）论点（结论）：它是通过论证确定其真实性的判断，它要回答的是"论证什么"的问题。

一般情况下，论点（结论）会有引导词，如因此、所以、这说明、这意味着、由此可知、由此可得、科学家由此做出断定、研究人员由此认为……，有时候也需要根据位置，比如段首句、段尾句等进行判断。遇到论证题，先判断哪句是结论，这是学习论证推理的好习惯。

（2）论据：又称前提，是用来帮助论点成立的证据，它是使论题成立并使人信服的理由或根据，它所回答的是"用什么来论证"的问题。

论据的标志词有：因为、由于、是因为、证据是、研究显示、实验表明、因为这个原因、鉴于这个事实……

（3）论证方式：它是指论据和论点之间的联系方式，即论证过程中所采用的推理形式，它所回答的是"怎样用论据论证结论"的问题。

总体而言，论证 = 论据 + 论证方式 + 论点。

3. 认识论证——阅读题干，找到论据和结论

（1）在过去的十年中，由美国半导体工业生产的半导体增加了200%，但日本半导体工业生产的半导体增加了500%，因此，日本现在比美国制造的半导体多。

（2）目前的大学生普遍缺乏中国传统文化的学习和积累。根据国家教委有关部门及部分高等院校最近做的一次调查表明，大学生中喜欢和比较喜欢京剧艺术的只占到被调查人数的14%。

（3）某国报载："A型血的人比其他血型的人更容易罹患新冠肺炎。上述调查的结论是从已经罹患新冠肺炎的5 000多个样本中统计得出，在这些病人中，A型血所占的比例高达37.24%，远高于占比为30.78%，位列第二位的B型血病人。"

（4）人类经历了上百年的自然进化，产生了直觉、多层次抽象等独特智能。尽管现代计算机已经具备了一定的学习能力，但这种能力还需要人类的指导，完全的自我学习能力还有待进一步发展。因此，计算机要达到甚至超过人类的智能水平是不可能的。

（5）阔叶树的降尘优势明显，吸附 PM2.5 的效果最好，一棵阔叶树一年的平均滞尘量达 3.16 公斤。针叶树树叶面积小，吸附 PM2.5 的功效较弱。全年平均下来，阔叶林的吸尘效果要比针叶林强不少。阔叶树也比灌木和草的吸尘效果好得多。以北京常见的阔叶树国槐为例，成片的国槐林吸尘效果比同等面积的普通草地约高 30%。有些人据此认为，为了降尘北京应大力推广阔叶树，并尽量减少针叶林面积。

（6）所有的天才都高度近视，我一定是高度近视，因为我是天才。

（7）凡细粮都不是高产作物。因为凡薯类都是高产作物，凡细粮都不是薯类。

（8）长期以来，手机产生的电磁辐射是否威胁人体健康一直是极具争议的话题。一项达 10 年的研究显示，每天使用移动电话通话 30 分钟以上的人患神经胶质癌的风险比从未使用移动电话者要高出 40%。由此某专家建议，在取得进一步证据之前，人们应该采取更加安全的措施，如尽量使用固定电话通话或使用短信进行沟通。

（9）人类学家发现早在旧石器时代，人类就有了死后复生的信念。在发掘出的那个时代的古墓中，死者的身边有衣服、饰物和武器等陪葬物，这是最早的关于人类具有死后复生信念的证据。

（10）A 省的省报发行量是 B 省的省报发行量的十倍，可见，A 省的群众比 B 省的群众更关心时事新闻。

4. 论证推理的解题思路

论证推理主要研究的是思维在"内容"上的推理过程或论证过程是否正确和有效。因此，想要提高做题的速度和准确率，一定要摒弃无意义的阅读。如何提高阅读效率？首先，拿到题目之后，先读问题，判断题型。其次，速读题干，寻找论证的逻辑主干，也即，结论是什么？提供了哪些论据？运用了什么论证方法？最后，仔细阅读选项，先大刀阔斧去排除明显不合题意的选项，再在正确答案和严重干扰项中判断出正确答案，有必要的时候还应该积累干扰性选项的设计方式，以备举一反三。

第12讲 归纳和类比

考点分析1

依据前提与结论之间关系的不同，推理分为演绎推理与归纳推理。一般来说，演绎推理的结论是必然的，而归纳推理的结论是或然的。归纳逻辑是指对经验判断以及日常思维中非演绎论证类型的推理过程与方法的逻辑研究。前提必然蕴涵结论的，我们称为演绎；前提不必然蕴涵结论或者前提与结论的关系是或然的，我们称为非演绎。

归纳法由两大部分组成。一部分是归纳推理，它偏重于思维推理的形式。简单枚举法、类比法、统计推理与因果五法（穆勒五法）属于归纳推理的范围。另一部分是其他的归纳方法，它偏重于探讨研究所应采取的方法。观察、实验、比较、分类、分析、综合、统计中的选样、求平均数以及假说等属于其他归纳方法的范围。

(一) 归纳推理

在逻辑试题中，有些试题依靠前面我们所学的知识进行推理就可得出结论，一般题型表现为上真推出下面必真或者必假，这种推理一般为演绎推理。但也有一些推出结论题、削弱与支持题，其题干中的推理本身就不够严谨，其结论只是可能的，这种题型一般考查点就是归纳、类比、统计等。

归纳推理的前提是一些关于个别事物或现象的命题，而结论则是关于该类事物或现象的普遍性命题。归纳推理的结论所断定的知识范围超出了前提所断定的知识范围，因此，归纳推理的前提与结论之间的联系不是必然性的，而是或然性的。也就是说，其前提真而结论假是可能的，所以，归纳推理是一种或然性推理。

枚举论证的谬论指的是论证中违背枚举推理准则所犯的错误。常见的表现形式有特例概括、样本太少、机械概括和以偏概全，其共同特征是以不具有代表性的样本为根据，得出一类对象的总体都具有某种属性的结论。基于这一共同特征，通常也统称这一类谬误为轻率概括。

归纳推理根据其前提是否穷尽该类对象的全部，可以分为完全归纳推理和不完全归纳推理。而不完全归纳推理依据其推演方式的不同，又可以分为简单归纳推理和科学归纳推理。

1. 完全归纳推理

当推理的前提穷尽了一类事物的所有对象，就叫做完全归纳推理。

例如：北京市的人口超过 500 万，上海市的人口超过 500 万，天津市的人口超过 500 万，重庆市的人口超过 500 万；北京、天津、上海、重庆为中国全部的直辖市，所以，中国所有直辖市的人口都超过 500 万。由于完全归纳推理穷尽了该类事物的所有对象，其结论是必然的。但是，完全归纳推理有一个先天局限性，它只适用于能够穷尽所有可能的场合，而在生活中，这种场合非常少见。所以，在逻辑试题中，这类题目出现的可能性几乎没有。

2. 不完全归纳推理

当 S 被穷尽时，归纳是完全归纳；当 S 没有被穷尽时，归纳就是不完全归纳。

(1) 简单枚举归纳：当推理的前提只是列举了一类事物的部分对象具有某种属性，并在此基础上得出该类事物普遍具有某种属性的结论，这种归纳就叫作简单枚举归纳。

公式如下：

S 表示事物，P 表示属性。

$S_1 - P$

$S_2 - P$

$S_3 - P$

$S_n - P$

S_1，S_2，S_3，…，S_n 是 S 类对象中部分分子，且没有出现反例，所以推出 S - P，即所有的 S 都具有 P 属性。

简单枚举归纳推理的过程，通俗地说，就是经验累积的过程，由于只是归纳部分对象，所以其结论有可能会被推翻。简单枚举归纳推理的结论是或然的。

相关逻辑谬误：使用简单枚举归纳推理，容易产生"以偏概全"的错误，即依据少数的、不具有典型代表性的事实，且不注意研究（或者无意/故意忽略）可能出现的反面事例，就匆忙得出一般性结论的推理。

例如：看到甲生疮，而甲是中国人，得出结论：中国人都生疮了。

要提高结论的可靠性，必须遵行以下规则：

前提必须真实；前提的数量应该尽可能多；前提所断定的事实要能够反映事物本身的属性（即要有足够的代表性）。

(2) 科学归纳推理：当推理的前提不但列举了一类事物的部分对象具有某种属性，而且能够找到它们之间的因果关系并能做出科学说明，在科学理论分析的基础上得出该类事物普遍具有某种属性的结论，这种归纳就叫作科学归纳。

公式如下：

S表示事物，P表示属性。

$S_1 - P$

$S_2 - P$

$S_3 - P$

$S_n - P$

$S_1，S_2，S_3，\cdots，S_n$ 是 S 类对象中部分分子，且没有出现反例，且发现 S 与 P 之间具有科学的因果联系。所以推出 S - P，即所有的 S 都具有 P 属性。

例如：金、银、铜、铁等金属受热后体积膨胀。经过分析研究，原因在于金属受热后分子之间的凝聚力减弱，分子之间的距离增大。在此基础上，得出所有的金属受热后体积都膨胀。这种推理就叫科学归纳推理，虽然其结论仍然是或然的，但可靠性大大增强。科学归纳在形式上仍然是简单枚举归纳，只不过多了因果联系的诉求。

(二) 统计推理

统计推理（统计概括）是由样本具有某种属性的单位频率（百分比）推出总体具有某种属性的概率（可能性）的推理。统计推理是从样本过渡到总体的推理，属于不完全归纳推理，其结论所断定的范围超出了前提所断定的范围，前提与结论之间的联系不是必然的，而是或然的，因而它的结论不一定可靠。

在统计推理中，科学的取样是非常关键的。样本有没有代表性，样本能否代表总体，对于统计推理可靠性的影响非常大。一般来说，要坚持分层抽样。例如：如果我们想统计物价指数，该选择什么样的样本？家用电器、鲍鱼，还是房地产、柴米油盐酱醋茶？它们在统计中的权重又如何？任何一个地方不同，都会导致统计结果的严重失真。统计推理是生活中非常多见的一种推理，但其中的谬误也最多。在逻辑试题中，统计推理基本上都是作为削弱题型的题干出现的。严格地说，统计推理也是一种简单枚举归纳，我们后面会具体讲解它在逻辑应试中的表现与作用。

统计推理主要考虑两个方面的内容：

(1) 抽样要科学。抽样缺乏科学性的常见错误：样本太少、抽样缺乏代表性。

(2) 数据应用要合理。数据的可比性是数据能起到证据作用的必要条件。审查统计数据是否具备作为理由的资格，这是评估统计论证最重要的方面。通过指出比较的根据或基础不正确，来说明某一组数据不能说明问题或两组数据不可比，这是削弱统计论证时常用的方式。统计推理中会出现独立数据，独立数据是脱离比较基础的数据，具体来说是指没有设定供比较的对象的数据，因为没有设定比较的根据或基础，因而其在论证中的证据效力是不能令人信服的。

（三）类比推理

什么叫类比？通俗地讲，就是打比方。类比推理，是根据两个（或两类）对象之间在某些方面的相似或相同，从而推出它们在其他方面也可能相似或相同的一种逻辑推理方法。类比推理是创造的源泉，是对思维的启发，是一个激活与比较的过程，是一个重新组合的过程。在管理类综合能力试题中，类比主要出现在论证有效性分析写作中。在逻辑试题中主要在削弱题或者某些运用类比结论的题干中出现。

请先看一例：有些人认为，观看电影中的暴力镜头会导致观众在现实生活中的好斗与暴力倾向，实际上这是荒唐的。难道说只看别人吃饭就能填饱自己的肚子吗？

类比推理是根据两个或两类对象在某些属性上相同，推断出它们在另外的属性（这一属性已为类比的一个对象所具有，另一个类比的对象尚未发现具有）上也相同的一种推理。

类比推理的结论只具有或然性，即可能真，也可能假。类比推理尽管其前提是真实的，但也不能保证结论的真实性。这是因为，A 和 B 毕竟是两个对象，它们尽管在一系列属性上是相同的，但仍存在差异，这种差异有时就表现为 A 对象具有某种属性，而 B 对象不具有这种属性。

关于提高类比推理结论的可靠性，有以下结论：

（1）前提相似属性越多，结论的可靠性程度就越高。

（2）类比物的规模越大，结论的可靠性程度就越高。

（3）类比越接近思维对象的本质，结论的可靠性程度就越高。

（4）前提属性之间相关性越大，结论的可靠性程度就越高。

当结论涉及的事物比较陌生和抽象时，论辩者一般会撇开经验证据，求助于众所周知的事物，利用其与结论涉及的事物之间的相似点来证明自己的结论。由于其类比的事物是众所周知的，所以，类比推理最直接的效用就是形象生动、说服力强。类比推理在生活中非常普遍，但它又常常徘徊于可取与荒谬之间，必须小心它的陷阱。需要说明的是，类推法是一种论证方法，类比是一种推理形式，应该说，在学术上这二者是有区别的。类推法是一种内容相当宽泛的推理论证形式，它的外延比类比推理要宽得多。但仅仅针对考试与生活应用的非学术研究，对二者进行学术上的区分完全没有必要。

类比推理的逻辑形式：

对象 A 和对象 B 都有属性 a_1，a_2，…，a_n，对象 A 还有属性 a_{n+1}，所以，对象 B 也有属性 a_{n+1}。

例如：地球是行星，绕轴自转，有昼夜，被大气包围，有水，有生命现象；火星是行星，绕轴自转，有昼夜，被大气包围，有水。所以，火星上也可能有生命现象。

类比推理的结论是不必然的，但由于其论证借助了形象的、通俗易懂的例子，往往具有很大的煽动性。但我们要学会评价类比推理，不要被表面的现象所迷惑，这不仅关乎逻辑试题的得分，更关系到论证有效性分析写作的得分。

下面是一篇论证有效性分析写作真题。

【2003年1月论证有效性分析写作材料】

把几只蜜蜂和苍蝇放进一只平放的玻璃瓶，使瓶底对着光亮处，瓶口对着暗处。结果，有目标地朝着光亮拼命扑腾的蜜蜂最终衰竭而死，而无目的地乱窜的苍蝇竟都溜出细口瓶颈逃生。是什么葬送了蜜蜂？是它对既定方向的执着，是它对趋光习性这一规则的遵循。

当今企业面临的最大挑战是经营环境的模糊性与不确定性。对于高科技企业，哪怕只预测几个月后的技术趋势都是件浪费时间的徒劳之举。就像蜜蜂或苍蝇一样，企业经常面临一个像玻璃瓶那样的不可思议的环境。蜜蜂实验告诉我们，在充满不确定性的经营环境中，企业需要的不是朝着既定方向的执着努力，而是在随机试错的过程中寻求生路，不是对规则的遵循，而是对规则的突破。在一个经常变化的世界里，混乱的行动比有序的衰亡好得多。

本段论证中，最核心的错误就是错误地使用了类比论证。蜜蜂实验只是特定环境下的一个生物行为实验，不能简单地将生物行为类推到企业行为，更不能把生物行为实验的结果一般化为企业应对不确定性的普遍原则。蜜蜂和苍蝇的行为仅仅是生物的本能，进行企业经营决策的是有着能动行为的人。上述论证忽略了这个本质上的差异，其结论当然会有问题。即使是这样一个充满谬误的论证，在考场上仍然迷惑了很多考生。要想不被类比推理所迷惑，以下几个问题会对你有所帮助。

评价类比推理的几个批判性问题：
（1）两个类比的事物有多大程度的相似性？
（2）表面上的相同是否蕴涵着本质上的差异？
（3）类推的相同的前提属性与结论的相关程度如何？
（4）两个事物的属性我们是否都比较了解，有无其他重要信息遗漏？
（5）结论是什么？在论证的过程中有无偷换概念或论题？
（6）有无考虑类比的道德、心理因素？有无考虑类比的语言因素？

题型分析

例1 人类学家断言：文化只有当它是独立的而非依赖的时候才能有所发展。也就是说，只有当来自它外部的压力被来自它内部的首创精神所取代的时候，它才能有所发展。换句话说，只有民族文化才是推动文化发展的动力，任何把外来文化的观点强加给它的做法，都会威胁它的独立和发展。如果我们把每一个单独的学校视为一个被割开的文化圈的话，那么教育进步的关键是_____。

以下哪项最好地完成了上述论证？
A. 每个学校必须独立于外来的压力才能有所发展。
B. 某些学校只依靠他们全体员工和学生自己的创造力就能有所发展。
C. 学校的管理系统随着学校的发展应作相应的调整。
D. 外来的因素必须被阻止参与学校的发展。
E. 学校的独立性越大，教育进步得越大。

【解析】 本题为推出结论题型。题干为一个类比推理。把教育与文化进行类比，既然文化进步的关键是"只有独立才能发展"，那么教育进步的关键同样如此。所以，正确答案为选项 A。请理解"只有……才……"所表示为必要条件命题，而选项 B、E 都把必要条件偷换成了充分条件；选项 C 偏离话题太远；选项 D 则错误理解并夸大了题干中的"任何把外来文化的观点强加给它的做法，都会威胁它的独立和发展"。

【答案】 A。

例 2 某中学发现有学生课余用扑克玩带有赌博性质的游戏，因此规定学生不得带扑克进入学校。不过即使是硬币，也可以用作赌具，但禁止学生带硬币进入学校是不可思议的。因此禁止学生带扑克进学校是荒谬的。

以下哪项如果为真，最能削弱上述论证？

A. 禁止带扑克进学校不能阻止学生在校外赌博。

B. 硬币作为赌具远不如扑克方便。

C. 很难查明学生是否带扑克进学校。

D. 赌博不但败坏校风，而且影响学生学习成绩。

E. 有的学生玩扑克不涉及赌博。

【解析】 本题选用的论证方式是类比推理：因为禁止学生带硬币进学校是荒谬的，所以禁止学生带扑克进学校也是荒谬的。如果要削弱上述论证，指出其论证方法存在瑕疵即可。

选项 A 中的"不能阻止学生在校外赌博"和题目不相干，排除。选项 B 直接说明，硬币和扑克用于赌博有实质区别，因此，题干的推理结果使用了类比的方法，类比推理的关键是要保证类比对象必须具有相似性，否则会出现"不当类比"的逻辑谬误。如果选项 B 为真，能够证明题目的推理是"不当类比"，有削弱作用，待选。选项 C 和题目不相干，排除。选项 D 指出赌博会败坏校风，会影响学生学习成绩。说明了禁止学生带扑克以防其赌博的原因，证明禁赌是很有必要的，但是，"禁赌有必要"和"禁止学生带扑克进入学校"概念不同，排除。选项 E 涉及"有的学生"的情况，基于部分对象的情况即便有削弱作用，也不是很强，排除。

【答案】 B。

> • 做题要领
>
> 削弱不当类比的直接方式是指出类比对象不具有可比性。对于削弱型的论证，一定要识别其中存在的谬误（熟练掌握基础知识中的谬误类型），"对症下药"。

考点分析2

数字陷阱

统计学上的数字概念包括平均数、百分比、相对数量与绝对数量、比率和样本数据、至多和至少等。在当代社会，各种数字、数据、报表可以说铺天盖地，频频出现在大众传媒中，批判性思维教导我们要学会思考这些数字、数据是否真的准确、可靠，这些数字到底能说明什么问题。对"精确"数字保持必要的警惕，是一种明智的、理性的态度，所以，在备考过程中要特别注意数字陷阱。

在历年综合能力考试试题中，逻辑推理部分总会出现 3 道左右关于数字的题目，虽然总体分值不多，但它很有可能拉开分数的档次。因为众多考生在备考的过程中，只是将它看成了数字，而忽略了一个数字当中可能蕴涵的多个因素的变化情况。

1. 平均数

平均数的含义本身就意味着个体的统计值围绕它有上下某个幅度的波动，而且在许多情况下这种波动的幅度是相当大的。在论证中，如果将总体的平均值或平均数的性质机械地分配给总体中的个体，就会导致反例的产生，犯"误用平均数"的错误。也就是说，题目可能会在平均数的模糊理解上做文章。

2. 数据的相对性

数据的相对性主要是指百分比、基数与绝对量三者的相对关系。百分比高不意味着绝对量大，还要看基数。忽视三者的相对变化而导致对数据的滥用，也是论证中常见的现象。

3. 数据的交叉性

数据的交叉性也是常考的考点。在描述一个问题时，如果在这个问题中隐含着某种数学关系，则要想解决这个问题，我们就有必要利用数学工具或统计的一些性质。

题型分析

例 1 公司规定，将全体职工按工资数额从大到小排序。排在最后 5% 的人提高工资，排在最前 5% 的人降低工资。小王的工资数额高于全体职工的平均工资，小李的工资数额低于全体职工的平均工资。

如果严格执行公司决定，以下哪几种情况是可能的？

Ⅰ. 小王和小李都提高了工资。

Ⅱ. 小王和小李都降低了工资。

Ⅲ. 小王提高了工资，小李降低了工资。

Ⅳ. 小王降低了工资，小李提高了工资。

A. Ⅰ、Ⅱ、Ⅲ和Ⅳ。　　　　B. 仅Ⅰ、Ⅱ、Ⅲ。　　　　C. 仅Ⅰ、Ⅱ、Ⅳ。

D. 仅Ⅲ。　　　　　　　　　E. 仅Ⅳ。

【解析】题干断定：第一，排在最后 5% 的人提高工资，排在最前 5% 的人降低工资；第二，小王工资 > 平均工资 > 小李工资。从中可得出"小王排在最后 5% 并且小李排在最前 5%"是不可能的，即复选项Ⅲ不可能成立。

"小王和小李都排在最后 5%"是有可能的。假设公司有 100 人，工资排名最后的 5% 的人中，小李的工资是 100 元，然后其他三人的工资分别是 200 元、300 元、400 元，小王的工资是 10 000 元，中间 90 个员工的工资是 10 100 元，工资排名前 5 的员工的工资是 10 200 元，此时平均工资为 9 710 元，满足题干条件。因此，复选项Ⅰ是有可能的。

同理，"小王和小李都排在最前 5%"也有可能。比如，工资排名最低的 5 人工资都是 100 元，中间 90 个员工的工资是 110 元，排名前 5% 的人中，小李的工资是 120 元，另外 3 个人的工资是 10 000 元，小王的工资是 20 000 元，此时平均工资是 605.2 元，满足题干条件。因此，复选项Ⅱ也是有可能的；复选项Ⅳ也是有可能的。

【答案】C。

例2 某人所在的企业破产后，打定主意要重新找一份工资较高的工作，一天他看到一则招聘广告："本公司现有员工19名，现诚聘1名技术工人。本公司人均月薪3 200元以上。"于是，他高兴地去应聘，并很幸运地被录取了，但他第一个月拿到的正常月薪只有500元。他指责该公司在招聘广告中说谎，但实际上该公司确实没有说谎。

增加以下哪一点最能解释上述事实？

A. 这个公司本月效益不太好。

B. 他的工作有瑕疵。

C. 他与公司经理关系不太好。

D. 该公司的平均工资是这样计算出来的，经理月薪25 000元，经理女秘书月薪15 000元，两名中层主管月薪10 000元，其他员工月薪500元。

E. 这个公司是一个高技术公司。

【解析】 招聘广告在玩弄平均数。选项D能够解释题干所描述的事实。

【答案】 D。

例3 在1984年以前，只有阿司匹林和退热净分享利润丰厚的非处方止痛药市场。然而在1984年，据预测布洛芬占据了非处方止痛药销售量的15%。因此，商业专家预测1984年退热净和阿司匹林合计的销售量将下降15%。

上文最后一句提到的预测基于下列哪项假设？

A. 大多数消费者倾向于使用布洛芬而不是退热净和阿司匹林。

B. 阿司匹林、退热净和布洛芬都能减轻头痛和肌肉痛，但阿司匹林和布洛芬可能会引起胃肠不适。

C. 在1984年以前，布洛芬遵从医嘱后才能服用。

D. 生产和销售退热净和阿司匹林的公司不生产和销售布洛芬。

E. 布洛芬的投入不会增加非处方止痛药市场的总销量。

【解析】 题干观点：由于阿司匹林和退热净合计的市场份额从100%下降了15%，所以二者的销售量将下降15%。选项E排除了基数增加的可能性，是题干论证必须假设的。否则，布洛芬的投入会增加非处方止痛药市场的总销量，就意味着即使阿司匹林和退热净合计的市场份额下降了，但是由于止痛药市场的总销量上升，可能只是让退热净和阿司匹林合计的销售量略微下降，削弱了题干论证。

【答案】 E。

例4 如果一个家庭的人均收入超过当地75%的家庭的收入水平，则可称之为该地区的富裕户。从统计局的调查得知，近20年来，珠江三角洲地区经济发展得很快，其富裕户的数量一直在稳步增长。

假定以上情况为真，则以下哪项也必定为真？

A. 近20年来，珠江三角洲地区富裕户的人均收入一直在稳步增长。

B. 近20年来，珠江三角洲地区的非富裕户的数量不断增长。

C. 近20年来，珠江三角洲地区的贫富分化现象越来越严重。

D. 近 20 年来，在珠江三角洲地区，每一个富裕户的家庭收入都大于任一非富裕户的家庭。

E. 近 20 年来，在珠江三角洲地区，每一个富裕户的家庭人均收入都超过整个地区的人均收入。

【解析】 由题干可知，富裕户占整个地区总户数的 25%，非富裕户占整个地区总户数的 75%。既然近 20 年来，珠江三角洲地区富裕户的数量一直在稳步增长，那么，整个地区总户数一定在稳步增长，从而非富裕户的数量也一定在稳步增长。因此，选项 B 必定为真。选项 A、C 尽管可能为真，但不能从题干中必然推出。选项 D 不一定成立，因为可能存在这样的情况：人均收入较多的富裕户的家庭人口较少，而人均收入较少的非富裕户的家庭人口较多。按照题干对富裕户的定义，选项 E 不能从题干中必然推出，排除。

【答案】 B。

例 5 传闻中的汽车工业收入的下降是言过其实的，汽车制造商在整个行业收入中的份额实际已从两年前的 65% 降到了今天的 50%，但是在同一段时间内汽车零部件供应商的收入份额却从 15% 增加到 20%，服务公司（如分配商、销售商和修理工）的收入份额也从 20% 上升到 30%。

下面哪一条能最好地揭示为什么上面给出的统计数字自身不能提供它们要支持的结论的证据？

A. 这样的可能性是显而易见的，即制造商的收入份额与其他统计数字具有不同的出处。

B. 不管汽车工业总的收入经历什么样的变化，所有这些收入份额的总和必须是 100%。

C. 没有给出解释为什么这个行业不同部门的收入份额会发生改变。

D. 制造商和零部件公司的收入依赖于销售商成功地销售汽车。

E. 收入是决定利润的重要因素，但并不是唯一的因素。

【解析】 对这些数字进行简单的分析即可得出，尽管两年前与今天相比，汽车工业的收入在三个部门中有所变化，但是两年前这三个部门的收入份额总和（65% + 15% + 20% = 100%）与今天的收入份额总和（50% + 20% + 30% = 100%）仍是一样的，即不管汽车工业的收入经历了什么样的变化，所有这些收入的份额的总和必须是 100%。这说明题干没有列举出有说服力的数字来支持汽车工业收入没有下降。

【答案】 B。

第13讲　因果联系

考点分析

因果联系是事物现象间一种重要的规律性联系，寻找事物现象间的因果联系，对于管理者来说更为重要。如何在纷纭复杂的现象间快速寻找到规律并避免乱设因果的错误，对于准确决策是必不可少的。

因果联系是指原因和结果之间的联系。如果一个现象的出现必然引起另一个现象的出现，那么这两个现象之间就有着因果联系。引起另一现象出现的现象叫原因，被引起的现象叫结果。

因果联系的主要特点有以下几点：

一是普遍必然性，即任何现象都有其因，也有其果。

二是共存性，即原因和结果总是共同变化的。所谓共存性，是指原因和结果之间在时空上总是相互接近的。

三是先后性，即所谓的先因后果。原因和结果在时间上是先后相继的，原因总在结果之前，而结果总是在原因之后。因此，我们在探求因果联系时，只能从先行的情况中去找原因，从后行的情况中去找结果。因果联系往往具有先后性，但是具有先后性不一定具有因果联系。

四是复杂多样性。因果联系是多种多样的，固然有"一因一果"，但更多的时候是"多因一果""一因多果"，有时还会出现"多因多果"。人们在探求因果联系时，应当特别注意复杂现象的构成原因或结果。

因果联系在我们的现实生活中扮演着重要的角色。对历史和现实的理解需要追溯它们的原因，对未来的预见要求我们把握现实的可能发展结果。日常语言中的"原因"是有歧义的。它有时指的是充分条件原因，有时指的是必要条件原因，而在有些场合下，可能指的是充分且必要条件原因，也可能是既非充分也非必要条件原因。

因果链条可能包含实质性的因果传递关系。实质性因果链条的形成关键在于这种因果关系能传递并直到最后仍然使因果关系得以保持。

在了解事物的原因时，首先需要对事物的成因做出解释。如何确立哪些陈述是最接近事情真实原因的解释？一般来说，有两种类型的相互关联可以作为确立因果主张的初步证据：时间关联和统计关联。对于观察到的时间或统计关联，好的因果推论必须考虑如何排除其他可能的解释，确认 X 导致 Y 是对其相关联的最佳解释。

溯因推理就是从已知事实结果出发，根据一般的规律性知识，推测出事件发生的可能原因的推理方法。从已知的结果出发，寻找其原因，从已知的推断出发，追溯其理由。它不是必然性推理，而是或然性推理。

因果联系是世界万物之间普遍联系的一个方面，科学研究的一个重要任务就是要把握事物之间的因果联系。想要研究因果联系之间的关系，最有效的手段是掌握探求因果联系的方法。

一般来说，探求因果联系的方法有五种：求同法、求异法、求同求异并用法、共变法、剩余法，也叫"穆勒五法"。这五种方法是人们在长期的实践和认识过程中形成的，在逻辑应试中，要重点掌握求同法、求异法、共变法。

1. 求同法（也叫契合法）

求同法的内容是考查几个出现某一被研究现象的不同场合，如果各个不同场合除一个条件相同外，其他条件都不同，那么这个相同条件就是这一被研究现象的原因。这种方法也叫契合法。

例如：1960 年，英国某农场十万只火鸡和小鸭吃了发霉的花生，在几个月内得癌症死了。后来，用这种花生喂羊、猫、鸽子等动物，又发生了同样的结果。1963 年，有人又用发了霉的花生喂大白鼠、鱼和雪貂，也都纷纷得癌而死。上述各种动物患癌症的前提条件中，对象、时间、环境都不同，唯一共同的因素就是吃了发霉的花生。于是，人们推断：吃了发霉的花生可能是这些动物得癌死亡的原因。后来通过化验证明，发霉的花生内含黄曲霉素，黄曲霉素是致癌物质。这个推断就是通过求同法得出的。

求同法的结论是或然性的。为了提高结论的可靠性，应注意以下两点：

（1）结论的可靠性和考查的场合数量有关。考查的场合越多，结论的可靠性越高。

（2）有时在被研究的各个场合中，共同的因素并不只有一个，因此，在观察中就应当通过具体分析排除与被研究现象不相关的共同因素。

2. 求异法（也叫差异法）

求异法的内容是比较某现象出现的场合和不出现的场合，如果这两个场合除一点不同外，其他情况都相同，那么这个不同点就是这个现象的原因。这种方法也叫差异法。

例如：一百多年前，一艘远洋帆船载着五个中国人和几个外国人由中国开往欧洲。途中，除五个中国人外，其他人全病得奄奄一息。经诊断，他们都患有败血症。同乘一只船，同样是人，一样是风餐露宿、受苦挨饿、漂洋过海，为什么中国人和外国人却判若异类呢？原来这五个中国人都有喝茶的爱好，而外国人却没有。于是得出结论：喝茶是这五个中国人不得败血症的原因。这个结论就是用求异法得出的。求异法是求异除同。运用求异法进行比较的两个场合一定要只有一点不同，其他情况都相同。这种条件在通常情况下是少见的，因而求异法常和实验直接联系。

运用求异法应注意以下两点：

（1）必须注意排除除了一点外的其他一切差异因素。如果相比较的两个场合还有其他差异因素未被发觉，结论就会被否定或出现误差。

（2）还应注意两个场合唯一不同的情况是被考查现象的全部原因还是部分原因。

3. 求同求异并用法

求同求异并用法又叫作契合差异并用法。它的内容是如果某个被考查的现象出现的各个场合（正事例组）只有一个共同因素，而这个被考查现象不出现的各个场合（负事例组）都没有这个共同因素，那么，这个共同因素就是某个被考查现象的原因。该方法的步骤是两次求同一次求异。

例如：某医疗队为了了解地方病甲状腺肿的原因，先到这种病流行的几个地区巡回调查。发现这些地区地理环境、经济水平都各不相同，但有一点是共同的，即居民常用食物和饮用水中缺碘。医疗队又到一些不流行该病的地区去调查，发现这些地区地理环境、经济水平也各不相同，但有一点是共同的，即居民常用食物和饮用水中不缺碘。医疗队综合上述调查情况后，认为缺碘是产生甲状腺肿的原因。后来对病人进行补碘治疗，果然疗效甚佳。这一结论就是通过求同求异并用法得出来的。

应用求同求异并用法应注意以下两点：

（1）正反两组事例的组成场合越多，结论的可靠程度就越高。

（2）所选择的负事例组的各个场合，应与正事例组各场合在客观类属关系上较近。

4. 共变法

共变法的内容是在其他条件不变的情况下，如果某一现象发生变化，另一现象也随之发生相应变化，那么前一现象就是后一现象的原因。

例如：一定压力下的一定量气体，温度升高，体积增大；温度降低，体积缩小。气体体积与温度之间的共变关系，说明气体温度的改变是其体积改变的原因。

应用共变法应注意以下几点：

（1）不能只凭简单观察来确定共变的因果关系，有时两种现象共变，但实际并无因果联系，可能二者都是另一现象引起的结果，如闪电与雷鸣。

（2）共变法通过两种现象之间的共变，来确定两者之间的因果联系，是以其他条件保持不变为前提的。

（3）两种现象的共变是有一定限度的，超过这一限度，两种现象就不再有共变关系。

5. 剩余法

剩余法的内容是如果某一复杂现象已确定是由某种复杂原因引起的，把其中已确认有因果联系的部分减去，那么剩余部分也必有因果联系。

剩余法可用如下公式表示：

A、B、C 是复杂现象 a、b、c 的复杂原因，已知 A 是 a 的原因，B 是 b 的原因，所以 C 是 c 的原因。

例如：有一次居里夫人和她的丈夫为了弄清一批沥青铀矿样品中是否含有值得提炼的铀，对其含铀量进行了测定。令他们惊讶的是，有几块样品的放射性甚至比纯铀的还要大。这就意味着，在这些沥青铀矿中一定含有别的放射性元素。同时，这些未知的放射性元素只能是非常少量的，因为用普通的化学分析法不能测出它们来。量小放射性又那样强，说明该元素的放射性要远远高于铀。1898 年 7 月，他们终于分离出放射性比铀强 400 倍的钋。该元素的发现，应用的是剩余法。

应用剩余法应注意以下两点：

（1）确知复杂现象的复杂原因及其部分对应关系，不得有误差，否则结论就不可靠。

（2）复杂现象剩余部分的原因，可能又是复杂情况，还需要再次进行分析，不能轻率地下结论。

题型分析

题型一：论证推理方法的相似比较型。

例 1 在 50 年代，我国森林覆盖率为 19%，60 年代为 11%，70 年代为 6%，80 年代不到 4%。随着森林覆盖率的逐年减少，植被被大量破坏，削弱了土地对雨水的拦蓄作用，一下暴雨，水卷泥沙滚滚而下，使洪涝灾害逐年严重。可见，森林资源的破坏，是酿成洪灾的原因。

以下哪项使用的方法与上文最类似？

A. 敲锣有声，吹箫有声，说话有声。这些发声现象都伴有物体上空气的振动，因而可以断定物体上空气的振动是发声的原因。

B. 把一群鸡分为两组，一组喂精白米，鸡会得一种病，脚无力，不能行走，症状与人的脚气病相似。另一组用带壳稻米喂，鸡则不会得这种病。由此推测带壳稻米中某些精白米中所没有的东西可以避免得脚气病。进一步研究发现，这种东西就是维生素 B1。

C. 意大利的雷地反复进行一个实验，在 4 个大口瓶里，放进肉和鱼，然后盖上盖或蒙上纱布，苍蝇进不去，一个蛆都没有。另 4 个大口瓶里，放进同样的肉和鱼，敞开瓶口，苍蝇飞进去产卵，腐烂的肉和鱼很快生满了蛆。可见，苍蝇产卵是鱼肉腐烂生蛆的原因。

D. 在有空气的玻璃罩内通电击铃，随着抽出空气量的变化，铃声越来越小，若把空气全抽出，则完全听不到铃声。可见，声音是靠空气传播的。

E. 棉花是植物纤维，疏松多孔，能保温。积雪是由水冻结而成的，有 40% 至 50% 的空气间隙，也是疏松多孔的，能保温。可见，疏松多孔是能保温的原因。

【解析】题干中的"随着……逐年严重"是穆勒五法中的共变法最典型的表述方式。选项 A 是求同法，选项 B 和 C 都是求异法，选择 D 是共变法，选项 E 是求同法。

【答案】D。

例2 婚礼看得见，爱情看不见；情书看得见，思念看不见；花朵看得见，春天看不见；水果看得见，营养看不见；帮助看得见，关心看不见；刮风看得见，空气看不见；文凭看得见，水平看不见。有人由此得出结论：看不见的东西比看得见的东西更有价值。

下面哪个选项使用了与题干中同样的推理方法？

A. 三角形可以分为直角三角形、钝角三角形和锐角三角形三种。直角三角形的三个内角之和等于 180°，钝角三角形的三个内角之和等于 180°，锐角三角形的三个内角之和等于 180°，所以，所有三角形的三个内角之和都等于 180°。

B. 我喜欢"偶然"胜过"必然"。你看，奥运会比赛中充满了悬念，比赛因此激动人心；艺术家的创作大多出自"灵机一动"，科学发现与发明常常与"直觉""灵感""顿悟""机遇"连在一起；在茫茫人海中偶然碰到"他"或"她"，互相射出丘比特之箭，成就人生中最美好的一段姻缘。因此，我爱"偶然"，我要高呼："偶然性万岁！"

C. 外科医生在给病人做手术时可以看 X 光片，律师在为被告辩护时可以查看辩护书，建筑师在盖房子时可以对照设计图，教师在备课时可以看各种参考书，为什么不允许学生在考试时看教科书及其他相关材料？

D. 玫瑰花好看，因为所有的花都好看。

E. 北京市的人口超过 500 万，上海市的人口超过 500 万，天津市的人口超过 500 万，重庆市的人口超过 500 万；北京、天津、上海、重庆为中国全部的直辖市，所以，中国所有直辖市的人口都超过 500 万。

【解析】题干属于不完全归纳推理，运用了简单枚举法，犯了"以偏概全"的逻辑错误；选项 B 也是不完全归纳推理，为正确答案；选项 A 是完全归纳推理；选项 C 是类比推理，犯了"机械类比"的逻辑错误；选项 D 是省略的性质三段论推理；选项 E 是完全归纳推理。

【答案】B。

题型二：论证推理方法的评价。

例1 对六位患罕见癌症的病人的研究表明，虽然他们生活在该县不同地方，有很不相同的病史、饮食爱好和个人习惯——其中两人抽烟，两人饮酒——但他们都是一家生产除草剂和杀虫剂的工厂的员工。由此可得出结论：接触该工厂生产的化学品很可能是他们患癌症的原因。

以下哪一项最准确地概括了题干中的推理方法?

A. 通过找出事物之间的差异而得出一个一般性结论。
B. 消除不相干因素,找出一个共同特征,由此断定该特征与所研究事件有因果联系。
C. 根据六个病人的经历得出一个一般性结论。
D. 所提供的信息允许把一般性断言应用于一个特例。
E. 运用准确的方法得出正确的结论。

【解析】 题干通过研究发现,六位患罕见癌症的病人生活的地域、病史、饮食爱好、个人习惯等都不相同,但有一个因素相同,即他们都是一家生产除草剂和杀虫剂的工厂的员工。从而得出结论:接触该工厂生产的化学品很可能是他们患癌症的原因。可见,题干推理用的是求同法,即消除不相干因素,找出一个共同特征,由此断定该特征与所研究事件有因果联系。因此,选项B准确地概括了题干中的推理方法。

【答案】 B。

例2 研究人员将角膜感觉神经断裂的兔子分为两组:实验组和对照组。他们给实验组兔子注射一种从土壤酶菌中提取的化合物。3周后检查发现,实验组兔子的角膜感觉神经已经复合;而对照组兔子未注射这种化合物,其角膜感觉神经都没有复合。研究人员由此得出结论:该化合物可以使兔子断裂的角膜感觉神经复合。

以下哪项与上述研究人员得出结论的方式最为类似?

A. 科学家在北极冰川地区的黄雪中发现了细菌,而该地区的寒冷气候与木卫二的冰冷环境有着惊人的类似。所以,木卫二可能存在生命。
B. 绿色植物在光照充足的环境下能茁壮成长,而在光照不足的环境下只能缓慢生长。所以,光照有助于绿色植物的生长。
C. 一个整数或者是偶数,或者是奇数。0不是奇数,所以,0是偶数。
D. 昆虫都有三对足,蜘蛛并非三对足。所以,蜘蛛不是昆虫。
E. 年逾花甲的老王戴上老花眼镜可以读书看报,不戴则视线模糊。所以,年龄大的人都要戴老花眼镜。

【解析】 题干的论证方法是探求因果关系中最基本的求异法:基于对照实验组,有原因则有结果,没原因则没结果。

选项A用的论证方法是类比,排除。选项B的方法和题干的最为类似,"在光照充足的环境下能茁壮成长"对照"在光照不足的环境下只能缓慢生长",入选。选项C用的论证方法是相容选言命题中,否定其中一支,去肯定对应的另一支,排除。选项D用的论证方法是三段论,排除。选项E对照的是老王戴上老花眼镜后看书的变化,按照求异法,得出的结论应该是:戴上老花眼镜后看书会更清晰,所以,老王看书的时候要戴老花眼镜,和选项中的结论不符,排除。

【答案】 B。

> **做题要领**
>
> 要熟悉论证推理中的各种方法,比如:完全归纳法、不完全归纳法、类比、对比、演绎、探求因果联系等。

题型三：利用论证推理的方法得出结论。

例1 当一个国家出现通货膨胀或经济过热时，政府常常采取收紧银根、提高利率、提高贴现率等紧缩的货币政策进行调控。但是，1990 年日本政府为打压过高的股市和房地产泡沫，持续提高贴现率，最后造成通货紧缩，导致日本经济十几年停滞不前。1995 年至 1996 年，泰国中央银行为抑制资产价格泡沫，不断收缩银根、持续提高利率，抑制了投资和消费，导致了经济大衰退。由此可见_____。

以下哪项陈述最适合作为上述论证的结论？

A. 提高银行存款利率可以抑制通货膨胀。
B. 紧缩的货币政策有可能导致经济滑坡。
C. 经济的发展是有周期的。
D. 使用货币政策可以控制经济的发展。
E. 无法判断。

【解析】 题干陈述了日本和泰国通过持续提高贴现率、收紧银根、提高利率等紧缩的货币政策导致了经济衰退的例子，从中可合理地得出结论：紧缩的货币政策有可能导致经济滑坡。其余选项均不能支持题干观点，排除。

【答案】 B。

例2 一个装满东西的袋子，第一个人从袋子里摸出三个东西，全部是红色的木球。第二个人从袋子里摸出三个东西，全部是红色的玻璃球。第三个人从袋子里摸出三个东西，全部是红色的石球。对于袋子里剩下的东西，他们没有继续摸。

对于袋子里的东西，下列哪项说法比较切合实际？

A. 袋子里的东西全部是红色的球。
B. 袋子里的东西全部是球。
C. 除了红色的球以外，袋子里没有其他的东西。
D. 袋子里的东西可能都是红色的球。
E. 袋子里的东西可能都是球。

【解析】 该题是要求对题干的现象进行归纳概括。简单枚举归纳所得出的结论只具有可能性，选项 A、B、C 都过于绝对，排除。选项 E 和选项 D 都有道理，但选项 D 的表述比选项 E 更加准确，是相对最好的选项，入选。

【答案】 D。

例3 售货员对顾客说："压缩机是冰箱的核心部件，企鹅牌冰箱采用与北极熊牌冰箱同样高质量的压缩机，由于企鹅牌冰箱的价格比北极熊牌冰箱的价格要低得多，所以，当你买企鹅牌冰箱而不是北极熊牌冰箱时，你花的钱少却能得到同样的制冷效果。"

下面哪一项如果被证实，能合理地推出售货员结论的假设？

A. 北极熊牌冰箱的广告比企鹅牌冰箱的广告多。
B. 售货员卖出一台企鹅牌冰箱所获得的收入比卖出一台北极熊牌冰箱得到的收入少。
C. 冰箱的制冷效果仅仅是由它的压缩机的质量决定的。
D. 企鹅牌冰箱每年的销量比北极熊牌冰箱每年的销量大。
E. 企鹅牌冰箱的口碑更好。

【解析】 这是一则用求同法做出的论证。售货员观点：因为两种冰箱的压缩机一样，所以制冷效果一样。选项 C 把"冰箱的制冷效果"与"压缩机的质量"联系了起来，是题干推理必须假设的，否则，如果冰箱的制冷效果不仅仅由压缩机的质量决定，那么售货员的说法就不成立。

【答案】 C。

例 4 科学家发现，一种名为 SK3 的蛋白质在不同年龄的实验鼠脑部的含量与其记忆能力密切相关：老年实验鼠脑部 SK3 蛋白质的含量较高，年轻实验鼠则含量较少；而老年实验鼠的记忆力比年轻实验鼠差。因此，科学家认为，脑部 SK3 蛋白质含量增加会导致实验鼠记忆力衰退。

以下哪项如果为真，最能支持科学家的结论？

A. 在年轻的实验鼠中，也发现了脑部 SK3 蛋白质含量较高的情况。
B. 已经发现人类的脑部也含有 SK3 蛋白质。
C. 当科学家设法降低老年实验鼠脑部 SK3 蛋白质的含量后，它们的记忆力出现了好转。
D. 科学家已经弄清了 SK3 蛋白质的分子结构。
E. 关于 SK3 蛋白质的研究已经获得国家专利。

【解析】 题干是使用求异法做出的论证，比较的对象是老年鼠和年轻鼠，比较的现象是"SK3 含量"与"记忆力"之间的关系，得出的结论是差异因素（SK3 含量）是导致某种现象（记忆力好坏）的原因。题干提供了这样一个对比关系：

年轻鼠：SK3 含量低，记忆力好。
老年鼠：SK3 含量高，记忆力差。

选项 C 表明：对于老年鼠，降低 SK3 含量，则记忆力好转。因此，选项 C 是无因无果的支持，其他选项均为无关选项，排除。

【答案】 C。

例 5 科学家给内蒙古的 40 亩盐碱地施入一些发电厂的脱硫灰渣，结果在这块地里长出了玉米和牧草，科学家得出结论：燃煤电厂的脱硫灰渣可以用来改造盐碱地。

以下哪项如果为真，最能支持科学家的结论？

A. 用脱硫灰渣改良过的盐碱地中生长的玉米与肥沃土壤中玉米的长势差不多。
B. 脱硫灰渣的主要成分是石膏，而用石膏改良盐碱地已有一百多年的历史。
C. 这 40 亩试验田旁边没有施用脱硫灰渣的盐碱地上灰蒙蒙一片，连杂草也很少见。
D. 这些脱硫灰渣中重金属及污染物的含量均未超过国家标准。
E. 脱硫灰渣的成分已经在实验室得到了确定。

【解析】 题干事实：用脱硫灰渣的地里长出了玉米和牧草。选项 C 表明不用脱硫灰渣的地里长不出玉米和牧草。由此可知，选项 C 和题干相结合，提供了一组求异法，有原因（脱硫灰渣）的地方有结果（长出了玉米和牧草），没有原因的地方则没有结果。从而可得，脱硫灰渣是盐碱地改良的原因，即支持了科学家的结论。选项 A 为无关选项；选项 B、D、E 引入了新概念，为无关选项，排除。

【答案】 C。

例6 《拯救地球》这本书的说服力足以使每位读者都注意到环境保护主义者要传达的信息。地球村的成员上个月赠送出了2 000本《拯救地球》,地球村的人据此宣布:上个月又至少有2 000个人加入了环保主义者的阵营。

以下哪一项是上述论证所依靠的假设?

A. 在地球村成员赠送2 000本《拯救地球》的一个月期间,没有其他环保组织同时赠送这本书。

B. 受到地球村赠予《拯救地球》这本书的人将不会再花钱买这本书。

C. 地球村成员赠送的《拯救地球》是用回收的纸印刷的。

D. 所有收到地球村成员所赠送的《拯救地球》的人,在收到书以前都没有加入环保主义者阵营。

E. 每个收到赠书的人都会拥护地球村的环保项目。

【解析】 题干观点:读《拯救地球》的人增加了多少,环保主义者就增加了多少。D项排除了数据重复的可能性,是题干论证必须假设的。否则,如果收到地球村成员所赠送的书的人中,有人以前就已经加入了环保主义者的阵营,就意味着收到书的人数的增加未必会导致相应环保主义者人数的增加,削弱了题干。

【答案】 D。

第14讲 论证推理的切入点及题型

考点分析

论证推理试题是逻辑测试的主要组成部分,是逻辑推理考试的主流题型,这类试题主要测试考生的思维能力,属于纯粹能力型试题。

做题步骤:

(1)判断题目方向:削弱还是加强?

(2)定位题目中的核心词:结论是什么? 前提是什么?

(3)根据题目的要求判断选项。

> **敲黑板**
>
> 论证推理绝不是阅读理解!
>
> 拿到题目之后,先确定题目论证推理的结构,然后考虑从以下四个切入点入手:
>
> (1)前提和结论是否存在因果联系?
>
> (2)基于对照的题目考查是否具有可比性?
>
> (3)方法、手段型题目是否具有可行性?
>
> (4)是否存在他因?
>
> 但凡能削弱的地方一定也是能够加强的!

第五章　论证推理的结构和方法

> 题型分析

题型一：搭桥。

例 1　王教授说："总的说来，工商管理学院的大学生的家庭困难情况比起以前有了大幅度的改观。这种情况十分明显，因为我的学生现在课余要求学校安排勤工俭学的人越来越少了。"

上面的结论是由下列哪个假设得出的？

A. 现在大学生父母的收入随着改革开放的深入发展而增加，使得大学生不再需要勤工俭学来养活自己了。

B. 尽管家境有了改善，也应当参加勤工俭学来锻炼自己的全面能力。

C. 课余要求学校安排勤工俭学是学生家庭是否困难的一个重要标志。

D. 大学生把更多的时间用在学业上，勤工俭学的人就少了。

E. 学校安排的勤工俭学报酬相对越来越低，不能满足学生的要求。

【解析】　本题的逻辑主干是由"越来越少的王教授的学生要求勤工俭学"，从而推出"工商管理学院的大学生的家庭困难情况比起以前有了大幅度的改观"。本题推理的前提对象与结论讨论的对象属性并不完全一样，即前提与结论之间有明显的跳跃：勤工俭学的学生少就必然说明家庭困难情况有了改观吗？因此，题干推理成立需要依赖选项 C "课余要求学校安排勤工俭学是学生家庭是否困难的一个重要标志"这个假设来搭桥，即选项 C 把前提与结论之间的差异弥合了，所以选项 C 正确。选项 A，大学生父母的收入多少和家庭是否困难并不是同一个概念，排除。选项 B 是无关选项，排除。选项 D、E 都是为勤工俭学的人数减少提供了他因，对题干的论证具有削弱作用，排除。

【答案】　C。

例 2　一项有关国家气象服务局的风暴检测雷达系统的测试表明，1957 年的雷达系统比新的雷达计算机系统可靠十倍。因此，用于新雷达系统的技术一定没有用于 1957 年的雷达系统中的技术复杂精密。

以上的结论依赖以下哪项有疑问的假设？

A. 检测风暴的雷达系统的可靠性是由其故障的频率决定的。

B. 检测风暴的雷达系统所使用的技术的复杂精密程度可以由该系统的可靠性来决定。

C. 检测风暴的雷达系统的可靠性是由它们预测天气形势的准确性决定的。

D. 计算机硬件是现在用于天气预报服务的新的检测风暴的雷达系统中的一个关键的组成部分。

E. 检测风暴的雷达系统的大多数重要的技术进步是在 20 世纪 50 年代取得的。

【解析】　题目的问题是"有疑问的假设"，其实质还是要找出能加强题干论证的选项。其逻辑主干是由"可靠"推出结论"技术复杂精密"，需要建立二者之间的因果联系。

选项 A，题目没有提到故障频率的问题，排除；选项 B，建立了题干逻辑关系之间的因果联系，入选；选项 C，题目没有提到"预测天气形势的准确性"，排除；选项 D、E，题干论证均未涉及，排除。

【答案】 B。

例3 目前的大学生普遍缺乏中国传统文化的学习和积累。根据国家教委有关部门及部分高等院校最近做的一次调查表明，大学生中喜欢和比较喜欢京剧艺术的只占到被调查人数的14%。

下列陈述中的哪一个最能削弱上述观点？

A. 大学生缺少对京剧艺术欣赏方面的指导，不懂得怎样去欣赏。
B. 喜欢京剧艺术与学习中国传统文化不是一回事，不要以偏概全。
C. 14%的比例正说明培养大学生对传统文化的学习大有潜力可挖。
D. 有一些大学生既喜欢京剧，又对中国传统文化的其他方面有兴趣。
E. 调查的比例太小，恐怕不能反映当代大学生的真实情况。

【解析】 题目的逻辑主干是由国家教委有关部门及部分高等院校最近做的一次喜欢和比较喜欢京剧艺术的调查得出结论"大学生普遍缺乏中国传统文化的学习和积累"，其中论证推理的缺陷有：①调查样本是"部分高等院校的学生"，结论却落到"目前的大学生"，存在以偏概全；②调查对象是"喜欢和比较喜欢京剧艺术"，结论却落到"中国传统文化的学习和积累"，存在以偏概全；选项B最有力地指出了这一点，因此削弱作用最强。

【答案】 B。

例4 认为大学的附属医院比社区医院或私立医院要好，是一种误解。事实上，大学的附属医院抢救病人的成功率比其他医院要小。这说明大学的附属医院的医疗护理水平比其他医院要低。

以下哪项如果为真，最能驳斥上述论证？

A. 很多医生既在大学工作又在私立医院工作。
B. 大学，特别是医科大学的附属医院拥有其他医院所缺少的精密设备。
C. 大学附属医院的主要任务是科学研究，而不是治疗和护理病人。
D. 去大学附属医院就诊的病人的病情，通常比去私立医院或社区医院的病人的病情重。
E. 抢救病人的成功率只是评价医院的标准之一，而不是唯一的标准。

【解析】 选项D指出了去大学附属医院和去其他医院的病人的病情不可比，为大学附属医院抢救成功率低找到了他因，是最能削弱上述论证的选项；选项A、B、C都是无关选项，排除；具有迷惑性的是选项E，看起来像是断开因果链的削弱方法，但是，事实上题目的结论是要评价医院的医疗护理水平，而并非医院，因此排除。

【答案】 D。

例5 光线的照射，有助于缓解冬季抑郁症。研究人员曾对九名患者进行研究，他们均因冬季白天变短而患上了冬季抑郁症。研究人员让患者在清早和傍晚各受三个小时伴有花香的强光照射。一周之内，七名患者完全摆脱了抑郁，另外两人也表现出了显著的好转。由于光照会诱使身体误以为夏季已经来临，这样便治好了冬季抑郁症。

以下哪项如果为真，最能削弱上述论证的结论？

A. 研究人员在强光照射时有意使用花香伴随，对于改善患上冬季抑郁症的患者的适应性有不小的作用。
B. 九名患者中最先痊愈的三位均为女性。而对男性的治疗效果较为迟缓。
C. 该实验均在北半球的温带气候中进行，无法区分南北半球的实验差异，但也无法预先排除。
D. 强光照射对于皮肤的损害已经得到专门研究的证实，其中夏季比起冬季的危害性更大。
E. 每天六小时的非工作状态，改变了患者原来的生活环境，改善了他们的心态，这是对抑郁症患者的一种主要影响。

【解析】 题干中的结论是"光线照射的增加是冬季抑郁症缓解的原因"。要削弱此结论，就要指出：缓解冬季抑郁症的原因并不是光线照射的增加，而是存在其他原因。选项B指出，强光照射对于男性患者治疗的效果较为迟缓，但毕竟还是有缓解作用，所以该项实际上是支持题干的。选项C所讲的情况不影响题干的实验效果。选项D是讲强光照射对皮肤的损害，与题干不相干。选项A虽然讲了"有意使用花香伴随"，但花香也只是起到辅助治疗的作用，不能否定强光照射的根本性作用。选项E强调："每天六小时的非工作状态"是对冬季抑郁症患者的一种主要影响，实际上是指出，不是强光照射而是每天六小时的非工作状态缓解了患者的冬季抑郁症，用"每天六个小时的非工作状态"这个根本原因否定了"强光照射"这个表面原因。

【答案】 E。

> **做题要领**
> 搭桥的时候请看清楚"桥墩"。

题型二：因果倒置。

例1 最近举行的一项调查表明，师大附中的学生对滚轴溜冰的着迷程度远远超过其他任何游戏，同时调查发现经常玩滚轴溜冰的学生的平均学习成绩相对其他学生更好一些。看来，玩滚轴溜冰可以提高学生的学习成绩。

以下哪项如果为真，最能削弱上面的推论？

A. 师大附中与学生家长订了协议，如果孩子的学习成绩的名次没有排在前二十名，双方共同禁止学生玩滚轴溜冰。
B. 玩滚轴溜冰能够锻炼身体，保证学习效率的提高。
C. 玩滚轴溜冰的同学受到了学校有效的指导，其中一部分同学才不至于因此荒废学业。
D. 玩滚轴溜冰有助于智力开发，从而提高学习成绩。
E. 玩滚轴溜冰很难，能够锻炼学生克服困难做好一件事情的毅力，这对学习是有帮助的。

【解析】 题目的结论是"玩滚轴溜冰可以提高学生的学习成绩"，选项A指出题干的因果倒置，说明不是玩滚轴溜冰提高了成绩，而是学习成绩好才能玩滚轴溜冰，是削弱作用最强的选项；选项B、D、E都是加强题干论证的选项，排除；选项C有一定的削弱作用，说明对有些孩子，玩滚轴溜冰会影响学习，但是其削弱作用弱于选项A，排除。

【答案】 A。

例2 一项调查统计显示，肥胖者参加体育锻炼的月平均量，只占正常体重者的不到一半，而肥胖者食物摄入的月平均量，基本和正常体重者持平。专家由此得出结论，导致肥胖的主要原因是缺乏锻炼，而不是摄入过多的能量。

以下哪项如果为真，将严重削弱上述论证？

A. 肥胖者的食物摄取平均量总体上和正常体重者持平，但肥胖者中有人是在节食。
B. 肥胖者由于体重的负担，比正常体重者较为不乐意参加体育锻炼。
C. 某些肥胖者体育锻炼的平均量，要大于正常者。
D. 体育锻炼通常会刺激食欲，从而增加食物摄入量。
E. 有些肥胖者的饮食摄入平均量，要大于正常者。

【解析】选项 B 意味着，不是缺乏锻炼才导致肥胖，而是肥胖以后才缺乏锻炼，表明题干出现了"因果倒置"的错误，有力地削弱了题干的论证。选项 C 的"某些"不能削弱一般情况，排除。选项 D 为无关选项，题干涉及的是肥胖的原因是什么的问题，而不是体育锻炼会导致什么结果的问题。

【答案】B。

题型三：是否具有可比性。

题目的特点如果是基于两类事物之间的比较，最直接的方式就是判断二者是否具有可比性。

例1 具有独一无二的大型天窗的赛发特百货商场的经验表明，商店内射入的阳光可增加销售额。赛发特的大型天窗可使商店的一半地方都有阳光射入，这样可以降低人工照明需要，商店的另一半地方只有人工照明。从该店两年前开张开始，天窗一边的各部门的销售量要远高于其他各部门的销售量。

下列哪一项如果正确，最能支持上面的论述？

A. 在某些阴天里，商场中天窗下面的部分需要更多的人工灯光来照明。
B. 在商场夜间开放的时间里，位于商场中天窗下面部分的各部门的销售额不比其他部门高。
C. 许多顾客在一次购物过程中，在商场两边的部门都购买商品。
D. 除了天窗，商场两部分的建筑之间还有一些明显的差别。
E. 位于商场天窗下面部分的各部门，在赛发特的其他一些连锁店中也是销售额最高的部门。

【解析】本题是"选项支持题干"，是加强的考法。题目的结论是"商店内射入的阳光可增加销售额"，需要建立二者之间的因果联系。

选项 A，涉及"人工灯光来照明"，和题目逻辑主干无关，排除；选项 B，提供了"没有阳光照射的时候销售额不高"的有因有果、无因无果的论证方法，是相对最好的选项；选项 D、E 都是为天窗一边各部门的销售额高找他因，是削弱的选项，排除。

【答案】B。

例2 《星岛日报》和《星岛晚报》都有一个专门的校对小组负责防止错别字出现在每天刊出的报纸中。但是，《星岛日报》发表的文章中 2% 的文字有错误，而《星岛晚报》却没有出现此类错误。因此，《星岛晚报》的校对小组在发现错别字方面比《星岛日报》的校对小组更有效率。

以上论述是以以下哪项假设为前提的？

A. 大多数在《星岛日报》上发表的文章中都或多或少有错别字出现。

B. 在《星岛晚报》上发表的文章，在校对之前至少是有错别字存在的。

C. 从总体上看，《星岛晚报》校对小组的成员比《星岛日报》校对小组的成员素质更高。

D. 一份报纸错别字数量的多少是衡量该报纸编辑工作是否细致的一个重要标准。

E.《星岛晚报》的记者和给该报投稿的作者比《星岛日报》的记者和给该报投稿的作者更认真。

【解析】 题目的问题是"以以下哪项假设为前提的"，归根结底还是加强的考查。题目的逻辑主干由"《星岛日报》有2%的错别字"得出结论"《星岛晚报》的校对小组在发现错别字方面比《星岛日报》的校对小组更有效率"，需要建立二者之间的因果联系。

选项A，提供了一个比较典型的陷阱，题目只是告诉我们《星岛日报》校对之后依然有错别字，但是这些错别字到底是来自一篇文章还是很多篇文章，这一点并不是题目关心的核心内容，因此排除。选项B提供了这样一种情况，因为《星岛日报》《星岛晚报》在校对之前都有错别字，所以在校对之前二者是具有可比性的，而《星岛晚报》在校对之前有错别字，在校对之后没有错别字，因此可以得出题目的结论。选项C和选项E提到的素质高低、工作细致与否，都和题干信息无关，排除。值得一提的是选项D，乍一看很符合搭桥的思想，但是各位考生一定要看清楚它搭的桥是否是题目真正需要的，如果把选项D改成"一份报纸错别字数量的多少是衡量该报纸错别字校对小组工作是否有效率的一个重要标准"，毫无疑问，这时候也可以起到加强的作用。类似于选项D这样的严重干扰项，是做题过程中一定要谨慎对待的。

【答案】 B。

例3 某个实验把一批吸烟者作为对象。实验对象分为两组：第一组是实验组；第二组是对照组。实验组的成员被强制戒烟，对照组的成员不戒烟。三个月后，实验组成员的平均体重增加了10%，而对照组成员的平均体重基本不变。实验结果说明，戒烟会导致吸烟者的体重增加。

以下哪项如果为真，最能加强上述实验结论的说服力？

A. 实验组和对照组成员的平均体重基本相同。

B. 实验组与对照组的人数相等。

C. 除戒烟外，对每个实验对象来说，可能影响体重变化的生存条件基本相同。

D. 除戒烟外，对每个实验对象来说，可能影响体重变化的生存条件基本保持不变。

E. 上述实验的设计者，是著名的保健专家。

【解析】 题目的结论是"戒烟会导致吸烟者的体重增加"，是通过实验组、对照组的比较得出的结论，最有效的切入点就是考查实验组、对照组是否具有可比性。选项A，在没有其他选项的时候，有一定的加强作用，待选；选项B，人数的多少对实验结果没有太直接的影响，排除；选项C指出，除戒烟外，可能影响体重变化的生存条件基本相同，提供了互设的具有可比性的情况，可以加强题干论证，待选，此时可以排除选项A；选项D指出，除了戒烟外，可能影响体重变化的生存条件基本保持不变，提供了自设的具有可比性的情况，比选项C更能加强题干论证，入选；选择 E，有诉诸权威的嫌疑，排除。

【答案】D。

> **敲黑板**
>
> 自设比较是指自己和自己的比较，而互设比较是指自己和别人的比较。一般而言，自己和自己的比较，其可比性要高于自己和别人的比较。本题中所涉及的自设比较和互设比较是一个重要的考点，考生应当熟练掌握和应用。

例 4 1989 年以前，我国文物被盗情况严重，国家主要的博物馆中也发生了多起文物被盗案件，丢失珍贵文物多件。1989 年后，国家主要的博物馆安装了技术先进的多功能防盗系统，结果，此类重大盗窃案显著下降，这说明多功能防盗系统对于保护文物安全起到了重要作用。

以下哪项如果为真，最能加强上述结论？

A. 90 年代被窃的文物中包括一件珍贵的传世工艺品。

B. 从 90 年代早期开始，私人收藏和小展馆中发生的文物失窃案件明显上升。

C. 上述多功能防盗系统经过国家级的技术鉴定。

D. 在 1989 年到 1999 年之间，主要博物馆为馆内重要的珍贵文物所付的保险金有了较大幅度的增加。

E. 在 20 世纪 90 年代初，文物失窃案件北方比南方严重，因为南方经济较发达，保护文物方法较先进。

【解析】题目由"盗窃案下降"得出结论"多功能防盗系统对于保护文物安全起到了重要作用"。如果选项 B 为真则说明：在相同的时间段，未安装多功能防盗系统的私人收藏和小展馆中发生的文物失窃案件明显上升，而安装此种防盗系统的国家主要的博物馆此类重大盗窃案显著下降。因此，这有力地加强了题干的结论：多功能防盗系统对于保护文物安全起到了重要作用。使用的是"有因有果，无因无果"的推理方法。

【答案】B。

例 5 自 1965 年到 1980 年，印第安纳赛车比赛中赛车手的平均年龄和赛车经历逐年增长。这一增长原因是高速赛车手比他们的前辈们活得长了。赛车的安全性能减少了以前能夺走驾驶者生命的冲撞的严重性，它们是印第安纳赛车比赛中车手平均年龄增长的根本原因。

下面哪一项如果正确，最可能成为证明汽车安全性能在重大撞车事故中保护了车手，是赛车比赛中赛车手平均年龄增长的原因？

A. 在 1965 年到 1980 年间，快速车道上发生重大事故的年轻车手略多于年长的车手。

B. 在 1965 年之前和之后，发生在高速赛车道上的重大事故发生频率相同。

C. 在 1965 年到 1980 年，试图取得资格参赛的印第安纳车手的平均年龄有轻微下降。

D. 在 1965 年之前和之后，在美国高速公路上事故发生的频率相同。

E. 在赛车比赛中，印第安纳车手更加注意自己的人身安全了。

【解析】题目的结论是"赛车安全性能的改变是赛车手平均年龄增长的原因"，选项 B 表明赛车安全性能改变之前和之后的事故率具有可比性，是自设的比较，加强作用很大；选项 A、E 都是为车手的平均年龄增长找到他因，是削弱的选项，排除；选项 C、D 是无关选项，排除。

【答案】B。

题型四：是否具有可行性。

例1 为了缓解城市交通拥挤的状况，市长建议对每天进入市区的私人小汽车收取 5 元的费用。市长说，这个费用将超过乘公交车进出市区的车费，所以很多人都会因此不再开车上班，而改乘公交车。

以下哪项如果为真，最严重地削弱了市长的结论？

A. 汽油价格的大幅上涨将增加开车上下班的成本。

B. 对多数自己开车进入市区的人来说，在市区内停车的费用已经远远超过了乘公交车的费用。

C. 多数现在乘公交车的人没有私人汽车。

D. 很多进出市区的人反对市长的计划，他们宁愿承受交通阻塞也不愿交那 5 元钱。

E. 在一个平常工作日，住在市区内的人的私人汽车占了交通阻塞时汽车总量的 20%。

【解析】对计划、建议之类的题目，最具有削弱性的入手点就是其可行性。题干中市长的建议建立在这样一个假设的基础之上，即如果私人小汽车进出市区的费用超过乘公交车进出市区的车费，那么很多人都会不再开车上班，而改乘公交车。如果选项 B 为真，则市长的这一假设就不成立，因而其结论就会被大大削弱。

【答案】B。

例2 某乡间公路附近经常有鸡群聚集。这些鸡群对这条公路上高速行驶的汽车的安全造成了威胁。为了解决这个问题，当地交通运输部门计划购入一群猎狗来驱赶鸡群。

以下哪项如果为真，最能对上述计划构成质疑？

A. 出没于公路边的成群猎狗会对交通安全构成威胁。

B. 猎狗在驱赶鸡群时可能伤害鸡群。

C. 猎狗需要经过特殊训练才能够驱赶鸡群。

D. 猎狗可能会有疫病，有必要进行定期检疫。

E. 猎狗的使用会增加交通管理的成本。

【解析】题干的逻辑主干为：为解除鸡群对高速公路上汽车安全的威胁，计划用一大群猎狗来赶跑鸡群，这是一个典型的"就目的提方法"的考题，如果选项 A 为真，则意味着就算鸡群被赶离，但猎狗本身同样带来了对高速公路上车辆安全的威胁，这就严重质疑了该计划，使其结论不能成立，目的无法到达，削弱作用最强。选项 B 说明猎狗有可能会伤害鸡群，但是即便如此，"驱赶鸡群"的方法很有可能也是可行的。选项 C 说明，猎狗需要经过特殊训练来学习驱赶鸡群，对题干有一定的削弱性，说明计划的实施可能会遇到困难，但是这个困难未必是不可解决的，因此削弱性较弱，排除。选项 D、E 都说明了题干的方法会受到一些外界条件的制约，有削弱性，但比起选项 A，不是相对最好的选项，排除。

【答案】A。

例3 既然一只无角的犀牛对偷猎者来讲是没有价值的，野生动物保护组织计划通过割掉犀牛角来保护一批选定的犀牛免遭偷猎者的杀害。

野生动物保护组织的计划假定：

A. 偷猎者不会杀害对他们没有价值的犀牛。

B. 无角犀牛比有角犀牛对人类，包括对偷猎者而言威胁要小。

C. 犀牛不是偷猎者捕杀后取角的唯一动物。

D. 无角犀牛可以保护它们的幼兽免受来自非人类的捕食者的攻击。

E. 对偷猎者实施更为严厉的制裁不会降低被偷猎者杀害的犀牛数量。

【解析】题目的逻辑主干：通过割掉犀牛角使得犀牛免遭偷猎者的杀害。这是个典型的"方法、手段型"题目，只需要证明——割了犀牛角确实能够保护犀牛即可。选项A，割了犀牛角的犀牛对盗猎者没有价值，偷猎者又不会杀害对他们没有价值的犀牛，通过传递可知，这样的方法可以保护犀牛。

【答案】A。

例4 无论是工业用电还是民用电，现行的电费价格一直偏低。某区推出一项举措，对超出月额定数的用电量，无论是工业用电还是民用电，一律按上调高价收费。这一举措将对该区的节约用电产生重大的促进作用。

上述举措要达到预期的目的，以下哪项必须是真的？

Ⅰ. 有相当数量的浪费用电是因为电价格偏低而造成的。

Ⅱ. 有相当数量的用户是因为电价格偏低而浪费用电的。

Ⅲ. 超额用电价格的上调幅度足以对浪费用电的用户产生经济压力。

A. Ⅰ、Ⅱ和Ⅲ。　　　　　　　B. 仅Ⅰ和Ⅱ。　　　　　　　C. 仅Ⅰ和Ⅲ。

D. 仅Ⅱ和Ⅲ。　　　　　　　E. Ⅰ、Ⅱ和Ⅲ都不必须是真的。

【解析】题目给出的论证推理的结构是想要通过调价来推动节约用电，必然要建立"调价"和"节约用电"之间的关系，复选项Ⅰ说明有一部分电确实是因为价格偏低被浪费掉的，入选。复选项Ⅲ指出，调价的经济杠杆能够起作用，入选。有的同学容易把复选项Ⅱ"有相当数量的用户是因为电价格偏低而浪费用电的"这个选项也选进来，其实不妥。比如，尽管相当数量的用户因为电价格低而浪费用电，但浪费的总量很有限，或在浪费用电的总量中有相当数量的浪费用电是因为公费支出的（所以大家对用电量不在乎）或是缺乏节电意识造成的，那么提高电价就不一定能达到节约用电的目的，而不如采取其他措施（如限制公费缴纳电费的总额或是加强宣传节电的力度等）。

【答案】C。

例5 目前，港南市主要干道上自行车车道的标准宽度为单侧3米。很长一段时期以来，很多骑自行车的人经常在机动车车道上抢道骑行。在对自行车违章执法还比较困难的现阶段，这种情况的存在严重地影响了交通，助长了人们对交通法规的漠视。有人向市政府提出，应当将自行车车道拓宽为3.5米，这样，给骑自行车的人一个更宽松的车道而能够消除自行车抢道的违章现象。

下列哪项如果为真，最能削弱上述论点？

A. 拓宽自行车车道的费用较高,此项建议可行性较差。

B. 自行车车道宽了,机动车走起来不方便,许多乘坐公共交通的人会很有意见。

C. 拓宽自行车车道的办法对于机动车的违章问题没有什么作用。

D. 当自行车车道拓宽到 3.5 米以后,人们仍会在缩小后的机动车车道上抢道违章。

E. 自行车车道拓宽,自行车车速加快,交通事故可能增多。

【解析】 题目是基于计划、建议的削弱,最有效的切入点就是对其可行性的质疑。只有选项 D 指出,即便拓宽了自行车车道,依然无法消除自行车抢道骑行的问题,因此,题干的计划、建议就没有可行性,选项 D 最能削弱题干论点。

【答案】 D。

> **敲黑板**
>
> 论证推理的切入点
>
> （1）是否存在因果联系?
>
> ①加强:搭桥,加强无法解决就加非验证。
>
> ②削弱:断桥,可以考虑是否有因果倒置的可能。
>
> （2）是否具有可比性? 适用于基于对照的题目。
>
> ①加强:对照对象之间具有可比性。
>
> ②削弱:对照对象之间存在不可比之处。
>
> （3）是否具有可行性? 适用于方法、手段型的题目。
>
> ①加强:方法能够起到应有的效果;方法无恶果;方法没有制约因素。
>
> ②削弱:方法未必能够达到应有的效果或者目的;方法有恶果;方法会受到外界条件的制约（人力、物力、财力等）。

第六章 论证推理的题型

第15讲 假设

考点分析

假设题的题干一般会给出前提和结论，然后问假设是什么，或者需要补充什么样的前提才能使题干中的推理有效，或者要求提出正面的事实或有利于假设的说明，以加强论点。比如问到"上文的说法基于以下哪一个假设""上面的逻辑前提是哪个""再加上什么条件能够得出以下结论"等。

1. 假设的意义

假设就是隐含前提。对于一个命题而言，假设的真或假是其能否成立的前提条件。如果假设为假，则命题不成立，而且也毫无意义。

由于假设是一个论证的潜在前提，是前提到结论和推理的桥梁，因此，相当多的论证题都是围绕假设来设置出题点的。假设、支持、削弱、评价这四种题型在整个逻辑论证推理题中占了相当大的比重，而支持、反对与评价这三种题型多是针对题干推理的隐含假设设置选项，再加上推论题型的推理题有时就是直接考查隐含假设，所以假设在整个论证推理中具有基础性的地位和作用。

2. 假设的逻辑定义

假设是使推理成立的一个必要条件。

具体而言，若 A 是 B 的一个必要条件，那么 ¬A→¬B；若一个推理在没有某一条件时，这个推理就不成立，那么这个条件就是该推理的一个假设。

假设仅仅是推理成立的一个必要条件，也就是推理成立所必需的东西。但许多考生往往认为如果有了这个假设则推理一定成立。这在有些情况下是不对的，因为假设仅仅为"使推理成立的一个必要条件"，推理若想成立，还可能需要其他条件的共同作用。

3. 如何揭示隐含假设

识别假设的一般方法：

（1）需要牢记论证结构中的理由和主张两部分，只关注那些足以影响理由支持主张的力度的假设。

（2）关注作者的理由与结论，站在为作者着想的角度，考虑怎样才能使论证中已表述的前提成为支持其结论的强有力的理由。

（3）揭示假设的原则之一是假定已表述的前提为真，然后查看这些前提若能使其结论成立，至少还需要得到什么样的前提的支持，这样的前提就是该论证的假设。另外，不要把文中已经陈述的难以成立的理由当作假设。

（4）在寻找假设时要遵循宽容原则，但要注意过度假设，即超出原论证或与原论证无关的不是假设。

（5）凭借搭桥的思路寻找假设。由于假设题型是题干推理中的前提不足以推出结论，要求在选项中确定合适的前提，去补充原前提或论据，从而能合乎逻辑地推出结论或有利于提高推理的证据支持度和结论的可靠性，因此，做这类题目的基本思路是紧扣结论，简化推理过程，从因果关系上考虑，从前提到结论的推理过程中一定有适当的假设，寻找断路或推理缺口，也就是要利用"搭桥"的方法找到问题的隐含前提。

4. 假设的分类：充分型和必要型

（1）充分型假设的解题思路是"加进法"，即三段论思维。充分型假设题因为其题干结论加上假设必须能从论据推出，所以方法较简单。若将选项加到题干的推理中，结论必然成立，则为正确答案；如果结论有不成立的可能性，则为错误答案。

（2）必要型假设的解题思路是"加非验证"，即将选项取非代入题干论证，如果选项使得题干的结论不成立，则为正确答案；如果还有成立的可能性，则不是正确答案。大部分假设题是必要型假设。

5. 解题总原则

不管是充分型假设还是必要型假设，都可以先尝试"搭桥"，如果"搭桥"不能解决，则用"加非验证"来确认和验证是否为假设。

所谓"加非验证"，就是先把认为有可能正确的选项进行否定，然后再把经过否定的选项代入题干中，如果代入以后严重削弱了题干推理或者使得题干推理不成立，那么这个选项就是我们要寻找的假设性选项；如果代入以后没有严重削弱题干推理或题干推理仍然可以成立，那么这个选项就不是我们要寻找的假设性选项。

6. 解题步骤

（1）读题，找出前提和结论，把握逻辑主线，构建逻辑主干。

（2）寻找疑似答案。

①根据核心词、否定词、"能够"或"可以"等标志词来定位选项。

②若无明显标志词，则凭三段论思维寻找推理缺口，找出疑似答案。

（3）排除那些并没有填补推理缺口的选项，即排除无关项以及带有绝对化词语的断定过强的选项。

（4）若题目冗长绕口，可以适当猜测答案。读选项按以下顺序进行，先是最长项，再是次长项，依此类推。

（5）加非验证。解假设题的最有效方法就是对选项"加非验证"。通过否定选项并代入题干来判断题干推理是否成立，若加入否定词后题干推理必不成立，则必为假设；若仍可能成立，则立即排除。与题干有关或无关的选项排除后剩下的难以区分的选项才用此方法，很多情况下与题干有关或无关的选项排除后便只剩下一个选项。注意：

①有些选项可以加强原来的结论，但未必是假设；

②加非后的选项要能够彻底否定原来的论断才是假设，否则也不一定是假设。

总之，对假设、前提类题目，可以首先排除明显无关选项，然后在剩余的选项上"加非验证"，寻找能削弱题干的一项。同时要注意，除了"排除他因"的假设之外，多数假设题的答案一般都在题干范围之内。

假设、支持题型阅读技巧：

（1）学会阅读题干：首先明确问题，然后带着问题去看题干。

（2）题干一般由两部分组成：理由、结论，或者现象、解释。

（3）结论更为重要，要抓住结论与理由中的关键词。

题型分析

题型一：对现象进行解释（一般是统计数据或某个现象）。

例 1 1980 年，年龄在 18 岁到 24 岁之间，与父母生活在一起的人占该年龄段人口的比例为 48%，而 1986 年，这一比例上升至 53%。可以说，在 1986 年，这一年龄段的人更加难于负担独立生活。

【解析】根据"与父母共住的 18 岁到 24 岁的人的比例上升"，得出解释性结论"这一年龄段的人比过去更加难于负担独立生活"，所以，为使上述论证成立需要补充"与父母生活在一起"和"难于负担独立生活"之间的关系。

例 2 某城市 2012 年的犯罪率与 2011 年相比下降了 5.2%，该城市的警察局局长说："我们现在看到了 2012 年年初开始在该城实施的革新警察计划的结果了。"

下面哪项如果正确，能最严重地削弱警察局局长得出的结论？

A. 最近若干用在警察革新计划的开销增加的城市，2012 年犯罪率并未比 2011 年有所下降。

B. 该城市通过报告犯罪数目估计实际犯罪数目，每年使用的估计方法是一样的。

C. 在环绕城市的郊区发生的犯罪数目在 2012 年比 2011 年高出 5%，并且总数目与 2012 年城市内的犯罪数目基本相同。

D. 2012 年城市的犯罪数比 1972 年的数目高 10%。

E. 城市内最易犯罪年龄段的人数在 2012 年比 2011 年有相当的减少，原因是出生率的降低。

【解析】警察局局长结论的得出，依赖于他认为"犯罪率的下降"和"革新警察计划"有关，如果要加强上述论证只需要建立二者的关系，同理，要削弱警察局局长的观点，只需要断开这条因果链，证明"犯罪率的下降"未必是和"革新警察计划"有关，有可能是有其他原因。选项 A 用了其他城市的情况来说明，和题干信息无关，排除。选项 B 提出评估犯罪率的方法是一样的，那么有可能证明犯罪率的确下降了，而且和"革新警察计划"有关，对题目没有削弱作用，排除。选项 C 说的是郊区的情况，和这个城市未必有可比性，排除。选项 D 写的是两个年份之间的犯罪数目的比较，并不能证明与革新计划有关，且题干涉及的是犯罪率，该项涉及的是犯罪数目，该项为无关选项，排除。选项 E 给出了一个犯罪率下降的其他理由，即易犯罪的人数减少了，因此入选。

【答案】E。

例 3 某地区过去三年日常生活必需品平均价格增长了 30%。在同一时期，购买日常生活必需品的开支占家庭平均月收入的比例并未发生变化。因此，过去三年家庭平均收入一定也增长了 30%。

以下哪项最可能是上述论证所假设的？

A. 在过去的三年中，平均每个家庭购买的日常生活必需品数量和质量没有变化。

B. 在过去的三年中，除生活必需品外，其他商品平均价格的增长低于 30%。

C. 在过去的三年中，该地区家庭数量增长了 30%。

D. 在过去的三年中，家庭用于购买高档消费品的平均开支明显减少。

E. 在过去的三年中，家庭平均生活水平下降了。

【解析】 选项 A 认为"在过去的三年中，平均每个家庭购买的日常生活必需品数量和质量没有变化"。如果选项 A 不成立，则实际情况可能是：过去三年家庭平均收入没有增长，购买日常生活必需品的开支占家庭平均月收入的比例也未发生变化，但为了应对日常生活必需品平均价格的增长，家庭不得不减少所购买的日常生活必需品的数量，或者为省钱降低所购买的日常生活必需品的质量。在上述任何一种情况下，题干的论证都可能不成立。因此，为使题干的论证有说服力，选项 A 是需要假设的。

其余各项均不需要假设，排除。

【答案】 A。

> •·· **做题要领**
>
> 寻找假设条件，要找出前提和结论之间的桥梁。
>
> 本题涉及比例问题，要梳理题干中比例的分子和分母，分子（生活必需品的数量×必需品价格）中必需品价格增加，分母（家庭收入）增加的同时要保证分数值不变，就需要其他部分（必需品数量）也不能变。
>
> 比例问题的考查涉及比较重要的数学模型，要重视。

题型二：为实现某一目的提出一个方法。

例 1 最近中国许多高校都在进行改革，各种各样的方案层出不穷。中国最著名的高等院校之一的北京大学的目标是成为世界一流的大学，能够和世界一流大学并肩而立。其校长最近提出，要对他们学校的教授评审制度进行激进改革，要对那些混在教授队伍里的不出成果的教授进行清理。

【解析】 题目提出了一个方法来解决一个问题：方法（对教授评审制度进行激进改革），目的（成为世界一流的大学），想要达到这个目的，有几点需要假设。

①改革后真的能够变成世界一流大学。

②改革能够实现，或者说有办法识别哪些是混在教授队伍里的不出成果的教授，并有权对其进行清理。

> •·· **做题要领**
>
> 方法、手段是否能达到预期的目的，也是假设类题目一个很重要的出题点。

例2 为了提高管理效率，跃进公司打算更新公司的办公网络系统。如果在白天安装此网络系统，将会中断员工的日常工作；如果在夜晚安装此网络系统，则要承担高得多的安装费用。跃进公司的陈经理认为，为了省钱，跃进公司应该在白天安装此网络系统。

以下哪项最可能是陈经理所做的假设？

A. 安装新的网络系统需要的费用白天和夜晚是一样的。
B. 在白天安装网络系统导致的误工损失的费用，低于夜晚与白天安装费用的差价。
C. 白天安装网络系统所需要的人数比夜晚安装网络系统所需要的人少。
D. 白天安装网络系统后公司员工可以立即使用，提高工作效率。
E. 当白天安装网络系统时，公司员工的工作积极性和效率最高。

【解析】题目比较了白天安装和晚上安装的差异，白天安装中断员工工作，晚上安装费用高，但最终得出结论：为了省钱要在白天安装。那就说明中断员工工作所造成的损失是小于夜晚安装所多出的费用的。

选项 A，如果白天和晚上的安装费用一样，白天安装还会中断员工工作，那就证明在晚上安装更划算些，排除；选项 B 符合，入选；选项 C、D、E 所涉及的内容都和费用无关，排除。

【答案】B。

> **做题要领**
>
> 需要注意以下几点：
> （1）方法（建议）必须可行。
> （2）没有其他的方法可以达到这样的目的。
> （3）方法能够达到目的。

例3 新一年的电影节的影片评比，准备打破过去的只有一部最佳影片的限制，而按照历史片、爱情片等几种专门的类型分别评选最佳影片，这样可以使电影工作者的工作得到更为公平的对待，也可以使观众和电影爱好者对电影的优劣有更多的发言权。

以下哪项假设最可能是上述评比制度改革隐含的前提？

A. 划分影片类型，对于规范影片拍摄有重要的引导作用。
B. 每一部影片都可以按照这几种专门的类型来进行分类。
C. 观众和电影爱好者在进行电影评论时喜欢进行类型的划分。
D. 按照类型来进行影片的划分，不会使有些冷门题材的影片被忽视。
E. 过去因为只有一部最佳影片，影响了电影工作者参加电影节评比的积极性。

【解析】选项 B 显然是上述评比制度改革所必须假设的，否则无法对影片进行分类，则评比制度改革无从谈起。至于选项 A、C、D、E，都正面支持了这种评比制度改革，但不一定是其先决条件，因为理由都不充分，排除。

【答案】B。

例4 欧洲蕨是一种有毒的野草，近年来在北半球蔓延并且毁坏了许多牧场。对付这种野草，有一种花钱少而且能够自我维持的方法，就是引进这种植物的天敌。因此，一些科学家建议,将产于南半球的以欧洲蕨为食的蛾子放养到受这种野草影响的北半球地区,以此来控制欧洲蕨的生长。

如果科学家控制欧洲蕨的建议被采纳,则以下哪一项是它获得成功的必要条件?

A. 北半球的这种欧洲蕨也生长在南半球气候和土壤条件相近的地区。

B. 所放养的蛾子除了吃欧洲蕨外,也吃生长在北半球的其他野草。

C. 所放养的蛾子能够在北半球存活下来,并且能够形成一个足够大的群体,以便降低欧洲蕨的数量并阻止其生长。

D. 欧洲蕨的数量减少后,牲畜将对这种野草引起的疾病产生免疫力。

E. 蛾子喜欢吃欧洲蕨。

【解析】 如果要想让题干中所论述的建议被采纳,必须假设所放养的蛾子能够在北半球地区存活下来,并且能够形成一个足够大的群体,以便降低欧洲蕨的数量并阻止其生长。如果这些蛾子不能存活,那么用其来控制欧洲蕨的生长的目的是无法达到的。由此可知,选项 C 正确。选项 A 错误,并不要求北半球的这种欧洲蕨也生长在南半球气候和土壤条件相近的地区,因为是要对付生长在北半球的欧洲蕨,只要蛾子能活下来就可以。选项 B、D、E 是无关选项,排除。

【答案】 C。

例 5 某学会召开的国家性学术会议,每次都收到近千篇的会议论文。为了保证大会交流论文的质量,学术会议组委会决定,每次只从会议论文中挑选出 10% 的论文作为会议交流论文。

学术会议组委会的决定最可能基于以下哪项假设?

A. 每次提交的会议论文中总有一定比例的论文质量是有保证的。

B. 今后每次收到的会议论文数量将不会有大的变化。

C. 90% 的会议论文达不到大会交流论文的质量。

D. 学术会议组委会能够对论文质量做出准确判断。

E. 学会有足够的经费保证这样的学术会议能继续举办下去。

【解析】 题干中挑选一定比例的论文作为交流论文,从而保证会议交流论文的质量,选项 A 中对这种情况进行了假设,入选。选项 D 中也是题干推理成立的一个假设,但这个假设较大,而且与题干中挑选一定比例的论文来保证交流论文质量的主体因果无关,排除。

【答案】 A。

例 6 有专家指出,我国城市规划缺少必要的气象论证,城市的高楼建得高耸而密集,阻碍了城市的通风循环。有关资料显示,近几年国内许多城市的平均风速已下降 10%。风速下降,意味着大气扩散能力减弱,导致大气污染物滞留时间延长,易形成雾霾天气和热岛效应。为此,有专家提出建立"城市风道"的设想,即在城市里建造几条畅通的通风走廊,让风在城市中更加自由地进出,促进城市空气的更新循环。

以下哪项如果为真,最能支持上述建立"城市风道"的设想?

A. 有风道但没有风,就会让"城市风道"成为无用的摆设。

B. 有些城市已拥有建立"城市风道"的天然基础。

C. 风从八方来,"城市风道"的设想过于主观和随意。

D. "城市风道"不仅有利于"驱霾",还有利于散热。

E. "城市风道"形成的"穿街风",对建筑物的安全影响不大。

【解析】题目要求寻找"最能支持上述建立'城市风道'的设想"的选项,建立"城市风道"的目的是要提高风速,促进城市空气的更新循环。

选项 A 指出"城市风道"未必能够实现设想的功能,起削弱作用,排除。选项 B 指出有些城市已拥有建立"城市风道"的天然基础,但是"城市风道"是否能够实现其功能并未涉及,无关选项,排除。选项 C 起削弱作用,排除。选项 D 指出"城市风道"的作用,为其可行性提供了支持,入选。选项 E 指出"城市风道"形成的"穿街风"无恶果,有一定的加强作用,但是力度弱于选项 D,排除。

【答案】D。

题型三：由于……原因,导致……结果。

（1）一定是这个原因导致这个结果。

例 1 在距离摩洛哥东部边境数千公里处一座古代约旦城市的遗址中,发现了一个钱袋,其中有 32 个刻着摩洛哥文字的金币。当时这个城市是连接中国和欧洲的丝绸之路上的一个重要商贸中心,并且又是经摩洛哥去麦加的朝圣者一个重要的中途停留地。因此,上述这个钱袋中很可能装有其他种类的硬币。

以下哪项如果为真,最能支持上述论证?

A. 当时,摩洛哥货币比约旦货币更流行。

B. 当时,金币是唯一的流通货币。

C. 上述钱袋的主人是经摩洛哥去麦加的朝圣者。

D. 上述钱袋的主人是约旦人。

E. 当时的朝圣者中很多是商人。

【解析】本题题干包含两个重要的已知条件：一是发现钱袋的城市在当时是经摩洛哥去麦加的朝圣者一个重要的中途停留地,二是该城市距离摩洛哥东部边境数千公里。根据上述已知条件,如果选项 C 为真,则有利于说明,钱袋的主人为了去麦加朝圣,需要携带沿途多个国家的货币。因此,选项 C 能有力地支持本题题干的论证。选项 D 也能支持题干,但力度不如选项 C。其余选项均不能支持题干,排除。

【答案】C。

例 2 长期以来,人们认为地球是已知的唯一能支持生命存在的星球,不过这一情况开始出现改观。科学家近期指出,在其他恒星周围,可能还存在着更加宜居的行星,他们尝试用崭新的方法开展地外生命探索,即搜寻放射性元素钍和铀。行星内部含有这些元素越多,其内部温度就会越高,这在一定程度上有助于行星的板块运动,而板块运动有助于维系行星表面的水体,因此,板块运动可被视为行星存在宜居环境的标志之一。

以下哪项最可能是科学家的假设?

A. 行星如能维系水体,就可能存在生命。

B. 行星板块运动都是由放射性元素钍和铀驱动的。

C. 行星内部温度越高，越有助于它的板块运动。

D. 没有水的行星也可能存在生命。

E. 虽然尚未证实，但地外生命一定存在。

【解析】 题干的结论是板块运动可被视为行星存在宜居环境的标志之一。论据是板块运动有助于维系行星表面的水体。这一论证显然需要假设：行星如果可以维系水体，就可能存在生命。因此，选项 A 是题干的假设，搭起了题干论据和结论之间的关系，入选。选项 B 指出，行星板块运动都是由放射性元素钍和铀驱动的。题干断定中已经说明，放射性元素钍和铀有利于促进行星板块运动，这一断定不必假设，排除。选项 C 指出，行星内部温度越高，越有助于它的板块运动。但是题干断定中已经指出，行星内部温度的提高，在一定程度上有助于行星的板块运动，这一关系已经存在，不必假设，排除。选项 D 指出，没有水的行星也可能存在生命。如果这样，那就没必要通过放射性元素去寻找水，继而寻找宜居星球，和题干推理不符，排除。选项 E 为无关选项，排除。

【答案】 A。

（2）除了它所说的原因（方法），没有其他的原因（方法）会导致这样的结果。

例 1 宏达山钢铁公司由 5 个子公司组成。去年，其子公司火龙公司试行与利润挂钩的工资制度，其他子公司则维持原有的工资制度。结果，火龙公司的劳动生产率比其他子公司的平均劳动生产率高出 13%。因此，在宏达山钢铁公司实行与利润挂钩的工资制度有利于提高该公司的劳动生产率。

以下哪项能加强上述论证？

（1）除了工资制度方面有差异，在其他的方面，如生产设备，各子公司差异不大。

（2）火龙公司原来的劳动生产率，和其他各子公司原来的平均劳动生产率基本相同。

（3）火龙公司的生产设备不比其他各子公司的设备更先进。

A. （1）（2）（3）。　　　　B. 仅（1）（2）。　　　　C. 仅（2）（3）。

D. 仅（1）。　　　　　　　　E. 仅（2）。

【解析】 条件（1）（2）（3）所涉及的点均可以加强题干论证。

【答案】 A。

例 2 在当前的音像市场上，正版的激光唱盘和影视盘销售不佳，而盗版的激光唱盘和影视盘却屡禁不绝，销售异常火爆。有的分析人员认为这主要是因为在价格上盗版盘更有优势，所以在市场上更有活力。

以下哪项是这位分析人员在分析中隐含的假定？

A. 正版的激光唱盘和影视盘往往内容呆板，不适应市场的需要。

B. 与价格的差别相比，正版盘与盗版盘在质量上的差别不大。

C. 盗版的激光唱盘和影视盘比正版盘进货渠道畅通。

D. 正版的激光唱盘和影视盘不如盗版盘的销售网络完善。

E. 加强对知识产权的保护和对盗版行为的打击使得盗版盘的价格上涨。

【解析】 题干由前提"价格上盗版盘更有优势"推出结论"盗版盘在市场上更有活力",即低价格是盗版盘有活力的原因。这是通过对正版盘和盗版盘进行求异比较而得出的结论,进行这种比较必须假设正版盘和盗版盘除了价格上有所不同外,在其他方面都一样。选项 B 说明正版盘和盗版盘质量差别不大,正是题干所必须假设的。如果二者在质量上差别很大,那么消费者就不会单纯考虑价格因素了。

【答案】 B。

例 3 鸽子走路时,头部并不是有规律地前后移动,而是一直在往前伸。行走时,鸽子脖子往前一探,然后头部保持静止,等待着身体和爪子跟进。有学者曾就鸽子走路时伸脖子的现象做出假设:在等待身体跟进的时候,暂时静止的头部有利于鸽子获得稳定的视野,看清周围的食物。

以下哪项如果为真,最能支持上述假设?

A. 鸽子在行走时如果不伸脖子,很难发现远处的食物。

B. 步伐大的鸟类,伸脖子的幅度远比步伐小的要大。

C. 鸽子行走速度的变化,刺激内耳控制平衡的器官,导致伸脖子。

D. 鸽子行走时一举翅一投足,都可能出现脖子和头部肌肉的自然发射,所以头部不断运动。

E. 如果雏鸽步态受到限制,功能发育不够完善,那么成年后鸽子的步伐变小,脖子伸缩幅度则会随之降低。

【解析】 题干提出了一种假设:暂时静止的头部有利于鸽子获得稳定的视野,看清周围的食物。选项 A 如果为真,最能支持此种假设,采用的是"无果无因"的方式。选项 B 涉及的是"伸脖子幅度"和"步伐大小"的关系,且"鸟类"不等同于"鸽子",排除。选项 C 涉及的是"伸脖子"和"行走速度"的关系。选项 D、E 涉及的是"伸脖子"和"行走方式"的关系,均和题干无关,排除。

【答案】 A。

例 4 自闭症会影响社会交往、语言交流和兴趣爱好等方面的行为。研究人员发现,实验鼠体内神经连接蛋白的蛋白质如果合成过多,会导致自闭症。由此他们认为,自闭症与神经连接蛋白的蛋白质合成量具有重要关联。

以下哪项如果为真,最能支持上述观点?

A. 生活在群体之中的实验鼠较之独处的实验鼠患自闭症的比例要小。

B. 雄性实验鼠患自闭症的比例是雌性实验鼠的 5 倍。

C. 抑制神经连接蛋白的蛋白质合成可缓解实验鼠的自闭症状。

D. 如果将实验鼠控制蛋白合成的关键基因去除,其体内的神经连接蛋白就会增加。

E. 神经连接蛋白正常的老年实验鼠患自闭症的比例很低。

【解析】 选项 A、B 未涉及神经连接蛋白的蛋白质,排除。选项 C 断定,抑制神经连接蛋白的蛋白质合成可缓解实验鼠的自闭症状,这显然有力地支持了题干的观点。选项 D 未涉及自闭症,不能支持题干,排除。选项 E 断定的是神经连接蛋白正常,而不是神经连接蛋白的蛋白质的合成量正常,不能支持题干,排除。

【答案】 C。

(3) 如果题干是"现象 y-原因 x 型",那么没有原因 x, 就没有现象 y（结果）出现。"没有 x, 没有 y"等于"只有 x, 才 y""除非 x, 否则不能 y"。

例1 在一次围棋比赛中,参赛选手陈华不时地挤压指关节,发出的声响干扰了对手的思考。在比赛封盘间歇时,裁判警告陈华：如果再次在比赛中挤捏指关节并发出声响,将判其违规。对此,陈华反驳说,他挤压指关节是习惯性动作,并不是故意的。因此,不应被判违规。

以下哪项如果成立,最能支持陈华对裁判的反驳？

A. 在此次比赛中,对手不时打开、合拢折扇,发出的声响干扰了陈华的思考。

B. 在围棋比赛中,只有选手的故意行为,才能成为判罚的依据。

C. 在此次比赛中,对手本人并没有对陈华的干扰提出抗议。

D. 陈华一向恃才傲物,该裁判对其早有不满。

E. 如果陈华为人诚实、从不说谎,那么他就不应该被判违规。

【解析】 陈华的反驳可概括为：不是故意的行为→不应被判违规,等价于"只有故意的行为,才应被判违规",即被判违规→故意的行为。

选项 A, 别人的行为是否干扰了陈华和裁判对陈华的判决无关,排除。 选项 B, 可以支持题干论证,入选。 选项 C, 对手本人没有提出抗议不能代表陈华的行为就没有违规,排除。 选项 D、E 属于主观性选项,排除。

【答案】 B。

例2 某公司总裁曾经说过："当前任总裁批评我时,我不喜欢那种感觉,因此,我不会批评我的继任者。"

以下哪项最可能是该总裁上述言论的假设？

A. 当遇到该总裁的批评时,他的继任者和他的感觉不完全一致。

B. 只有该总裁的继任者喜欢被批评的感觉,他才会批评继任者。

C. 如果该总裁喜欢被批评,那么前任总裁的批评也不例外。

D. 该总裁不喜欢批评他的继任者,但喜欢批评其他人。

E. 该总裁不喜欢被前任总裁批评,但喜欢被其他人批评。

【解析】 前提：我（总裁）不喜欢被前任总裁批评的感觉。结论：我（总裁）不会批评我的继任者。 搭桥：只有继任者喜欢被批评的感觉,才会批评继任者。

选项 A 指出"当遇到该总裁的批评时,他的继任者和他的感觉不完全一致",如果感觉不一致,那就无法从我（总裁）的感受推及别人的感受,不能加强题干论证,排除。 选项 B 是题干的搭桥,入选。 选项 C、D、E 都没有完成搭桥的任务,排除。

【答案】 B。

题型四：类比推理。

【题目特征】当推理由一个事实现象、研究的结论而试图类推（类比推理）、外推（由过去推及将来）或不完全归纳推理（由部分推及全部）。 这是一种常见的题型,完全可以看作是类比推理。 隐藏的前提是此与彼、过去与将来、部分对象和全部对象在所有属性上是完全一致、没有差异的。

例1 科学研究表明，大量吃鱼可以大大减少患心脏病的危险，这里起作用的关键因素是在鱼油中所含的丰富的"奥米加-3"脂肪酸。因此，经常服用保健品"奥米加-3"脂肪酸胶囊将大大有助于预防心脏病。

以下哪项最可能是上述论证的假设？

A. "奥米加-3"脂肪酸胶囊从研制到试销，才不到半年的时间。

B. 在导致心脏病的各种因素中，遗传因素占了很重要的地位。

C. 不少保健品都有不同程度的副作用。

D. 人体只要能够摄入"奥米加-3"脂肪酸，就能产生保健疗效。

E. "奥米加-3"脂肪酸胶囊不在卫计委最近推荐的十大保健品之列。

【解析】题目指出"大量吃鱼可以大大减少患心脏病的危险"，但题干中的结论是经常服用保健品"奥米加-3"脂肪酸胶囊有助于预防心脏病。要想加强该结论，只需说明"奥米加-3"脂肪酸可以减少患心脏病的危险即可。选项A、B、C、E与题干中的结论没有关系。选项D说明人体只要摄入"奥米加-3"脂肪酸就能起作用，入选。

【答案】D。

例2 人类经历了上百年的自然进化，产生了直觉、多层次抽象等独特智能。尽管现代计算机已经具备了一定的学习能力，但这种能力还需要人类的指导，完全的自我学习能力还有待进一步发展。因此，计算机要达到甚至超过人类的智能水平是不可能的。

以下哪项最可能是上述论证的假设？

A. 计算机很难真正懂得人类的语言，更不可能理解人类的感情。

B. 理解人类复杂的社会关系需要自我学习能力。

C. 计算机如果具备完全的自我学习能力，就能形成直觉、多层次抽象等独特智能。

D. 计算机可以形成自然进化能力。

E. 直觉、多层次抽象等这些人类的独特智能无法通过学习获得。

【解析】选项A表明"计算机不可能理解人类的感情"，诉诸的是情感，无关选项，排除。选项B中的"人类复杂的社会关系"题干中没有涉及，排除。选项C削弱了题干的论证，不可能是题干的预设，排除。选项D指出"计算机可以形成自然进化能力"，如果该项为真，那么计算机就有可能达到甚至超过人类的智能水平，和题干的观点相悖，排除。选项E断定，直觉、多层次抽象等这些人类的独特智能无法通过学习获得。因此，尽管现代计算机已经具备了一定的学习能力，并且能发展此种能力，但不可能达到或超过人类的智能水平。该项如果为真，则由题干的论据就能推出其结论，因此，最可能是题干的假设。

【答案】E。

题型五：对照实验之间具有可比性。

例1 区别于知识型考试，能力型考试的理想目标，是要把短期行为的应试辅导对于成功应试所起的作用降到最低限度。能力型考试从理念上不认同应试辅导。一项调查表明，参加各种专业硕士考前辅导班的考生平均成绩，反而低于未参加任何辅导的考生。因此，考前辅导不利于专业硕士考生的成功应试。

为使上述论证成立，以下哪项是必须假设的？

A. 专业硕士考试是能力型考试。

B. 上述辅导班都是名师辅导。

C. 在上述调查对象中，经过考前辅导的考生在辅导前的平均水平和未参加辅导的考生大致相当。

D. 专业硕士考试对于考生的水平有完全准确的区分度。

E. 在上述调查对象中，男女比例大致相当。

【解析】 如果选项 C 不成立，就没有办法通过比较来确定考前辅导是否有利于提高考生成绩。那么题干得出的"考前辅导不利于专业硕士考生的成功应试"的结论就不一定成立了，所以选项 C 是不可或缺的，是题目成立所需要的假设。选项 A 只是说明专业硕士考试是能力型考试，但是并没有说明题目的逻辑重心"考前辅导和成绩提高之间是否有关系"，并不是必须假设的，排除。其他选项均为无关选项，排除。

【答案】 C。

例 2 宏达山钢铁公司由 5 个子公司组成。去年，其子公司火龙公司试行与利润挂钩的工资制度，其他子公司则维持原有的工资制度。结果，火龙公司的劳动生产率比其他子公司的平均劳动生产率高出 13%。因此，在宏达山钢铁公司实行与利润挂钩的工资制度有利于提高该公司的劳动生产率。

以下哪项最可能是上述论证所假设的？

A. 火龙公司与其他各子公司分别相比，原来的劳动生产率基本相同。

B. 火龙公司与其他各子公司分别相比，原来的利润率基本相同。

C. 火龙公司的职工数量与其他子公司的平均职工数量基本相同。

D. 火龙公司原来的劳动生产率，与其他子公司相比不是最高的。

E. 火龙公司原来的劳动生产率，和其他各子公司原来的平均劳动生产率基本相同。

【解析】 题干的论据是：实行与利润挂钩的工资制度的火龙公司的劳动生产率，比没有实行这一制度的其他子公司的平均劳动生产率高出 13%。因此，选项 E 是题干的论证应当假设的。也就是说，要保证之前各个子公司平均劳动生产率基本相同，具有可比性，才能够得出与利润挂钩的工资制度是否有助于提高劳动生产率，否则如果各子公司的劳动生产率根本不可比，题目的结论就不足以得出。选项 A 如果为真，则选项 E 为真，因此，选项 A 对题干的支持力度不弱于选项 E，但其断定过强，不是题干的论证必须假设的。其余各项均不能支持题干。因此，选项 E 是题干最可能假设的。

【答案】 E。

> **做题要领**
> 同学们可以在此处尝试设计其他方式的加强性选项，如"提高劳动生产率除了实行与利润挂钩的工资制度没有其他原因"。自己在做题的过程中，尝试着多去设计不同角度的选项，有助于拓展做题的思路，起到举一反三的作用。

例 3 在一项试验中，第一组被试验者摄取了大量的人造糖，第二组则没有吃糖。结果发现，吃糖的人比没有吃糖的人认知能力低。这一试验说明，人造糖中所含的某种成分会影响人的认知能力。

以下哪项最可能是上述论证的假设？

A. 在上述试验中，第一组被试验者吃的糖大大超出日常生活中糖的摄入量。
B. 上述人造糖中所含的该种成分也存在于大多数日常食物中。
C. 第一组被试验者摄取的糖的数量没有超出卫生部门规定的安全范围。
D. 两组被试验者的认知能力在试验前是相当的。
E. 两组被试验者的人数相等。

【解析】两组被试验者的认知能力在试验前是相同的，说明两组对象的认知能力具有可比性，但是经过试验，吃人造糖的一组认知能力低于未吃人造糖的一组，所以，可以肯定人造糖中含有某种可能会影响人的认知能力的成分。

【答案】D。

例 4 爱尔兰有大片泥煤蕴藏量丰富的湿地。环境保护主义者一直反对在湿地区域采煤。他们的理由是开采泥煤会破坏爱尔兰湿地的生态平衡，其直接后果是污染水源。然而，这一担心是站不住脚的。据近50年的相关统计，从未发现过因采煤而污染水源的报告。

以下哪项如果为真，最能加强题干的论证？

A. 在爱尔兰的湿地采煤已有200年的历史，其间从未因此造成水源污染。
B. 在爱尔兰，采煤湿地的生态环境和未采煤湿地没有实质性的不同。
C. 在爱尔兰，采煤湿地的生态环境和未开采前没有实质性的不同。
D. 爱尔兰具备足够的科技水平和财政支持来治理污染，保护生态。
E. 爱尔兰是世界上生态环境最佳的国家之一。

【解析】本题的主要困难在于区分选项B和C。选项C是对自身开采前后进行比较，是自设比较，力度很大；而选项B是对已开发地区和未开发地区进行比较，此时不清楚未采煤地区其他影响生态的因素，是互设比较，所以力度稍弱。此外，选项A只提到水源污染，而题干中环境保护主义者担心的是包括水源污染在内的所有生态平衡问题，因此选项A力度较弱，并且没发现有水源污染也不能充分说明就没有其他证据，有诉诸无知的嫌疑，排除。

【答案】C。

> **• 做题要领**
>
> 请分清楚自设比较和互设比较。

题型六：假设题型（原因-结果型）。

【题目特征】要使结果出现，原因得成立并被采用，即选项是题干中原因（解释）成立的前提；其提出的解释要有意义、行得通，即选项的成立是题干解释成立的必要条件。

例1 一个著名歌手获得了一场诉讼的胜利，他控告一家广告公司在一则广告里使用了由另一名歌手对一首众所周知的由该著名歌手演唱的歌曲进行的翻唱版本。这场诉讼的结果：广告公司将停止在广告中使用模仿者的版本。由于著名歌手的演唱费用比他们的模仿者要高，因此，广告费用将上升。

以上结论基于以下哪项假设？

A. 大多数人无法将一个著名歌手某一首歌的版本同一个好的模仿者对同一首歌的演唱区分开来。
B. 使用著名歌手做广告通常比使用著名歌手的模仿者做广告更有效果。
C. 一些广为人知的歌曲的原版不能在广告中使用。
D. 广告公司将继续使用模仿者来模仿著名歌手的形体动作。
E. 广告公司将在广告中使用由著名歌手演唱的歌曲的版本。

【解析】 题干的结论是：由于著名歌手的演唱费用比他们的模仿者要高，所以广告费用将上升。如果选项 E 不成立，即广告公司在广告中不是使用由著名歌手演唱的歌曲的版本，那么就不需要由该著名歌手来演唱，广告费也就不会上升。

【答案】 E。

例2 一些国家为了保护储户免受因银行故障造成的损失，由政府给个人储户提供相应的保险。有的经济学家指出，这种保险政策应对这些国家的银行故障率承担部分责任。因为有了这种保险，储户在选择银行时就不关心其故障率的高低，这极大地影响了银行通过降低故障率来吸引储户的积极性。

为使上述经济学家的论证成立，以下哪项是必须假设的？

A. 银行故障是可以避免的。
B. 储户有能力区分不同银行的故障率高低。
C. 故障率是储户普遍关心的内容。
D. 储户存入的钱越多，选择银行就越谨慎。
E. 银行故障的主要原因是计算机病毒。

【解析】 在本题的各个选项中，选项 B 是必须假设的，否则如果储户没有能力区分不同银行的故障率的高低，则银行就不可能通过降低故障率来吸引储户。这样银行故障率的高低就和储户对银行的选择无关，从而上述经济学家的论证就不可能成立。其余选项均为无关选项，排除。

【答案】 B。

题型七：题干中的理由与结论有联系。

【题目特征】题干是由某个原因导致某个结果，则其假设之一就是这个理由确实可以导致这个结果。

在试题中的表现：

（1）若题干的前提与结论之间有明显的跳跃，那么这个段落推理要成立所隐含的一个假设是：前提的讨论对象与结论的讨论对象是有本质联系的，这就是所谓的"搭桥"。请体会如下推理：

"科学是真理，因此，科学是不怕批评的。"

（2）题干是由于某个原因导致某个结果，则其假设之一就是这个理由确实可以导致这个结果，或者这个原因和这个结果确实有联系，或者题干的理由与结论（或现象与解释）之间确实是有联系的。

在试题中的具体表现为，如果选项被否定，则题干中的原因不能产生题干中所说的结果。

例1 免疫研究室的钟教授说："生命科学院从前的研究生那种勤奋精神越来越不多见了，因为我发现目前在我的研究生中，起早贪黑做实验的人越来越少了。"

钟教授的论证基于以下哪项假设？

A. 现在生命科学院的研究生需要从事的实验外活动越来越多了。

B. 对于生命科学院的研究生来说，只有起早贪黑才能确保完成实验任务。

C. 研究生是否起早贪黑做实验是他们勤奋与否的一个重要标准。

D. 钟教授的研究生做实验不勤奋是由于钟教授没有科研经费。

E. 现在的年轻人并不热衷于实验室工作。

【解析】 因为钟教授的研究生中起早贪黑做实验的人越来越少了，所以生命科学院的研究生那种勤奋精神越来越不多见了。要使这个论证成立需要以下假设：

（1）研究生是否起早贪黑做实验是他们勤奋与否的一个重要标准。

（2）钟教授的研究生是生命科学院的研究生的代表。

选项 C 显然是这个因果联系的假设，入选。选项 B 建立的是"完成实验任务"和"起早贪黑"之间的关系，无法落到结论的"勤奋精神"，排除。

【答案】 C。

例2 W公司制作的正版音乐光盘每张售价为 25 元，赢利 10 元。而这样的光盘的盗版制品每张售价仅为 5 元。因此，这样的盗版光盘如果销售 10 万张，就会给 W 公司造成 100 万元的利润损失。

为使上述论证成立，以下哪项是必须假设的？

A. 每个已经购买各种盗版制品的人，若没有盗版制品可买，都仍会购买相应的正版制品。

B. 如果没有盗版光盘，W 公司的上述正版音乐光盘的销售量不会少于 10 万张。

C. 上述盗版光盘的单价不可能低于 5 元。

D. 与上述正版光盘相比，盗版光盘的质量无实质性的缺陷。

E. W 公司制作的上述正版光盘价格偏高是造成盗版光盘充斥市场的原因。

【解析】 从每张赢利 10 元，到损失 100 万元，很显然需要正版音乐光盘 10 万张销售量的假设。选项 A 的断定过强，题干论证只涉及盗版光盘，而选项 A 断定的是各种盗版制品。而且就算其会购买盗版的光盘，能不能买到 10 万张，还有待进一步商榷。为使题干的论证成立，选项 B 是必须假设的，否则，如果没有盗版光盘，W 公司的上述正版音乐光盘的销售量少于 10 万张，那么它的总利润本来就达不到 100 万元，不可能存在 100 万元利润损失的问题。也就是说，只有当一张本来可以销售的正版光盘，因为盗版的存在而卖不出去的时候，W 公司才存在利润损失的问题。

【答案】 B。

例3 是过于集中的经济模式，而不是气候状况，造成了近年来 H 国糟糕的粮食收成。K 国和 H 国耕地条件基本相同，但当 H 国的粮食收成连年下降的时候，K 国的粮食收成却连年上升。

为使上述论证有说服力，以下哪项是必须假设的？

Ⅰ. 近年来 H 国的气候状况不比 K 国差。

Ⅱ. K 国并非采取过于集中的经济模式。

Ⅲ. 气候状况不是影响粮食收成的重要因素。

A. 只有Ⅰ。　　　　　　　B. 只有Ⅱ。　　　　　　　C. 只有Ⅲ。

D. 只有Ⅰ和Ⅱ。　　　　　E. Ⅰ、Ⅱ和Ⅲ。

【解析】 题干论点是过于集中的经济模式导致了 H 国和 K 国的粮食收成不同。复选项Ⅰ必须假设，否则可能是气候状况的差异造成了两国粮食收成的差异。复选项Ⅱ也必须假设，否则过于集中的经济模式是两国都采取的，则无法解释这是两国粮食收成差异的原因。复选项Ⅲ与题干论证无关，不必假设。

【答案】 D。

例4 某研究人员在 2004 年对一些 12~16 岁的学生进行了智商测试，测试得分为 77~135 分，4 年之后再次测试，这些学生的智商得分为 87~143 分。仪器扫描显示，那些得分提高了的学生，其脑部比此前呈现更多的灰质（灰质是一种神经组织，是中枢神经的重要组成部分）。这一测试表明，个体的智商变化确实存在，那些早期在学校表现并不突出的学生未来仍有可能成为佼佼者。

以下除哪项外，都能支持上述实验结论？

A. 随着年龄的增长，青少年脑部区域的灰质通常也会增加。

B. 有些天才少年长大后智力并不突出。

C. 学生的非言语智力表现与他们大脑结构的变化明显相关。

D. 部分学生早期在学校表现不突出与其智商有关。

E. 言语智商的提高伴随着大脑左半球运动皮层灰质的增多。

【解析】 题干测试结论的两个要点：

（1）个体的智商变化确实存在。

（2）个体的智商变化与其脑部灰质结构变化有关。

目标：寻找不能支持上述实验结论的选项。选项 A 能支持。该项断定，随着年龄的增长，青少年脑部区域的灰质通常也会增加。这支持上述第二个要点，排除。选项 B 直接支持第一个要点，排除。选项 C 和 E 直接支持第二个要点，排除。选项 D 说的是学生智商和其在校表现的相关性，不能说明个体的智商变化确实存在，也不能说明个体的智商变化与其脑部结构变化相关，因此，不能支持题干，入选。

【答案】 D。

题型八：加非验证。

【题目特征】 假设是寻找这样一个选项：这个选项是题干推论成立的必要条件，即如果这个选项不成立（即对选项取非），则题干中的推理将被严重削弱或推翻。

例 1 市政府计划对全市的地铁进行全面改造，通过较大幅度地提高客运量，缓解沿线包括高速公路上机动车的拥堵，市政府同时又计划增收沿线两条主要高速公路的机动车过路费，用以弥补上述改造的费用，这样的理由是机动车车主是上述改造的直接受益者，应当承担部分开支。

以下哪项相关断定为真，最有助于论证上述计划的合理性？

A. 上述计划通过了市民听证会的审议。

B. 在相邻的大、中城市中，该市的交通拥堵状况最为严重。

C. 增收过路费的数额，经过专家的严格论证。

D. 市政府有足够的财力完成上述改造。

E. 改造后的地铁中，相当数量的乘客都是私人机动车车主。

【解析】 题目要加强的论证是"机动车车主要承担部分地铁改造的开支，因为他们是地铁改造的受益者"。选项 E 实际上说明机动车车主也是地铁乘客，所以改造地铁确实对他们是有益的。在判断选项 E 的时候，也可以进行加非验证。如果地铁的乘客和机动车车主是完全不同的两个群体，那么改造地铁对机动车车主就没有意义，选项 E 的否命题对题目论证具有削弱作用，那么选项 E 本身就一定能加强题干。

【答案】 E。

例 2 某校的一项抽样调查显示：该校经常泡网吧的学生中家庭经济条件优越的占 80%，学习成绩下降的也占 80%，因此家庭条件优越是学生泡网吧的重要原因，泡网吧是学习成绩下降的重要原因。

以下哪项为真最能加强上述论证？

A. 该校是市重点学校，学生的成绩高于普通学校。

B. 该校狠抓教学质量，上学期半数以上学生的成绩都有明显提高。

C. 被抽样调查的学生多数能如实填写问卷。

D. 该校经常做这种形式的问卷调查。

E. 该项调查的结果已报，受到了教育局的重视。

【解析】 题目是要加强"泡网吧是学习成绩下降的重要原因"，那么需要保证除了泡网吧没有导致学习成绩下降的其他原因，选项 C 说明学生能够如实填写，这样调查的结果是可靠的，对题干有加强性。对选项 C 进行加非验证，如果大家填写调查问卷的时候没有实事求是，那么这个调查的结果就是存疑的，一个基于有瑕疵的数据的调查结果是难以必然成立的。选项 C 的否命题对题干有削弱作用，那么选项 C 自身就有加强作用。选项 A、B、D、E 均为无关选项，没有加强作用，排除。

【答案】 C。

> **做题要领**
>
> 值得注意的是：如果题目的问题变为"以下哪项如果为真，最能削弱上述论证"，并且出现新的选项，如"该校位于高档住宅区，学生 90% 以上家庭条件优越"，那么题干中陈述了泡网吧的学生中家庭条件优越的占 80%，请问不泡网吧的学生中家庭条件优越的占比多少呢？如果也是这样的比例，甚至还大于这个比例，则题干论点中家庭条件优越是学生泡网吧的重要原因就失去了依据，所以这样的选项会对题目有较强的削弱作用。

例 3 赵家村的农田比马家村少得多，但赵家村的单位生产成本近年来明显比马家村低。马家村的人通过调查发现：赵家村停止使用昂贵的化肥，转而采用轮作和每年两次施用粪肥的方法。不久，马家村也采用了同样的措施，很快，马家村获得了很好的效果。

以下哪项最可能是上文所做的假设？

A. 马家村有足够粪肥来源可以用于农田施用。

B. 马家村比赵家村更善于促进农作物生长的田间管理。

C. 马家村经常调查赵家村的农业生产情况，学习降低生产成本的经验。

D. 马家村用处理过的污水软泥代替化肥，但对生产成本的影响不大。

E. 赵家村和马家村都减少使用昂贵的农药，降低了生产成本。

【解析】题干论证：施用粪肥→取得良好效果。

选项 A 说明有足够的粪肥来源用于农田施用，如果没有足够的粪肥，那"施用粪肥"的措施就无法实施，因此必须假设，入选。选项 B、C、D 与题干论证无关，不必要假设，排除。选项 E 对结论有一定的加强性，但也不必要假设，排除。

【答案】A。

例 4 1979 年，在非洲摩西地区发现有一只大象在觅食时进入赖登山的一个山洞。不久，其他的大象也开始进入洞穴，以后几年进入山洞集居成为整个大象群的常规活动。1979 年之前，摩西地区没有发现大象进入山洞，山洞内没有大象的踪迹。到 2006 年，整个人象群在洞穴内或附近度过其大部分冬季。由此可见，大象能够接受和传授新的行为，而这并不只是由遗传基因所决定的。

以下哪项是上述论述的假设？

A. 大象的基因突变可以发生在相对短的时间跨度，如数十年。

B. 大象群在数十年出现的新的行为不是由遗传基因预先决定的。

C. 大象新的行为模式易于成为固定的方式，一般都会延续几代。

D. 大象的群体行为不受遗传影响，而是大象群内个体间互相模仿的结果。

E. 某一新的行为模式只有在一定数量的动物群内成为固定的模式，才可以推断发生了基因突变。

【解析】逻辑主干：大象进入山洞是通过接受和传授，而不是由遗传基因所决定的。

选项 A 与题干论述无关，不必要假设，排除。选项 B 如果不假设，则说明大象此种行为可能是由遗传基因所决定的，那么就不能推出结论，因此必须假设，入选。选项 C 与题干论述无关，不必要假设，排除。选项 D 过度假设，并不需要假设群体行为都不受遗传影响，只要有些行为没有受到遗传影响而是因为接受和传授即可，排除。选项 E 与题干论述无关，不必要假设，排除。

【答案】B。

> **做题要领**
>
> 这道题需要认真辨析选项 D。大象的群体行为可以受遗传影响，但是只要题干中提到的行为不是受遗传影响，就可以证明大象能够接受和传授新的行为，而不是由遗传基因所决定的。过度假设一般不作为正确选项。

> **敲黑板**
>
> 本讲假设题型总结
>
> 不管有多少种题型，以下几个关键点都可供参考。
> （1）核心词。选项中含有理由和结论中的核心词。
> （2）关键词。选项中含有"没有其他不同、一样（几乎相同）、不比……多（少）"。
> （3）选项不能被否定，否则题干就被严重削弱。
> （4）假设是找使题干推理成立的一个最起码的条件，一般来说，当有两个选项无法排除时，一般不选含有"任何、所有"之类太绝对词语的选项，而应该选择含有"至少"或"有些"等词语的选项。

第16讲　支持

> **考点分析**

在逻辑考试的论证推理试题中，重点考查的就是考生对各种已有的推理或论证做出批判性评价的能力：对某个论点是否给出了理由；所给出的理由是否真实；与所要论证的论点是否相关；如果相关，对论点的支持度有多高；是必然性支持（如果理由真，则论点或结论必真），还是或然性支持（如果理由真，结论有可能真，也可能为假）；是强支持还是弱支持；给出什么样的理由能够更好地支持该结论；给出什么样的理由能够有力地驳倒该结论，或者至少是削弱它。

有些同学会有疑虑：在逻辑考试中，假设和支持题目不一样吗？

实际上，在做题的过程中，需要区分一个问题，就是假设对题目一定是加强性的，而具有加强性的选项对题目来说不一定是其假设。并且在支持型的题目中，还要注意题目设计的不同的问题，如果设计的问题不同，看起来都是支持，但是实际上题目方向是不一样的。试区别以下问题：

"以下哪项如果为真，最能支持题干中的观点？""如果上述断定是真的，则最能支持以下哪项?"这两种问法,前一种是选项支持题干,是加强题目的做法;后一种是题干支持选项,相当于从题干中得出结论。

还需要注意,许多推理或论证尽管不满足保真性,即前提的真不能确保结论的真,但前提却对结论提供了一定程度的支持。用概率来说明,证据支持度为 100% 是指如果前提真,则结论必然真。这样的推理是一个形式有效的演绎推理。但是,多数推理的证据支持度并非是 100%。一个证据支持度小于 100% 的推理或论证仍然是合理的,并且被广泛而经常地使用。一个推理或论证的证据支持度越高,则在前提真实的条件下,推出的结论可靠性越大。

支持题的特点是在题干中给出一个推理或论证,但或者由于前提的条件不够充分,或者由于论证的论据不够全面,不足以得出其结论,因此需用某一选项去补充其前提或论据,使推理或论证成立的可能性增大。

支持题的答案既可以是题干推理成立或结论正确的一个充分条件,也可以是一个必要条件(这种情况是等同于假设题目的,因为假设类的答案必将可以支持推理),也可以是既非充分又非必要条件。只要某一选项放在题干推理的论据(前提)或结论之间,对题干推理成立或结论正确有支持作用,使题干推理成立、结论正确的可能性增大,那么这个选项就是支持题的正确答案。

1. 充分支持

充分型支持题的解题思路是加进法,即将待选的选项加入题干论证,若该选项与题干前提结合起来,能使题干结论必然被推出,则该选项就为正确答案,此类题大多数通过"搭桥"来完成。

2. 必要支持

虽然支持题和假设题的问法并不相同,很多支持题却可以与假设题一样,用同样的步骤和方法解题。虽然支持并不等同于假设,但假设本身一定是支持。如果支持题的某个备选选项是题干推理成立的必要条件,也就是说,该选项的存在使题干论证可行或有意义,那么该选项就是题干论证的假设。由于假设是题干推理的必要条件,找到了题干推理的一个假设,那么其推理成立的可能性就必然增大,这个假设也就对题干推理起到了支持作用,所以假设必然是支持。因此这类必要型支持题相当于寻找题干推理成立的一个假设。

3. 没有他因

如果支持题干的是由一个调查、研究、数据或实验等得出一个解释性的结论,或者为达到一个目的而提出一个方法或建议时,那么"没有别的因素影响论证"就是支持其结论或论证的一种有效方式。

4. 增加论据

支持题解题的第一步是阅读问题,并要抓住前提和结论。抓住了前提和结论也就找到了要支持的对象,也即找出了题干中要支持的内容。然后考虑从选项中找一个不管从什么角度,只要能起到支持作用的选项。

如果题干逻辑主线为 A→B,支持的方式可以是加强前提或增加论据。具体的支持方式有:

(1)用搭桥法,通过增加论据来加强前提,即增加一个论据,使得这个新论据和 A 一起,导致 B 成立的可能性增大。

（2）找直接加强 A 的选项。

（3）通过"有因有果"的例子，用正面的事实来加强论点。

5. 无因无果

当题干推理是"A→B"，而选项是"非 A→非 B"，则该选项就是一个无因无果的支持。这类题目的题干往往是要求完善一个对比实验。具体做法是把被研究对象分为实验组和对照组，在其他因素不变的条件下，在实验组中加入某种情况，出现某种现象；在对照组中，则不加入这种情况，也不出现相应的现象。这种选项的设计实际上是求异法的思想，可以推出可靠性程度较大的结论。注意无因无果题目中，不要把无因无果的选项机械地当作无关选项排除。

题型分析

题型一：对照实验之间是否具有可比性。

例 1 一位医生给一组等候手术的前列腺肿瘤患者服用他从西红柿中提取的番茄红素制成的胶囊，每天 2 次，每次 15 毫克，3 周后发现这组病人的肿瘤明显缩小，有的几乎消除。医生由此推测：番茄红素有缩小前列腺肿瘤的功效。

以下哪项如果为真，最能支持医生的结论？

A. 服用番茄红素的前列腺肿瘤患者的年龄在 45～65 岁之间。

B. 服用番茄红素的前列腺肿瘤患者中有少数人的病情相当严重。

C. 还有一组相似的等候手术的前列腺肿瘤患者，没有服用番茄红素胶囊，他们的肿瘤没有缩小。

D. 番茄红素不仅存在于西红柿中，也存在于西瓜、葡萄等水果中。

E. 番茄红素价格比较昂贵。

【解析】 题目设置了对照组来得出结论。有对照组的地方，最适宜削弱、加强的切入点就是其可比性的问题，选项 C 提到了这个问题，并且提供了"有因有果，无因无果"的论证方法，是相对最好的答案。

【答案】 C。

> **做题要领**
>
> 本题中所涉及的自设比较和互设比较是一个重要的考点，考生应当熟练掌握和应用。
>
> 还需注意的是，支持型的题目有两种考法："选项支持题干"和"题干支持选项"。因此，拿到支持型题目的时候，一定要看清楚到底是哪种考法，本题是"选项支持题干"，是加强的考法。

例 2 在一项实验中，实验对象的一半作为实验组，食用了大量的味精。而作为对照组的另一半没有食用这种味精。结果，实验组的认知能力比对照组差得多。这一不利的结果是由于这种味精的一种主要成分——谷氨酸造成的。

以下哪项如果为真，则最有助于支持味精中某些成分造成这一实验结论？

A. 大多数味精消费者不像实验中的人那样食用大量的味精。

B. 上述结论中所提到的谷氨酸在所有蛋白质中都有，为了保证营养必须摄入一定量。

C. 实验组中人们所食用的味精数量是在政府食品条例规定的安全用量之内的。

D. 第二次实验时，只给一组食用大量味精作为实验组，而不设不食用味精的对照组。

E. 两组实验对象是在实验前按其认知能力均等划分的。

【解析】 题目的结论是"食用味精会导致认知能力下降"，又是通过实验组与对照组得出的结论，最有效的切入点就是实验组与对照组是否具有可比性。只有选项 E 相符，入选。

【答案】 E。

例 3 去年的国产大片《战豹 1》，仅仅在白山市放映了一周，各影剧院的总票房收入就达到 8 亿元。这一次白山市又引进了《战豹 2》，准备连续放映 9 天，10 亿的票房收入应该能够突破。

根据上文包括的信息，分析以上推断最可能隐含了以下哪项假设？

A. 白山市很多人因为映期时间短都没有看《战豹 1》，这一次可以补偿一下了。

B. 有《战豹 1》做铺垫，《战豹 2》的票房应当会更火爆。

C. 这两部片子的上座率、票价等将非常类似。

D. 连续放映 9 天是以往比较少见的映期安排，可以吸引更多的观众。

E. 英雄题材的影片的影响力和票房号召力是巨大的。

【解析】 题目在论证的过程中，通过对比《战豹 1》和《战豹 2》两部影片得出结论。要加强题干论证，需要保证两部影片具有一定的可比性，只有选项 C 提供了这种方法。

【答案】 C。

题型二：搭桥——从前提到结论缺什么补什么。

例 1 如果某个人的脑神经联系效能较高，那么他的脑神经联系的能耗较少。有一项实验的内容是：受试者被要求从一大堆抽象的图样中识别出一个样式，然后选择另一种图样来完善这个样式。实验的结果令人吃惊，在实验中表现最出色的受试者正是那些脑神经细胞耗能最少的人。

以下哪项假设最能够支持此项实验中的发现？

A. 当受试者尝试识别样式时，其脑神经细胞的反应比做其他类型的推理少。

B. 实验中在处理抽象样式时表现最佳的受试者比表现差一点的人享受了更多的满足感。

C. 较善于识别抽象样式的人具备更有效能的脑神经联系。

D. 当最初被要求识别的样式选定后，受试者大脑消耗的能量增加。

E. 运动员在休息时的能量消耗低于一般人的能量消耗，他们更适合完成给定的完善图样的任务。

【解析】 题目要求支持实验中的发现，实验中的结论是"实验中表现最出色的受试者正是那些脑神经细胞耗能最少的人"，而且实验中还给出了关键信息，需要找到将这两点串起来的选项。选项 A 中"反应比做其他类型的推理少"这个信息和题干无关，排除。选项 B 中"满足感"在题干中没有提到，排除。选项 C 建立了"表现好→更有效能"的关系，结合题干提供的"效能较高→能耗较少"，利用传递公式，可以得出题干结论，入选。选项 D、E 题目均未涉及，排除。

【答案】 C。

•• **做题要领**

请同学们注意，类似于本题的这种既有形式逻辑又有论证推理的考查方式，是近几年出题中较为明显的趋势，值得重视。

例2 西式快餐已被广大的中国消费者接受。随着美国快餐之父艾德熊的大踏步迈进并立足中国市场，一向生意火爆的麦当劳在中国的利润在今后几年肯定会有较明显的下降。

要使上述推测成立，以下哪项是必须假设的？

Ⅰ．今后几年中，中国消费者用于西式快餐的消费总额不会有大的变化。
Ⅱ．今后几年中，中国消费者用于除麦当劳、艾德熊以外的西式快餐（例如肯德基）上的消费总额不会有大的变化。
Ⅲ．今后几年中，艾德熊的经营规模要达到和麦当劳相当。

A. 只有Ⅰ。 B. 只有Ⅱ。 C. 只有Ⅲ。
D. 只有Ⅰ和Ⅱ。 E. Ⅰ、Ⅱ和Ⅲ。

【解析】为使题干的推测成立，复选项Ⅰ是必须假设的。否则，如果今后几年中，中国消费者用于西式快餐的消费总额有大幅度的增长，那么，虽然艾德熊占据了原来属于麦当劳的一部分西式快餐的中国市场，但麦当劳在中国的利润，在今后几年可能不但不会有明显的下降，甚至会有上升。这样，题干的推测就不成立。

同理，复选项Ⅱ是必须假设的。否则，如果今后几年中，中国消费者用于除麦当劳、艾德熊以外的西式快餐（例如肯德基）上的消费总额大幅度减少，那么，就很可能是艾德熊占据了原来属于其他西式快餐的一部分中国市场，而对麦当劳在中国的利润不会造成影响。这样，题干的推测就不成立。

复选项Ⅲ显然不是题干的推测必须假设的。

【答案】D。

•• **做题要领**

本题是一道典型的"饼形问题"，具有举一反三的意义。

例3 全国政协常委、著名社会学家、法律专家钟万春教授认为：我们应当制定全国性的政策，用立法的方式规定父母每日与未成年子女共处的时间下限。这样的法律能够减少子女平日的压力。因此，这样的法律也就能够使家庭幸福。

以下各项如果为真，哪项最能够加强上述的推论？

A. 父母有责任抚养好自己的孩子，这是社会对每一个公民的起码要求。
B. 大部分的孩子都能够与父母经常在一起。
C. 这项政策的目标是降低孩子们在平日生活中的压力。
D. 未成年孩子较高的压力水平是成长过程以及长大后家庭幸福很大的障碍。
E. 父母现在对孩子多一分关心，日后就会减少很多的操心。

【解析】 题干中需要建立的联系是"孩子的压力"与"今后家庭幸福"之间的关系，只有选项 D 完成了搭桥，入选。 选项 C 有一定的迷惑性，因为该项只说到了"压力"，并没有真正落到题目的结论上，并不是最好的选项，排除。

【答案】 D。

例 4 由于含糖饮料的卡路里含量高，容易导致肥胖，因此无糖饮料开始流行。 经近一段时期的调查，李教授认为：无糖饮料尽管卡路里含量低，但并不意味着它不会导致体重增加。 因为无糖饮料可能导致人们对甜食高度偏爱，这意味着他们可能食用更多的含糖类食物。 而且，无糖饮料几乎没什么营养，喝得过多就限制了其他健康饮品的摄入，比如茶和果汁等。

以下哪项如果为真，最能支持李教授的观点？

A. 茶是中国的传统饮料，长期饮用有益健康。
B. 有些瘦子也爱喝无糖饮料。
C. 有些胖子爱吃甜食。
D. 不少胖子向医生报告他们常喝无糖饮料。
E. 喝无糖饮料的人很少进行健身运动。

【解析】 李教授的观点：无糖饮料尽管卡路里含量低，但并不意味着不会导致体重增加。

选项 A 中，题干论证的关键词是"无糖饮料"，"茶"属于偷换概念，排除。 选项 B 中"有些瘦子"是对论证的削弱，排除。 选项 C 中"爱吃甜食"无法判断他们对"无糖饮料"的偏好，排除。 选项 D 中"不少胖子常喝无糖饮料"说明无糖饮料可以导致体重增加，且"不少"支持力度相对较大，入选。 选项 E 中"健身运动"属于他因削弱，排除。

【答案】 D。

例 5 进入冬季以来，内含大量有毒颗粒物的雾霾频繁袭击我国部分地区。 有关调查显示，持续接触高浓度污染物会直接导致 10% 至 15% 的人患有眼睛慢性炎症或干眼症。 有专家由此认为，如果不采取紧急措施改善空气质量，这些疾病的发病率和相关的并发症将会增加。

以下哪项如果为真，最能支持上述专家的观点？

A. 有毒颗粒物会刺激并损害人的眼睛，长期接触会影响泪腺细胞。
B. 空气质量的改善不是短期内能做到的，许多人不得不在污染环境中工作。
C. 眼睛慢性炎症或干眼症等病例通常集中出现于花粉季。
D. 上述被调查的眼疾患者中有 65% 是年龄在 20～40 岁之间的男性。
E. 在重污染环境中采取戴护目镜、定期洗眼等措施有助于预防干眼症等眼疾。

【解析】 专家的观点：如果不采取紧急措施改善空气质量，这些疾病的发病率和相关的并发症将会增加。 论据：有关调查显示，持续接触高浓度污染物会导致 10% 至 15% 的人患有眼睛慢性炎症或干眼症。

选项 A 指出，有毒颗粒物会刺激并损害人的眼睛，长期接触会影响泪腺细胞。 表明了被污染空气中的有毒颗粒物导致眼疾的具体原因，支持了上述专家的观点，待选。 选项 B 证明污染无法避免，和专家的观点之间没有逻辑关系，排除。 选项 C 说明出现病症的时间是在花粉季，而题干调查时段是冬季，因而二者之间不相关，不支持题干，排除。 选项 D 针对题干的调查样本，但是题目并没有说明这样的样本是否恰当，是否具有代表性，可以当作无关选项，排除。选项 E 如果为真，说明通过其他方式也能预防干眼症，削弱了专家的观点，排除。综上，只有选项 A 符合题干要求。

【答案】 A。

> **做题要领**
> 加强型题目，搭桥是最基本的方法。

题型三：因果相关的题目。

例 1 一份对北方山区先天性精神分裂症患者的调查统计表明，大部分患者都出生在冬季。专家们指出，其原因很可能是那些临产的孕妇营养不良，因为在这一年最寒冷的季节中，人们很难买到新鲜食品。

以下哪项如果为真，能支持题干中专家的结论？

A. 在精神分裂症患者中，先天性患者只占很小的比例。
B. 调查中相当比例的患者有家族史。
C. 与引起精神分裂症有关的大脑区域的发育，大部分发生在产前一个月。
D. 新鲜食品与腌制食品中的营养成分对大脑发育的影响相同。
E. 虽然生活在北方山区，但被调查对象的家庭，大都经济条件良好。

【解析】 题干的逻辑主干：因为冬天人们很难买到新鲜食品，所以临产孕妇营养不良，最终导致先天性精神分裂症。

选项 A，如果先天性精神分裂症患者所占比例很小的话，说明这样的研究很可能是基于较少的样本，有"以偏概全"的嫌疑，对题目有削弱作用，排除。选项 B，认为另有他因，是遗传导致先天性精神分裂症，削弱题干，排除。选项 C，说明临产孕妇营养不良会影响婴儿的大脑发育，从而引发先天性精神分裂症，建立因果关系，支持题干，入选。选项 D，无法从题干信息中判断腌制食品是否会导致先天性精神分裂症，无关选项，排除。选项 E，不论经济条件好坏，都可能很难买到新鲜食物，所以患病和经济条件不一定有关联，无关选项，排除。

【答案】 C。

例 2 有医学研究显示，行为痴呆症患者大脑组织中往往含有过量的铝。同时有化学研究表明，一种硅化合物可以吸收铝。陈医生据此认为，可以用这种硅化合物治疗行为痴呆症。

以下哪项是陈医生最可能依赖的假设？

A. 行为痴呆症患者大脑组织的含铝量通常过高，但具体数量不会变化。
B. 该硅化合物在吸收铝的过程中不会产生副作用。
C. 用来吸收铝的硅化合物的具体数量与行为痴呆症患者的年龄有关。
D. 过量的铝是导致行为痴呆症的原因，患者脑组织中的铝不是痴呆症引起的结果。
E. 行为痴呆症患者脑组织中的铝含量与病情的严重程度有关。

【解析】 前提：行为痴呆症患者脑中含有过量的铝，硅化合物可以吸收铝。结论：硅化合物可以用来治疗行为痴呆症。

选项 A 强调铝含量高,但未涉及论证关系,没有加强作用,排除。 选项 B 指出硅化合物"不会产生副作用"。 事实上,就算会产生副作用,但如果副作用比痴呆症病症轻,仍然可以使用硅化合物,有加强作用,但未必是无之必不可的假设,待选。 选项 C,题干论证的是"能否用来治疗"而非强调"如何去治疗",无关选项,排除。 选项 D 假设过量的铝是引起痴呆症的原因,保证了因果关系,说明硅化合物能够吸收铝且可以治疗此病症,相当于通过排除因果倒置来加强,入选。 选项 E,若是铝导致了行为痴呆症,只要保证题干的方法能治疗此病症即可,病情严重程度与铝含量之间的关系不必假设。

【答案】D。

> •• 做题要领
>
> "痴呆"和"患者大脑铝含量高"两个现象并存,如果存在因果关系,有两种可能:前者是后者的原因,或者后者是前者的原因。 陈医生的论证显然假设:后者是前者的原因,前者是后者的结果。

例 3 根据碳-14 检测,卡皮瓦拉山岩画的创作时间最早可追溯到 3 万年前。 在文字尚未出现的时代,岩画是人类沟通交流、传递信息、记录日常生活的方式。 于是今天的我们可以在这些岩画中看到:一位母亲将孩子举起嬉戏,一家人在仰望并试图触碰头上的星空。 动物是岩画的另一个主角,比如巨型犰狳、马鹿、螃蟹等。 在许多画面中,人们手持长矛,追逐着前方的猎物。 由此可以推断,此时的人类已经居于食物链的顶端。

以下哪项如果为真,最能支持上述推断?

A. 岩画中出现的动物一般是当时人类捕猎的对象。
B. 3 万年前,人类需要避免自己被虎、豹等大型食肉动物猎杀。
C. 能够使用工具使得人类可以猎杀其他动物,而不是相反。
D. 有了岩画,人类可以将生活经验保留下来供后代学习,这极大地提高了人类的生存能力。
E. 对星空的敬畏是人类脱离动物、产生宗教的动因之一。

【解析】论据:在许多画面中,人们手持长矛,追逐着前方的猎物。 结论:此时的人类已经居于食物链的顶端。

选项应同时提到前提和结论的核心词,即"手持长矛,追逐猎物"和"居于食物链的顶端"。 选项 A、D、E 针对的是题干的背景信息,并非关键信息,排除。 选项 B 表明人类需要避免被大型食肉动物猎杀,说明人类并未居于食物链的顶端,排除。 选项 C 中"使用工具"对应题干的"手持长矛","猎杀其他动物而不被其他动物猎杀"说明人类居于食物链的顶端。 这个选项其实是排除了因果倒置来加强题干推断的论证方式。

【答案】C。

> •• 做题要领
>
> (1)学会定位。 根据结构词"由此可以推断"便可将论证定位在其前后的两句话。
> (2)学会分析题干核心词,并在选项中寻找核心词即可。 (3)注意加强题干的几种角度。

例 4 体内不产生 P450 物质的人与产生 P450 物质的人比较，前者患帕金森综合征的可能性是后者的三倍。因为 P450 物质可保护脑部组织不受有毒化学物质的侵害。因此，有毒化学物质可能导致帕金森综合征。

下列哪项如果为真，将最有力地支持以上结论？

A. 除了保护脑部不受有毒化学物质的侵害，P450 对脑部无其他作用。
B. 体内不能产生 P450 物质的人，也缺乏产生某些其他物质的能力。
C. 一些帕金森综合征病人有自然产生 P450 的能力。
D. 当用多巴胺——一种脑部自然产生的化学物质治疗帕金森综合征病人时，病人的症状减轻。
E. P450 对脑部的作用不仅仅局限于保护脑组织不受有毒化学物质的侵害。

【解析】 逻辑主干：因为 P450 物质可保护脑部组织不受有毒化学物质的侵害，所以体内产生 P450 物质的人不容易患帕金森综合征。

选项 A，排除他因，支持题干。选项 B，指出可能正是因为缺乏"某些其他物质"而导致患帕金森综合征，而未必是由于缺乏 P450，削弱题干，排除。选项 C，因为题干并没有说患帕金森综合征的人不产生 P450 物质，只是说不产生 P450 物质的人患帕金森综合征的可能性更大，因此该项既不能削弱也不能支持题干，排除。选项 D，无关选项，题干的关键词是"P450""有毒化学物质"，此项中的"多巴胺"与题干无关，排除。选项 E，说明 P450 对脑部还有其他作用，有可能 P450 的其他作用才是导致患者患病概率降低的原因，有一定的削弱作用，排除。

【答案】 A。

> **•• 做题要领**
>
> 本题是真题中比较有代表性的一个题目。
>
> 寻找他因是削弱题中最常用的手段之一，相应地，排除他因也就可以有效地加强论证。除了"搭桥"以外的几种加强形式，都可以进行"加非验证"。

> **•• 敲黑板**
>
> 这一类题目可以认为是涉及因果推理的支持型题目。题目的逻辑主干通常表现为论据是现象，结论是原因，即果因型，或者论据是原因，结论是结果，也称因果型，那么这一类支持型题目通常就是寻找因果关系之间的支持。所用到的方法有：
>
> （1）搭桥，寻找因果相关。
>
> 如果题干的前提和结论之间有明显的跳跃，或者存在概念上的不一致，那么建立起二者的因果联系即可起到支持作用。
>
> （2）排除他因。
>
> 题干中如果说明原因 A 导致了结果 B 的发生，要加强 A、B 之间的因果关系，需要指出没

有其他原因会导致 B 发生，这样排除他因的选项自然也就支持了题干论证，反之，找到他因也是削弱题型中常用的手段。

（3）建立无因无果的逻辑关系。

题干说明：有原因 A 时，有结果 B。选项设计：无原因 A 时，无结果 B。二者联立，根据求异法的思想，A、B 之间可能存在因果关系，所以能够支持题干论证。

（4）排除因果倒置。

这是一种较难识别的支持方式，因为在论证中，如果题干认为 A 是 B 的原因，有选项认为，B 才是 A 的原因，是通过提供因果倒置来削弱的方式，同理，如果选项认为，A、B 之间确实有因果联系，但不是 B 导致了 A，那么就可以充分说明 A 是 B 的原因这种可能。

题型四：选项支持题干还是题干支持选项？

例 各品种的葡萄中都存在着一种化学物质，这种物质能有效地减少人血液中的胆固醇。这种物质也存在于各类红酒和葡萄汁中，但白酒中不存在。红酒和葡萄汁都是用完整的葡萄做原料制作的；白酒除了用粮食做原料外，也用水果做原料，但和红酒不同，白酒在以水果做原料时，必须除去其表皮。

以上信息最能支持以下哪项结论？

A. 用作制酒的葡萄的表皮都是红色的。
B. 经常喝白酒会增加血液中的胆固醇。
C. 食用葡萄本身比饮用由葡萄制作的红酒或葡萄汁更有利于减少血液中的胆固醇。
D. 能有效地减少血液中胆固醇的化学物质，只存在于葡萄之中，不存在于粮食作物之中。
E. 能有效地减少血液中胆固醇的化学物质，只存在于葡萄的表皮之中，而不存在于葡萄的其他部分中。

【解析】本题属于题干支持选项的支持型题目，实际上是考查根据题干得出结论。题干断定：

①能有效地减少人血液中的胆固醇的化学物质，普遍存在于葡萄中。
②能有效地减少血液中的胆固醇的化学物质，存在于红酒中，但不存在于白酒中。
③红酒是用完整的葡萄做原料的，白酒用葡萄做原料时，必须去掉其表皮。

根据以上断定，不难回答下述问题：为什么白酒和红酒都取葡萄做原料，而那种化学物质又普遍存在于葡萄中，但只有红酒含有这种物质，而白酒却不含有呢？一个合理的结论是这种物质只存在于葡萄的表皮中。这正是选项 E 所断定的。其余各项均不能从题干中推出。

【答案】E。

●··做题要领

请同学们注意，支持型的题目有两种考法："选项支持题干"和"题干支持选项"，因此，拿到支持型题目的时候，一定要看清楚到底是哪种考法，本题是"题干支持选项"，其实是得结论的考法。

> **敲黑板**
>
> **本讲支持题型总结**
>
> 支持型题目，通常是题干直接给出一个结论，找支持这一结论的选项，可以通过以下几种途径：
>
> （1）直接支持论点；
>
> （2）支持论据或补充新论据；
>
> （3）支持论证过程；
>
> （4）补充论证成立的隐含假设；
>
> （5）例证法（力度弱）。
>
> 另外，要注意这一类题目中和因果相关的题目类型。

● 基础能力练习题

1. 孔子非常懂得饮食和养生的道理，《论语·乡党》就列出了很多"食"和"不食"的主张，如"不时不食"，意思是说不要吃反季节蔬菜。

以下哪项陈述是上述解释所必须依赖的假设？

A. 孔子在饮食方面的要求很高。

B. 饮食不仅滋养人的身体，还塑造人的心灵。

C. 我们可以选择吃当季蔬菜还是吃反季节蔬菜。

D. 孔子生活的时代既有当季蔬菜，也有反季节蔬菜。

E. 孔子是个美食家。

2. 杜威：逻辑之所以对人类极端重要，正是因为它在经验中建立，并在实践中应用。

以下哪项陈述是上述论证所依赖的假设？

A. 逻辑在人类知识体系中处于基础地位。

B. 对人类极端重要的东西都是在经验中建立的。

C. 在经验中建立并且在实践中应用的东西对人类极端重要。

D. 经过人类长期实践检验和逻辑证明的东西对人类非常重要。

E. 逻辑是研究人思维形式的科学。

3. 电视广告：这酒嘛，年头要长一点，工艺要精一点。好酒，可以喝一点（广告者打量手中的板城烧锅酒）。板城烧锅酒，可以喝一点。

为了使题干中最后一句话成为前面几句话的逻辑推论，需要补充下面哪一个前提？

A. 茅台酒是中国最著名的好酒。

B. 板城烧锅酒年头很长。

C. 五粮液和板城烧锅酒都是好酒。
D. 板城烧锅酒工艺很精。
E. 喝酒不会影响身体健康。

4. 因为光线与胶片的接触，每一张照片都具有一定的真实性。但是，从不同角度得到的照片总是反映了物体某个侧面的真实性，而不是全部的真实性，在这个意义上，它又是虚假的。因此，仅仅一张照片不能确切地证实任何事物。

以下哪项是使上述论证成立的假设？
A. 任何不能完全反映全部真实的东西都不能构成确切的证据。
B. 全部的真实是不可知的。
C. 在任何意义上照片都不可能证明事物的真实性。
D. 如果有其他证据可以表明被拍摄场景的真实性的话，照片可以作为辅助证据。
E. 如果从所有的角度将物体拍摄下来，就可以确切地证明它的真实性。

5. 尽管特异心理学（包括对传心术、先知和心灵致动等的研究）经常被认为是一种伪科学，但它实际上是一种真正的科学事业，因为它应用诸如对比实验和检验假说的统计学方法等科学方法来研究其所提出的问题。

假设以下哪一项，上文的结论就可以合理地得出？
A. 如果一种研究领域能够完全回答该领域所提出的问题，那么它就是真科学。
B. 由于特异心理学使用科学研究方法，它将会得出可信的结果。
C. 任何不应用对比实验和统计测试方法的事业都不是真科学。
D. 任何使用科学研究方法的研究领域都是一种真正的科学事业。
E. 由于特异心理学提出了可以明确表述的问题，这些问题就可以用对比实验来检验。

6. 威尔和埃克斯这两家公司，对使用他们字处理软件的顾客，提供24小时的热线电话服务。既然顾客仅在使用软件有困难时才打电话，并且威尔收到的热线电话比埃克斯收到的热线电话多四倍，因此，威尔的字处理软件一定是比埃克斯的字处理软件难用。

下列哪项如果为真，则最能够有效地支持上述论证？
A. 平均每个埃克斯热线电话比威尔热线电话时间长两倍。
B. 拥有埃克斯字处理软件的顾客数比拥有威尔字处理软件的顾客数多三倍。
C. 埃克斯收到的关于字处理软件的投诉信比威尔多两倍。
D. 这两家公司收到的热线电话数量逐渐上升。
E. 威尔热线电话的号码比埃克斯的号码更公开。

7. 某经济管理杂志刊登的文章提出：在对外经济交往中不能一味好让不争。在必要的时候，我们也要用"反倾销"的武器来保护自己。

下面的选项除哪项以外，都是对上述观点的进一步论述？
A. 一些国家频频对我国的某些产品提出"反倾销"，而我们却常常把市场拱手让人。

B. 某外国公司卖的某商品的价格远远低于专家推算的成本价。

C. "反倾销"是一把双刃剑，可能影响我国的商品出口。

D. 某外国公司计划用高额的代价取得在我国彩电市场上的绝对优势。

E. 我国要加速制定"反倾销"的有关法律、法规，并形成保护自身的群体意识。

8. 在塞普西路斯的一个古城蒙科云，发掘出了城市的残骸，这一残骸呈现出被地震损坏的典型特征。考古学家猜想，该城的破坏是这个地区公元365年的一次地震所致。

以下哪项如果为真，最有力地支持了考古学家的猜想？

A. 经常在公元365年前后的墓穴里发现的铜制纪念花瓶，在蒙科云城里也发现了。

B. 在蒙科云城废墟里没有发现在公元365年以后铸的硬币，但是却有公元365年前的铸币。

C. 多数现代塞普西路斯历史学家曾经提及，在公元365年前后在附近发生过地震。

D. 在蒙科云城废墟中发现了公元300年至400年风格的雕塑。

E. 在蒙科云发现了塞普西路斯公元365年以后才使用的希腊字母的石刻。

9. "本公司自1980年以来生产的轿车，至今仍有一半在公路上奔驰；其他公司自1980年以来生产的轿车，目前至多有1/3没有被淘汰。"该公司希望以此广告向消费者显示，该汽车公司生产的轿车的耐用性能极佳。

下列哪项如果为真，能够最有效地支持上述广告的观点？

A. 扣除通货膨胀的因素，该公司目前生产的新车的价格只比1980年生产的稍高一点。

B. 自1980年以来，其他公司轿车的年产量有显著增长。

C. 该公司轿车的车主，都经常把车保养得很好。

D. 自1980年以来，该公司在生产轿车上的改进远远小于其他公司对轿车的改进。

E. 自1980年以来，该公司每年生产的轿车数量没有显著增长。

10. 建筑历史学家丹尼斯教授对欧洲19世纪早期铺有木地板的房子进行了研究。结果发现较大的房间铺设的木板条比较小房间的木板条窄得多。丹尼斯教授认为，既然大房子的主人一般都比小房子的主人富有，那么，用窄木板条铺地板很可能是当时有地位的象征，用以表明房主的富有。

以下哪项如果为真，最能加强丹尼斯教授的观点？

A. 欧洲19世纪晚期的大多数房子所铺设的木地板的宽度大致相同。

B. 丹尼斯教授的学术地位得到了国际建筑历史学界的公认。

C. 欧洲19世纪早期木地板条的价格是以长度为标准计算的。

D. 欧洲19世纪早期有些大房子铺设的是比木地板昂贵得多的大理石。

E. 在以欧洲19世纪市民生活为背景的小说《雾都十三夜》中，富商查理的别墅中铺设的就是有别于民间的细条胡桃木地板。

基础能力练习题解析

1. 【答案】 D。
   【解析】 题干中孔子所说的话大致理解为不要吃反季节蔬菜，其隐含的假设显然是孔子生活的时代也有反季节蔬菜可吃，如果孔子生活的时代没有反季节蔬菜，那就没有"食"与"不食"的讨论了。选项 A 是题干意思的重复，但不是隐含的假设，排除。选项 B、C、E 超出题干讨论范围，为无关选项，排除。

2. 【答案】 C。
   【解析】 题干指出逻辑在经验中建立，并在实践中应用，因而得出逻辑对人类极端重要的结论。所以，为使题干论证成立需要补充"在经验中建立，并在实践中应用"和"对人类极端重要"之间的关系，即说明在经验中建立并且在实践中应用的东西对人类极端重要，完成搭桥的目的，故选项 C 为正确答案。

3. 【答案】 C。
   【解析】 由于好酒可以喝一点，如果选项 C 为真，即五粮液和板城烧锅酒都是好酒，那么板城烧锅酒是好酒，所以可以得出结论：板城烧锅酒可以喝一点。本题采用的是搭桥的方式。

4. 【答案】 A。
   【解析】 题干断定，一张照片只反映物体某个侧面的真实性。如果选项 A 为真，即任何不能完全反映全部真实的东西都不能构成确切的证据，则可以合理地得出结论：仅仅一张照片不能确切地证实任何事物。因此，选项 A 为题干论证的假设。

5. 【答案】 D。
   【解析】 题干论述：特异心理学应用科学方法来研究其所提出的问题。如果选项 D 为真，即任何使用科学研究方法的研究领域都是一种真正的科学事业，从而可以合理地得出结论：特异心理学是一种真正的科学事业。

6. 【答案】 B。
   【解析】 选项 A，埃克斯平均每个热线电话的时间更长，最多只能说明顾客面临的问题可能更难解决，或者顾客更难沟通，也可以说明埃克斯的软件难用，所以，此项有一定的削弱作用，不能支持题干，排除。选项 B，说明威尔的顾客更少，收到的热线电话却更多，支持了"威尔的软件更难用"的结论。选项 C，投诉信数量和软件是否好用有一定的关联度，有削弱题干的可能，说明埃克斯的软件更难用，排除。选项 D，无关选项，两家公司收到的热线电话数量都增加，那到底谁家的热线电话数量多不得而知，排除。选项 E，说明更公开的电话号码可能会使得威尔的顾客更容易找到热线电话，才使其接到的热线电话更多，为热线电话多找到他因，削弱题干，排除。

7. 【答案】 C。
   【解析】 题干说明，我们也要用"反倾销"的武器来保护自己。选项 A，说明我国"反倾销"的武器采用得不够，并以外国经常采用"反倾销"的事实论证使用"反倾销"武器的合理性。选项 B 和 D，指出外国对我国正在进行"倾销"，所以我们用"反倾销"是在保护自己。选项

C 认为"反倾销"存在弊端，与题干中主张用"反倾销"作为武器来保护自己的观点相悖，不是对题干的进一步论述。选项 E，论述了如何运用"反倾销"武器来保护自己，可以是题目的进一步论述，排除。

8. 【答案】B。

【解析】题目要求通过题干推理要能够推断出该城遭受破坏的时间。选项 A 中出现的"花瓶"是在公元 365 年"前后"的，无法确定到底是在"前"还是在"后"，如果是公元 365 年后的花瓶，那么就说明城市没有在公元 365 年被破坏，有可能削弱题干论证。选项 B，由于在蒙科云城废墟里没有发现在公元 365 年以后铸的硬币，但是却有公元 365 年前的铸币，那么很有可能在公元 365 年该城市被破坏，因此支持了题干的论证。选项 C 诉诸权威，排除。选项 D 的时间关系同选项 A，排除。选项 E 发现了公元 365 年以后的石刻，说明城市在公元 365 年尚未被破坏，削弱题干，排除。

9. 【答案】E。

【解析】由"本公司自 1980 年以来生产的轿车一半在公路上奔驰"，对照"其他公司自 1980 年以来生产的轿车，目前至多有 1/3 没有被淘汰"，要得出结论：该汽车公司生产的轿车的耐用性能极佳。选项 A 谈及车辆的价格，和题干中的讨论点不相关，排除。选项 B，"其他公司轿车的年产量有显著增长"，说明其他公司目前行驶的车子大约为 1/3 是因为分母变大而比值变小，未必是因为车子不耐用，对题目的论证有一定的削弱作用，排除。选项 C 说明车子经久耐用的原因是保养得好，也是他因，排除。选项 D，无关选项，排除。选项 E 证明，如果该公司的车大多是近年生产的，而其他公司的车大多是 1980 年左右生产的，则题干中的推论就不能成立了，选项 E 排除了这种可能，对题干有加强作用，入选。

10. 【答案】C。

【解析】本题要补充前提得出结论：用窄木板条铺地板可能一度是地位的象征。选项 A，无关选项，与题干"窄木板条地板象征地位"无关，排除。选项 B，诉诸权威，排除。选项 C，支持题干，如果以长度为标准计算价格，则越窄的木板，相同面积使用的数量越多，造价也越贵。选项 D，无关选项，大理石在题干中没有涉及，排除。选项 E，例证法，用小说作为例证缺乏说服力，排除。

第17讲　削弱

考点分析

削弱题型是逻辑考试的重点题型，是逻辑推理中题量最多的题型。

（一）削弱题型的解题思路

削弱题型的解题思路与支持题型的解题思路大致一样，只不过其答案对题干推理的作用刚好相反，只要将某选项放入前提与结论之间，使题干推理成立或结论正确的可能性降低，这个选项就是正确答案。

要使一个结论为真，必须满足两个条件：

（1）前提真实。

（2）推理或论证形式有效。

（二）破解削弱题型的基本方法

（1）首先对题干部分的论证尽可能地简化，抓住中间最主要的推理关系，明确原文的推理关系，即什么是前提，什么是结论；如果题干是反对某个观点，要特别注意问题问的是反对谁的观点、什么观点。

（2）寻找一种弱化题目的方式，使其既可以肯定与题干的结论不相容的选项，也可以从选项中找到一个使题干的论证不能成立的条件。寻找削弱选项的基本方向是针对前提、结论、论证本身。通常有这样几条削弱途径：削弱论点（推理的结论）、削弱论据（推理的前提）和削弱论证方式（推理形式）。

总之，破解削弱题型就是找出一个论证的漏洞，即找出割裂题干论证的论据和结论之间关系的选项。比如，指出哪些前提是错误的，或者隐含的假设不成立，或者论证的前提为何不足以支持其结论，只要选项加入题干的原前提中会降低论据支持度、结论的可靠性，这样的选项就是削弱题的正确答案。也要注意这种思想在论证有效性分析中的应用。

（三）削弱题的解题步骤

（1）寻找结论，推理的重点在结论上。

（2）找出题干得出结论的理由。

（3）分析题干中的论证形式。

（4）预测答案。

（5）确定削弱方式。

①直接削弱题干的结论。

②断开因果联系，也叫作"断桥"。措施达不到目的、原因得不到结果、条件得不出结论；理由与结论之间没有联系或有差异；割断因果，有因无果或无因有果。

③是否因果倒置。

④寻找他因：受其他因素影响，措施未必达到目的、原因未必得出结果、条件未必得出结论；除了题干所说的理由还有其他因素影响其结论。

⑤基于对照实验的实验对象之间是否具有可比性。

⑥显示因果关系的资料不准确。

⑦几种特殊类型。

a. 条件型结论：举反例。

b. 原文是类比：削弱方式为两者本质不同。

c. 原文是调查：有效性受质疑（调查样本或对象没代表性等）。

d. 原文前提和结论关系不密切：正确选项直接削弱结论。

（6）验证答案。

题型分析

题型一：断桥。

例1 如果运动员想有更出色的表现，他们应该在高海拔地区训练。在高海拔地区，身体中每单位体积的血液里含有的红血球数量比在海平面上多。红血球运输氧气，而氧气供应充足便能提高竞技水平，在高海拔地区训练的运动员每单位体积的血液能运载更多的氧气，这样便会有更出色的表现。

如果运动员的心跳速率在高海拔地区时和在低海拔地区时相同，下面哪项如果正确，对上面的论点削弱作用最大？

A. 科学家发现运动员的心脏需要一段时间调整，才能适应在高海拔地区的训练。

B. 科学家发现在高海拔地区人体内的血液总量降低了 25%。

C. 在高原训练的中距离跑运动员有时会败给在海拔为零的平地上训练的运动员。

D. 在过去 20 年，运动员在所有高海拔地区进行的比赛中成绩都明显提高了。

E. 在海拔 5 500 米以上的高原，中距离跑运动员的成绩要比在海拔为零的平地上快几秒钟。

【解析】 题干所持观点是，因为在高海拔地区每单位体积的血液里含有的红血球数量多，所以在高海拔地区训练更有利。其推理过程可表示为：单位血液红血球多→体内红血球总量多→有利于训练。但在这个推理过程中暗含了一个假设，即血液总量不变。若血液总量减少了，即使单位血液中红血球增加，体内的红血球总量也不一定增加。选项 B 否定了这一假设，因此对题干论点构成反驳。选项 A 认为，运动员的心脏需要一段时间调整，才能适应在高海拔地区的训练，对题干的论证有削弱作用，但是如果适应之后是不是确实可以提高训练效果？ 如果是这样，那题目的观点就有可能成立，因此选项 A 削弱作用不强。选项 C 用特例来说明，削弱作用很弱，排除。选项 D 用过去的训练结果推断将来的训练结果，有"忽略发展"的嫌疑，排除。选项 E 说明高海拔地区的训练有助于提高运动员成绩，对题干有加强作用，排除。

【答案】 B。

例2 市场调查表明，在价格战中，名牌电脑的降价幅度不超过 10%，所以神舟电脑的降价幅度也不超过 10%。

以下哪项最能推翻以上论证？

A. 去年神舟电脑没有降价。

B. 许多电脑的降价幅度超过 10%。

C. 神舟电脑不是名牌电脑。

D. 神舟电脑的市场占有率提高了 10%。

E. 市场预测，明年电脑还会降价。

【解析】 题干论证的假设是，神舟电脑是名牌电脑，选项 C 直接否定了这个假设，最有力地推翻了题干论证。选项 A，去年神舟电脑没有降价和今年是否会降价关联不大，排除。选项 B 中的"许多电脑"是否包含神舟电脑不得而知，排除。选项 D，"市场占有率"的提高和降价没有关系，排除。 选项 E 是指市场预测，但是预测的情况不一定会发生，排除。

【答案】 C。

例 3 人们通常认为，幸福能够增进健康、有利于长寿，而不幸福则是健康状况不佳的直接原因。 但最近有研究人员对 3 000 多人的生活状况调查后发现，幸福或不幸福并不意味着死亡的风险会相应地变得更低或更高。 他们由此指出，疾病可能会导致不幸福，但不幸福本身并不会对健康状况造成损害。

以下哪项如果为真，最能质疑上述研究人员的论证？

A. 幸福是个体的一种心理体验，要求被调查对象准确断定其幸福程度有一定的难度。

B. 有些高寿老人的人生经历较为坎坷，他们有时过得并不幸福。

C. 有些患有重大疾病的人乐观向上，积极与疾病抗争，他们的幸福感比较高。

D. 人的死亡风险低并不意味着健康状况好，死亡风险高也不意味着健康状况差。

E. 少数个体死亡风险的高低难以进行准确评估。

【解析】 结论：不幸福不会对健康状况造成损害。 论据：幸福或不幸福并不意味着死亡的风险会相应地变得更低或更高。

选项 A 指出"被调查对象准确断定其幸福程度有一定的难度"，对题干有一定的削弱作用，但是没有明确"不幸福"和"健康状况"之间的关系。 选项 B 用特例来说明"不幸福也长寿"，对题干有一定的支持作用，排除。 选项 C 证明有些健康状况不好的人过得也很幸福，削弱性有限，排除。 选项 D 指出"人的死亡风险低并不意味着健康状况好，死亡风险高也不意味着健康状况差"。 题干论证中的论据是"死亡风险"，结论是"健康状况"，很显然题干的论证假设了"死亡风险的高低意味着健康状况的好坏"。 选项 D 如果为真，说明这一假设不成立，因此，有力地质疑了题干的论证，入选。 选项 E 为无关选项，不能削弱题干，排除。

【答案】 D。

> **做题要领**
> 削弱的方法有很多种：削弱结论、削弱论证方法、削弱论据等。 本题所采用的方法是断开题干前提和结论之间的关系，使得题目论证的结论无法得出。

例 4 某研究机构以约 2 万名 65 岁以上的老人为对象，调查了笑的频率与健康状态的关系。 结果显示，在不苟言笑的老人中，认为自身现在的健康状态"不怎么好"和"不好"的比例分别是几乎每天都笑的老人的 1.5 倍和 1.8 倍。 爱笑的老人对自我健康状态的评价往往较高。 他们由此认为，爱笑的老人更健康。

以下哪项如果为真，最能质疑上述调查者的观点？

A. 乐观的老年人比悲观的老年人更长寿。

B. 病痛的折磨使得部分老人对自我健康状态的评价不高。

C. 身体健康的老年人中，女性爱笑的比例比男性高 10 个百分点。

D. 良好的家庭氛围使得老年人生活更乐观、身体更健康。

E. 老年人的自我健康评价往往和他们实际的健康状况之间存在一定的差距。

【解析】 论据：爱笑的老人对自我健康状态的评价往往较高。 结论：爱笑的老人更健康。

前提指出"爱笑的老人"和"对自我健康状态的评价"之间的关系，结论指出"爱笑的老人"和"健康"之间的关系。 根据论证结构只需割裂"对自我健康状态的评价"和"健康"的关系即可质疑论证。

【答案】 E。

题型二：唱反调。

例 1 当企业处于蓬勃上升时期，往往紧张而忙碌，没有时间和精力去设计和修建"琼楼玉宇"；当企业所有的重要工作都已经完成，其时间和精力就开始集中在修建办公大楼上。 所以，如果一个企业的办公大楼设计得越完美，装饰得越豪华，则该企业离解体的时间就越近；当某个企业的大楼设计和建造趋向完美之际，它的存在就逐渐失去意义。 这就是所谓的"办公大楼法则"。

以下哪项如果为真，最能质疑上述观点？

A. 某企业的办公大楼修建得美轮美奂，入住后该企业的事业蒸蒸日上。
B. 一个企业如果将时间和精力都耗费在修建办公大楼上，则对其他重要的工作就投入不足了。
C. 建造豪华的办公大楼，往往会加大企业的运营成本，损害其实际收益。
D. 企业办公大楼越破旧，企业就越有活力和生机。
E. 建造豪华的办公大楼并不需要企业提供太多的时间和精力。

【解析】 题干的观点是：如果一个企业的办公大楼设计得越完美，装饰得越豪华，则该企业离解体的时间就越近。 即办公大楼修建得越完美→该企业越接近解体。 目标：最能质疑上述观点。 如果结论是命题形式，最强的削弱是和结论唱反调，即寻找否命题。

上述条件断定的否命题是：¬（办公大楼修建得越完美→该企业越接近解体）= 办公大楼修建得越完美∧¬解体。 选项 A 符合题干条件的否命题，最能质疑该断定。

【答案】 A。

例 2 近年来，越来越多的机器人被用于在战场上执行侦察、运输、拆弹等任务，甚至将来陷阵的都不再是人，而是形形色色的机器人。 人类战争正在经历自核武器诞生以来最深刻的革命。 有专家据此分析指出，机器人战争技术的出现可以使人类远离危险，更安全、更有效率地实现战争目标。

以下哪项如果为真，最能质疑上述专家的观点？

A. 现代人类掌控机器人，但未来机器人可能会掌控人类。
B. 机器人战争技术有助于摆脱以往大规模杀戮的血腥模式，从而让现代战争变得更为人道。
C. 掌握机器人战争技术的国家为数不多，将来战争的发生会更为频繁也更为血腥。
D. 因不同国家之间军事科技实力的差距，机器人战争技术只会让部分国家远离危险。
E. 全球化时代的机器人战争技术要消耗更多资源，破坏生态环境。

【解析】 专家的观点是：机器人战争技术的出现可以使人类远离危险，更安全、更有效率地实现战争目标。 最有效的削弱思路是指出，机器人战争技术的出现未必会使得人类远离危险。

选项 A 是无关选项，排除。 选项 B 是对题干中专家观点的加强，排除。 选项 C 指出，将来战争的发生会更为频繁也更为血腥,证明机器人战争技术的出现未必会使得人类远离危险,可以削弱题目中专家的观点,入选。 选项 D 所涉及的信息指出,机器人战争技术只会让部分国家远离危险,按照选项的说法,也许还是有一部分不能远离危险,这种一半加强一般削弱的选项,以后看见就直接排除。 选项 E 指出战争要消耗更多资源、破坏生态环境,有恶果,但是和题干专家的观点无关,排除。

【答案】 C。

> 例3 旅游是一种独特的文化体验。 游客可以跟团游,也可以自由行。 自由行游客虽避免了跟团游的集体束缚,但也放弃了人工导游的全程讲解,而近年来他们了解旅游景点的文化需求却有增无减。 为适应这种市场需求,基于手机平台的多款智能导游 App 被开发出来。 它们可定位用户位置,自动提供景点讲解、游览问答等功能。 有专家就此指出,未来智能导游必然会取代人工导游,传统的导游职业行将消亡。

以下哪项如果为真,最能质疑上述专家的论断?

A. 旅行中才会使用的智能导游 App,如何保持用户黏性、未来又如何取得商业价值等都是待解决问题。
B. 国内景区配备的人工导游需要收费,大部分导游讲解的内容都是事先背好的标准化内容。 但是,即便人工导游没有特色,其退出市场也需要一定的时间。
C. 目前发展较好的智能导游 App 用户量在百万级左右,这与当前中国旅游人数总量相比还只是一个很小的比例,市场还没有培养出用户的普遍消费习惯。
D. 好的人工导游可以根据游客需求进行不同类型的讲解,不仅关注景点,还可表达观点,个性化很强,这是智能导游 App 难以企及的。
E. 至少有 95%的国外景点所配备的导游讲解器没有中文语音,中国出境游客因为语言和文化上的差异,对智能导游 App 的需求比较强烈。

【解析】 专家观点:未来智能导游必然会取代人工导游,传统的导游职业行将消亡。 要质疑专家观点,只需说明未来智能导游不会取代人工导游即可。

选项 A 说明智能导游 App 推广存在某些待解决问题,但不能说明未来这些问题不能解决,无法质疑专家论断,排除。 选项 B 表明人工导游退出市场需要一定的时间,一定程度上支持了"传统的导游职业行将消亡"的观点,只是时间问题而已,排除。 选项 C,目前市场还没有培养出用户的普遍消费习惯,不代表未来不能培养,不能质疑专家论断,排除。 选项 D 提到好的人工导游的一些优势是智能导游 App 难以企及的,直接说明智能导游不必然会取代人工导游,入选。 选项 E,中国出境游客因为语言和文化上的差异,对智能导游 App 的需求比较强烈,一定程度上支持了专家论断,排除。

【答案】 D。

题型三: 因果倒置。

> 例1 一项关于婚姻状况的调查显示,那些起居时间明显不同的夫妻之间,虽然每天相处的时间相对较少,但每月爆发激烈争吵的次数,比起那些起居时间基本相同的夫妻明显要多。 因此,为了维护良好的夫妻关系,夫妻之间应当注意尽量保持基本相同的起居规律。

以下哪项如果为真，最能削弱上述论证？

A. 夫妻间不发生激烈争吵，不一定关系就好。

B. 夫妻闹矛盾时，一方往往用不同时起居的方式以示不满。

C. 个人的起居时间一般随季节变化。

D. 起居时间的明显变化会影响人的情绪和健康。

E. 起居时间的不同很少是夫妻间争吵的直接原因。

【解析】 本题题干得出结论的根据是"起居时间不同，导致夫妻不和"。假如选项 B 为真，能有力地削弱题干的论证，因为这说明了是夫妻不和导致了起居时间不同，指出了题干信息的因果倒置，削弱作用最强。

【答案】 B。

例 2 某校的一项抽样调查显示：该校经常泡网吧的学生中家庭经济条件优越的占 80%；学习成绩下降的也占 80%。因此家庭条件优越是学生泡网吧的重要原因，泡网吧是学习成绩下降的重要原因。

以下哪项如果为真，最能削弱上述论证？

A. 该校位于高档住宅区，学生九成以上家庭条件优越。

B. 经过清理整顿，该校周边网吧管理规范。

C. 有的家庭条件优越的学生并不泡网吧。

D. 家庭条件优越的家长并不赞成学生泡网吧。

E. 被抽样调查的学生占全校学生的 30%。

【解析】 题目有两个结论：①家庭条件优越是学生泡网吧的重要原因；②泡网吧是学习成绩下降的重要原因。削弱其中任何一个都是有削弱作用的。题干的前提条件：该校经常泡网吧的学生中家庭经济条件优越的占 80%；但是，如果选项 A 为真，说明本来学生中家庭经济条件优越的比例就高，那么在泡网吧的学生中家庭经济条件优越的人，未必是因为家庭经济条件优越而泡网吧，对题目论证有很强的削弱作用。选项 C 的特例对题干削弱作用较弱，排除。选项 E 说明调查样本偏少，有以偏概全的嫌疑，对题干有削弱作用，但是较弱，排除。

【答案】 A。

例 3 最近，一些儿科医生声称，狗最倾向于咬 13 岁以下的儿童。他们的论据是被狗咬伤而前来就医的大多是 13 岁以下的儿童。他们还发现，咬伤患儿的狗大多是雄性德国牧羊犬。

如果以下陈述为真，哪一项最严重地削弱了儿科医生的结论？

A. 被狗咬伤并致死的大多数人，其年龄都在 65 岁以上。

B. 被狗咬伤的 13 岁以上的人大多数不去医院就医。

C. 许多被狗严重咬伤的 13 岁以下儿童是被雄性德国牧羊犬咬伤的。

D. 许多 13 岁以下被狗咬伤的儿童就医时病情已经恶化了。

E. 狗咬伤会有很严重的后遗症。

【解析】 儿科医生的结论是，狗最倾向于咬 13 岁以下的儿童；其论据是，被狗咬伤而前来就医的大多是 13 岁以下的儿童。如果被狗咬伤的 13 岁以上的人大多数不去医院就医，那么由题干的论据就不能得出题干的结论，因此，选项 B 有力地削弱了题干的结论，其余选项均不能削弱题干结论。比如，选项 A，被狗咬伤并致死的大多数人的年龄情况如何，与题干不相干，排除。选项 C，儿童是被什么品种的狗咬伤的，也和题干论证无关，排除。

【答案】B。

例 4　一位研究嗜毒者的研究人员发现，平均而言嗜毒者倾向于操纵其他人的程度比不嗜毒者高出很多。该研究人员得出结论，经常操纵别人的人容易吸毒上瘾。

下面哪项如果正确，能最严重地削弱这位研究人员的结论？

A. 在对吸毒上瘾之后，嗜毒者学会一种以操纵别人作为取得毒品的方法。
B. 当被关入监狱时，嗜毒者经常运用他们操纵别人的能力来获得更好的生活条件。
C. 一些不嗜毒者比一些嗜毒者更多地操纵别人。
D. 可能成为嗜毒者的人除了经常操纵别人外，还表现出不正常的行为模式。
E. 研究人员研究的嗜毒者在操纵别人时通常不能成功地获得他们想要的。

【解析】本题为典型的"因果倒置"题目，题干结论是，经常操纵别人的人容易吸毒上瘾，选项 A 表明是因为吸毒上瘾后才去操纵别人，这就有力地削弱了研究人员的结论。

【答案】A。

例 5　某组研究人员报告说，与心跳速度每分钟低于 58 次的人相比，心跳速度每分钟超过 78 次者心脏病发作或者发生其他心血管问题的概率高出 39%，死于这类疾病的风险高出 77%，其整体死亡率高出 65%。研究人员指出，长期心跳过速导致了心血管疾病。

以下哪项如果为真，最能对该研究人员的观点提出质疑？

A. 在老年人中，长期心跳过速的超过 39%。
B. 在老年人中，长期心跳过速的不到 39%。
C. 相对老年人，年轻人生命力旺盛，心跳较快。
D. 各种心血管疾病影响身体的血液循环机能，导致心跳过速。
E. 野外奔跑的兔子心跳很快，但很少发现它们患心血管疾病。

【解析】研究人员认为长期心跳过速和心血管疾病之间有关系。想要削弱这个结论，最简单、直观的方式就是证明二者之间没有因果关系，或者题目有因果倒置的嫌疑。

选项 A 和 B 仅仅考虑了老年人中长期心跳过速的比例，但是没有说明长期心跳过速和心血管疾病之间的关系，没有削弱作用，排除。选项 C 仅仅说明了为什么年轻人心跳较快，也没有说明长期心跳过速和心血管疾病之间的关系，没有削弱作用，排除。选项 D 证明是各种心血管疾病导致心跳过速，如果该项为真，则说明题干研究人员倒置了因果。选项 E 用野外奔跑的兔子来做论据，但是兔子的情况是否会和人类不同呢？题目没有涉及，为无关选项，排除。

【答案】D。

> **做题要领**
>
> 削弱作用最强的方式之一：因果倒置。在这点上，还要注意如何用排除因果倒置来加强题干推理。

题型四：以偏概全；样本偏颇。

例 1 我国多数软件开发工作者的"版权意识"十分淡漠，不懂得通过版权来保护自己的合法权益。最近对 500 多位软件开发者的调查表明，在制订开发计划时也同时制订了版权申请计划的仅占 20%。

以下哪项如果为真，最能削弱上述结论？

A. 制订了版权申请计划并不代表有很强的"版权意识"，是否有"版权意识"要看实践。

B. 有许多软件开发者事先没有制订版权申请计划，但在软件完成后申请了版权。

C. 有些软件开发者不知道应该到什么地方去申请版权。有些版权受理机构服务态度也不怎么样。

D. 版权意识的培养需要有一个好的法制环境。人们既要保护自己的版权，也要尊重他人的版权。

E. 在被调查的 500 名软件开发者以外还有上万名计算机软件开发者，他们的"版权意识"如何，有待进一步调查。

【解析】 题目由"在制订开发计划时也同时制订了版权申请计划的仅占 20%"，得出结论"我国多数软件开发工作者的'版权意识'十分淡漠"。选项 B 指出，虽然许多软件开发者在软件开发的时候没有制订版权申请计划，但在软件完成后申请了版权，那么即便调查的结果属实，也不能证明"我国多数软件开发工作者的'版权意识'十分淡漠"，对题干有较强的削弱作用。选项 A 看上去有削弱作用，但是如何看"实践"是题目中没有涉及的，为无关选项，排除。选项 C、D 均为无关选项，排除。选项 E，把样本范围扩大到"计算机软件开发者"，和题目的概念不一致，排除。

【答案】 B。

例 2 据对一批企业的调查显示，这些企业总经理的平均年龄是 57 岁，而在 20 年前，同样的这些企业的总经理的平均年龄大约是 49 岁。这说明，目前企业中总经理的年龄呈老化趋势。

以下哪项，对题干的论证提出的质疑最为有力？

A. 题干中没有说明，20 年前这些企业关于总经理人选是否有年龄限制。

B. 题干中没有说明，这些总经理任职的平均年数。

C. 题干中的信息，仅仅基于有 20 年以上历史的企业。

D. 20 年前这些企业总经理的平均年龄仅是个近似数字。

E. 题干中没有说明被调查企业的规模。

【解析】 题干的逻辑主线是"受调查的企业总经理的平均年龄增大"推出"目前企业中总经理的年龄呈老化趋势"，要削弱这个推理，就要说明这两者之间是有差异的，即受调查的企业总经理不是目前企业总经理的代表，题干推理犯了以偏概全的错误。正如选项 C 所指出的，题干的论据仅仅基于有 20 年以上历史的老企业。而题干的结论，却是对包括新、老企业在内的目前各种企业的一般性评价。如果上述这样的老企业在目前的企业中占的比例不大，则题干结论的可信度就会大大降低。因此，选项 C 是对题干论证的有力质疑。其余各项均不能构成对题干论证的质疑。

【答案】 C。

例3 为了估计当前人们对管理基本知识掌握的水平，《管理者》杂志为读者开展了一次管理知识有奖问答活动。答卷评分后发现，60%的参加者对于管理基本知识掌握的水平很高，30%左右的参加者也表现出了一定的水平。《管理者》杂志因此得出结论，目前社会群众基于管理基本知识的掌握还是不错的。

以下哪项如果为真，则最能削弱以上结论？

A. 管理基本知识的范围很广，仅凭一次答卷得出结论未免过于草率。
B. 管理基本知识的掌握与管理水平的真正提高还有相当的差距。
C. 并非所有的《管理者》的读者都参加了此次答卷活动。
D. 从发行渠道等方面看，《管理者》的读者主要集中在高等学历知识阶层和实际的经营管理者。
E. 可能有几位杂志社的工作人员的亲戚也参加了此次答卷，并获了奖。

【解析】 对于削弱题，一般是要找到一个选项，如果加入题干的推理后，使段落推理不成立或者使结论的可靠性降低，那么这个选项就是正确答案。题干的推理是大多数参加者对管理基本知识掌握的水平很高，所以社会群众对管理基本知识的掌握不错。如果加入选项 D，则说明参加者并没有代表社会群众的一般水平，因此削弱了题干的推理。选项 C 有一定的削弱作用，说明有人没有参加问答活动，有可能样本不够全面，但削弱作用不是最强的，排除。

【答案】 D。

例4 李强说："我认识了 100 个人，在我所认识的人中没有一个是失业的，所以中国的失业率一定是很低的。"

以下哪项最能反驳李强的推理？

A. 李强所认识的人中有小孩。
B. 李强所在城市的失业率和其他城市不一样。
C. 由于流动人口的存在很难计算失业率。
D. 李强认识的绝大多数是单位的同事。
E. 李强本人不是失业者。

【解析】 李强的推理犯了以偏概全的逻辑错误，选项 D 指出了这一点。如果李强认识的绝大多数人是单位的同事，而只有有工作的人才会成为李强的同事，该项也就意味着李强所认识的 100 个人，对于分析中国的失业率来说不具有代表性。

【答案】 D。

例5 为了调查当前人们的识字水平，实验者列举了 20 个词语，请 30 位文化人士识读，这些人的文化程度都在大专以上。识读结果显示，多数人只读对 3~5 个词语，极少数人读对 15 个以上，甚至有人全部读错。其中，"蹒跚"的辨识率最高，30 人中有 19 个读对；"呱呱坠地"所有人都读错。20 个词语的整体误读率接近 80%。该实验者由此得出，当前人们的识字水平并没有提高，甚至有所下降。

以下哪项如果为真，最能对该实验者的结论构成质疑？

A. 实验者选取的 20 个词语不具有代表性。
B. 实验者选取的 30 位识读者均没有博士学位。
C. 实验者选取的 20 个词语在网络流行语言中不常用。
D. "呱呱坠地"这个词的读音有些大学老师也经常读错。
E. 实验者选取的 30 位识读者中约有 50% 大学成绩不佳。

【解析】前提：20 个词语整体误读率接近 80%。结论：当前人们的识字水平并没有提高，甚至有所下降。

题干的论证方式是基于抽样调查的统计推理。选项 A 如果为真，说明这一抽样调查的样本选取不当，实验内容不具有代表性，最强地质疑了实验者的结论。选项 B 涉及"博士学位"，但是否获得博士学位和识字能力没有关系，排除。选项 C 指出"20 个词语在网络流行语言中不常用"，有削弱作用，为大家的读错找到原因，但是这 20 个词语在其他地方是否不常用呢？不确定，故该项削弱作用不及选项 A，排除。选项 D 涉及"呱呱坠地"这个特例，削弱作用有限，排除。选项 E 属于无关选项，识字能力和大学成绩之间没有关系，排除。

【答案】A。

> **敲黑板**
>
> 对于实验题来说，有以下几个关键点。
> （1）实验的对象是否是实验所需或具有代表性。
> （2）实验的方法是否可行。
> （3）实验得出结论的过程是否严谨。

题型五：架空法（釜底抽薪法）。

【题目特征】所谓的架空法（釜底抽薪法）一般都会出现在对话中，论辩的一方先提出一个观点，另一方反对。那么，想要削弱第二个人的观点，除了直接削弱之外，还可以通过加强第一个人的论证实现。架空法（釜底抽薪法）就相当于先接受第二个人的观点，再补充一条论证，通过这条补充的论证联立后者的论证，二者的联立其实是加强了前者的推理，从而达到削弱后者的目的。

例 1 母亲说："这学期冬冬的体重明显下降，我看这是因为他的学习负担太重了。"

父亲说："冬冬体重下降和学习负担没有关系。医生说冬冬营养不良，我看这是冬冬体重下降的原因。"

以下哪项如果为真，则最能对父亲的意见提出质疑？

A. 学习负担过重，会引起消化紊乱，妨碍对营养的正常吸收。
B. 隔壁松松和冬冬一个班，但松松是个小胖墩，正在减肥。
C. 由于学校的重视和努力，这学期冬冬和同学们的学习负担比上学期有所减轻。
D. 现在学生的普遍问题是过于肥胖，而不是体重过轻。
E. 引起孩子肥胖的原因是多方面的，单纯地说是哪一方面的原因，而不经过严格的调查，是不合理的。

【解析】 本题是典型的架空法题型。这种基于对话的题干首要要知道双方各自所持的观点是什么。母亲的观点是"学习负担太重导致体重下降"，父亲的观点是"体重下降和学习负担没有关系"，为了补充说明这一点，父亲所给出的论据是"营养不良"。想要削弱父亲的观点，既可以直接削弱父亲的观点，也可以加强母亲的观点。选项 A 建立的因果联系指出"学习负担过重导致营养不良，营养不良导致体重下降"，因此，体重下降归根结底还是学习负担过重，对父亲的观点是最有效的削弱。

【答案】 A。

例2 莫尔鸟是仅存在于新西兰的一种高大但不会飞的鸟，在人类定居新西兰之前，数量极多，但当人类来到新西兰之后，莫尔鸟几乎绝迹了。有人认为，是人类的出现导致了莫尔鸟的灭绝。可是，最近有科学家证实，人类是不会去捕获莫尔鸟的，因此，肯定不是人类的出现造成了莫尔鸟的绝迹。

下面哪一项如果正确，能最严重地削弱上面的论述？

A. 一些莫尔鸟栖息在新西兰人类定居最晚的一部分地区。
B. 新西兰人也猎取一种哺乳动物。这种动物虽然也易受本地天敌的攻击，却并未灭绝。
C. 人类引入新西兰好几种捕食莫尔鸟的动物。
D. 大约第一批人进驻新西兰 500 年之后，莫尔鸟仍存在于新西兰的某些地区。
E. 一些莫尔鸟能战胜人类。

【解析】 题目的结论：肯定不是人类的出现造成了莫尔鸟的绝迹。要削弱上述论证，最有用的方法就是证明确实是人类的出现造成了莫尔鸟的绝迹。选项 C 表明，即便人类不捕食莫尔鸟，但是捕食莫尔鸟的那些动物是因为人类的出现而被引入的，归根结底，莫尔鸟数量的减少还是和人类的出现有关，对题干论述的削弱作用很强，入选。

【答案】 C。

题型六：基于对照实验。

【题目特征】如果题干是将两类或者两个事物放在一起对比，那么就需要研究对比的对象之间是否具有可比性。如果对比的对象之间有不可比之处，不可比之处将会是一个比较值得切入的削弱点。

例1 两个实验大棚里种上相同数量的黄瓜苗，在第一个大棚里施加镁盐，但在第二个大棚里不加。第一个大棚中产出了 10 公斤黄瓜，而第二个只产出了 5 公斤。由于除了水没有向大棚中施加任何其他的东西，第一个大棚中较高的产量一定是因为镁盐。

以下哪项如果为真，最严重地削弱了上述论证？

A. 两个实验大棚的土壤里都有少量镁盐。
B. 第三个实验大棚施加了一种高氮肥料但没有加镁盐，产出了 7 公斤黄瓜。
C. 两个实验大棚里都种植了四个不同的黄瓜品种。
D. 两个实验大棚的土质和日照量不同。
E. 引起两个实验大棚黄瓜产量不同的原因是多方面的。

【解析】 题干实际上是使用了求因果五法中的求异法来判断"镁盐"和"黄瓜产量"的关系。

在使用求异法时需要注意的是，在被研究现象出现的场合和被研究现象不出现的场合中是否还有其他差异情况。要削弱题干的论证，就要说明存在其他因素影响题干。选项 D 就指出了两种场合中存在着其他差异情况。

【答案】D。

例 2 世界卫生组织在全球范围内进行了一项有关献血对健康影响的跟踪调查。调查对象分为三组。第一组中的对象均有二次以上的献血记录，其中最多的达数十次；第二组中的对象均仅有一次献血记录；第三组对象均从未献过血。调查结果显示，被调查对象中癌症和心脏病的发病率，第一组分别为 0.3% 和 0.5%，第二组分别为 0.7% 和 0.9%，第三组分别为 1.2% 和 2.7%。一些专家依此得出结论，献血有利于减少患癌症和心脏病的风险。这两种病已经不仅在发达国家而且也在发展中国家成为威胁中老年人生命的主要杀手。因此，献血利己利人，一举两得。

以下哪项如果为真，将削弱以上结论？

Ⅰ. 60 岁以上的调查对象，在第一组中占 60%，在第二组中占 70%，在第三组中占 80%。
Ⅱ. 献血者在献血前要经过严格的体检，一般具有较好的体质。
Ⅲ. 调查对象的人数，第一组为 1 700 人，第二组为 3 000 人，第三组为 7 000 人。

A. 只有Ⅰ。　　　　　　　B. 只有Ⅱ。　　　　　　　C. 只有Ⅲ。
D. 只有Ⅰ和Ⅱ。　　　　　E. Ⅰ、Ⅱ和Ⅲ。

【解析】复选项Ⅰ能够削弱题干。该项意味着，患癌症和心脏病的比例高低的原因，不是有没有献血、献血次数多不多，而是背后还有调查对象的选样差异，削弱了题干。复选项Ⅱ意味着，患癌症和心脏病的比例高低的原因，不是有没有献血、献血次数多不多，而是有没有体检、体检是否严格、体质好不好，削弱了题干。复选项Ⅲ仅仅是调查对象的绝对人数的差异，对整个调查研究不起决定性的作用，不能削弱题干。

【答案】D。

例 3 注意到某城市犯罪数目在 1982 年比 1981 年下降 5.2%，这个城市的公安局局长说，这是因为新警察计划在 1982 年初付诸实施的结果。

下面哪一项，如果正确，最能削弱上面公安局局长的结论？

A. 最近为警察计划增加开支的几个城市 1982 年与 1981 年相比，犯罪数目没有减少。
B. 这个城市的犯罪数目每年是用同样的方法从被报道的犯罪数目中估计出来的。
C. 在该城市的郊区所发生的犯罪数目在 1982 年比 1981 年增加了 5%，与发生在城市中的数目大致相等。
D. 1982 年该州犯罪数目比 1972 年犯罪数目高出 10%。
E. 由于出生率低，可能犯罪的人数在 1982 年比 1981 年显著减少。

【解析】题干中公安局局长的结论是犯罪数目下降这一现象的原因是新警察计划生效。若从现象中得到结论，那么结论往往是对事实、现象的一个解释，指出有其他的原因可以解释为什么犯罪数目下降。选项 E 表明，由于出生率低导致了可能犯罪的人少了（即潜在的罪犯人数少了），即两个年份犯罪人数不具有可比性，当然也就从另一方面解释了是因为犯罪人数的下降导致了犯罪数目的下降，而未必是因为新警察计划生效。选项 A 列举了其他几个城市的情况，这些城市也有"为警察计划增加开支"，但是"犯罪数目没有减少"，说明二者之间可能不一定有因果联系，有一定的削弱作用，但是其他城市的情况是否和题干中的城市具有可比性，不得而知，因此削弱作用较弱。选项 B 说明关于犯罪数目的统计，每年都是用同样的方法估计出来的，对题目是有加强作用，排除。选项 C 说明在该城市的郊区所发生的犯罪数目在 1982 年比 1981 年增加了 5%，与发生在城市中的数目大致相等，那么结论应该就是该城市的犯罪数目增加而不是减少，对题目有一定的削弱作用，质疑其论据的真实性，但是削弱作用弱，排除。选项 D 涉及该州犯罪数目的情况，和具体的这个城市不一定有关系，排除。

【答案】E。

例 4 是否独生对孩子的社会发展没有什么影响？最近对 30 个独生子和 35 个年龄为 3 岁的头生子的跟踪调查发现：两组孩子在对待其同龄人、父母和其他成年人时，行为非常相似。

下面哪一项如果正确，最能削弱上文的结论？

A. 比较的两组没有包括相同人数的儿童。
B. 儿童与母亲之间的相互影响与儿童与父亲的相互影响相比，更多的时间被用于观察前者。
C. 参与调查的大多数研究者是没有兄弟姐妹的。
D. 在他们的父母有第二个孩子时，头生子平均来说快 3 岁了。
E. 在研究中描述的"其他成年人"主要由研究组成员组成。

【解析】题干从一个调查发现，一组独生子和一组头生子行为相似，于是得出结论：是否独生对孩子的社会发展没有什么影响。选项 D 表明，头生子在快 3 岁的时候父母才有第二胎，即基本上在 3 岁以前父母对其都是作为独生子来抚养的，那 3 岁的独生子和 3 岁的头生子等于是同一类人，他们之间没有可比性，其行为当然相似，这就有力地削弱了题干的结论。

【答案】D。

例 5 自 1940 年以来，全世界的离婚率不断上升。因此，目前世界上的单亲儿童，即只与生身父母中的某一位一起生活的儿童，在整个儿童中所占的比例，一定高于 1940 年。

以下哪项关于世界范围内相关情况的断定，如果为真，最能对上述推断提出质疑？

A. 1940 年以来，特别是 70 年代以来，相对和平的环境和医疗技术的发展，使中青年已婚男女的死亡率极大地降低。
B. 1980 年以来，离婚男女中的再婚率逐年提高，但其中的复婚率却极低。
C. 目前全世界儿童的总数，是 1940 年的两倍以上。
D. 1970 年以来，初婚夫妇的平均年龄在逐年上升。
E. 目前每对夫妇所生子女的平均数，要低于 1940 年。

【解析】题干根据前提"从 1940 年以来全世界离婚率不断上升"，推出结论"目前世界上的单亲儿童在整个儿童中所占的比例一定高于 1940 年"。但是，造成单亲儿童数量变化的原因，除了离婚率的变化外，还有战争、疾病等因素。选项 A 正好指出了，相对和平的环境和医疗技术的发展，已经使得中青年已婚男女的死亡率极大地降低，因此，即使从 1940 年以来全世界离婚率不断上升，但目前世界上的单亲儿童所占的比例不一定就高于 1940 年。选项 C 是一个严重干扰项，它指出目前全世界儿童总数是1940年的两倍以上，但是，如果全世界儿童的总数在增加，但是单亲儿童数量也在增加，甚至单亲儿童数量的增加速度高于全世界儿童的总数增加的情况下，那单亲儿童比例就不仅不会下降反而有所增加，所以对题干的削弱作用弱于选项A，排除。其他选项均不能质疑上述推断，排除。

【答案】 A。

例6 稀土是储量较少的一类金属的统称，广泛应用于尖端科技和军工领域。世界上绝大部分稀土产自中国。1998年以来，中国开始减少稀土开采量，控制稀土出口配额，加强稀土行业的集中度。对此，一些国家指责中国垄断资源，对世界其他国家"有极大的破坏性"，要求中国放宽对稀土产业的控制。

如果以下哪项陈述为真，最适合用来反驳这些国家对中国的指责？

A. 2009年，中国稀土储量占全球储量的36%，美国占13%，俄罗斯占19%，澳大利亚占5.4%；而稀土的产量，中国产量占世界的97%，其他三个国家均为零。

B. 从1980年起，中国一些地方对稀土滥采滥挖，造成资源的严重浪费和对环境的极大破坏。

C. 目前按人均计算，中国已经属于稀土资源相对稀缺的国家。

D. 稀土是不可再生的重要战略资源。

E. 中国的稀土也已经不够用了。

【解析】 题干论述的逻辑主干：因为中国减少稀土开采量，控制稀土出口配额，所以一些国家指责中国垄断资源。选项A表明，中国稀土储量占全球储量的36%，产量却占世界的97%，其他三个国家均为零，说明稀土的储量和产量不可比，这就有力地反驳了这些国家指责中国垄断稀土资源的说法。中国对全世界稀土的贡献量是超过自己本身的储量的，因此中国并没有对资源进行垄断，相反，其他几个国家反倒有垄断资源的嫌疑。其余选项没有削弱作用，如选项B，中国一些地方对稀土滥采滥挖，似乎说明中国是为了保护环境减少稀土的开采，而不是垄断资源，对其他国家的指责是另有他因的削弱。但值得注意的是，这样做的仅仅是一些地方而不是所有地方，不能说明应该控制稀土出口配额，削弱力度不足，排除。

【答案】 A。

例7 人们普遍认为适量的体育运动能够有效降低中风风险，但科学家还注意到有些化学物质也有降低中风风险的效用。番茄红素是一种让番茄、辣椒、西瓜和番木瓜等蔬果呈现红色的化学物质。研究人员选取一千余名年龄在46岁至55岁之间的人，进行了长达12年的跟踪调查，发现其中番茄红素水平最高的四分之一的人中有11人中风，番茄红素水平最低的四分之一的人中有25人中风。他们由此得出结论：番茄红素能降低中风的发生率。

以下哪项如果为真，能对上述研究结论提出质疑？

A. 番茄红素水平较低的中风者中有三分之一的病情较轻。

B. 吸烟、高血压和糖尿病等会诱发中风。

C. 如果调查56岁至65岁之间的人，情况也许不同。

D. 番茄红素水平高的人约有四分之一喜欢进行适量的体育运动。

E. 被跟踪的另一半人中有50人中风。

【解析】结论：番茄红素能降低中风的发生率。论据：实验组中，番茄红素水平最高的四分之一的人中有 11 人中风，番茄红素水平最低的四分之一的人中有 25 人中风。要削弱题干论证，首先要断开题目的论据和结论之间的关系。

选项 A 说明，番茄红素水平较低的中风者中有三分之一的病情较轻。题干的论证只关心"中风的发生率"，不关心中风之后病情的严重程度，该项与题干论证无关，排除。

选项 B 说明，吸烟、高血压和糖尿病等会诱发中风。对题干有削弱作用，证明有可能是吸烟、高血压、糖尿病等这些原因诱发了中风，但是问题在于没有说清楚对照组、实验组中，吸烟、高血压、糖尿病的比例分别有多高，是否具有可比性，排除。

选项 C 指出，如果调查 56 岁至 65 岁之间的人，情况也许不同。但是情况会有什么不同、是如何变化的均不清楚。这里企图证明可能是年龄的原因导致中风的发生，但是没有明确具体情况，削弱作用不足，排除。

选项 D 指出，番茄红素水平高的人约有四分之一喜欢进行适量的体育运动。这个选项似乎是在告诉我们"进行适量的体育运动"可以降低中风的发生率，有削弱题目论证的可能，但是问题依然在于并没有对照另一组中参加体育锻炼的人数及比例有多少，所以削弱作用不足，排除。

选项 E 指出，被跟踪的另一半人中有 50 人中风。如果我们把番茄红素水平最高的四分之一记为第一组；番茄红素水平最低的四分之一记为第二组；其余的一半人，即中间的那一半样本记为第三组。题干的论证是对比了第一组和第二组的情况，如果选项 E 断定为真，说明第一组中有 11 人中风，第二组中有 25 人中风，第三组中有 50 人中风，可以理解为番茄红素水平最高和最低的那一半样本中有 36 人中风，而番茄红素水平不是最高或者最低的那一半样本中有 50 人中风，那么中风的发生率和番茄红素水平之间的关系就不明确了，能够削弱题干论证。也可以理解为：将第三组取一半，变作总样本数的四分之一，那么这一组中也有 25 人中风，说明第三组相对于第二组，番茄红素水平较高，但中风比例却是一样的，那就很难说明番茄红素水平和中风的发生率之间有关系，是对题干结论的质疑，入选。

【答案】E。

> **做题要领**
>
> 本题考查的是"能削弱"，所以在读题目的时候就要警惕很可能五个选项的设计中，真正的正确答案是一个削弱作用不强的选项，其他选项其实都是没有削弱作用、加强或者无关的。
>
> 本题在论证中企图通过对照实验得到结论，但是对照实验的关键点在于，需要被测试的样本除了测试点之外，其他相关情况基本相同，选项 B、C、D 都是企图从这个角度让考生误以为它们才是削弱选项，但是这几个选项都没有说明两组的具体情况，没有对比就没有意义。因此，这几个选项的质疑力度显然不如选项 E。对照实验中的可比性，是论证推理中非常重要的切入点之一。

题型七：方法是否可行。

【题目特征】如果题目提供了一个方法或者介绍某个手段企图解决某个问题，最有效的质疑方式就是研究这个方法、手段是否能够起到应有的作用。

例1 计算机有望代替老师的想法是学生们对所教的科目的理解在于他们知道事实和规则，老师的工作就是使事实和规则明确化，并通过做练习或者教授的方法把它们传授给学生。如果大脑确实是那样运行的，教师可以把事实和规则输进计算机，计算机就可以作为教练和教官代替教师，但是既然理解并不仅在于知道事实和规则，而且在于对事实和规则所内含的整体概念的掌握，所以计算机有望最终代替老师的想法，从根本上说，方向是错误的。

下面哪一项如果正确，最能削弱作者关于计算机不能最终代替老师的结论？

A. 计算机在事实和规则方面对学生的训练与教师是一样的。
B. 教师的工作就是使学生们理解具体事实与规则所内含的全面概念。
C. 计算机编程有可能教授学生如何理解具体事实与规则所内含的整体概念。
D. 因为它们不会犯人类的错误，所以计算机在传递事实与规则方面比教师强。
E. 学生们通过做练习和训练不可能理解事实与规则所内含的整体概念。

【解析】 文中认为，由于学生的理解包括对存在于事实和规则中的整体概念的掌握，所以，计算机不能最终代替老师，选项 C 指出计算机也可以向学生传授事实和规划所内含的整体概念，削弱了题干论证的条件，从而反驳了题干观点，故为正确选项。 训练一样不代表讲授方式一样，排除选项 A。 正如文中所说，教师还有其他职责，排除选项 B。 选项 D 未提到整体概念，排除。

【答案】 C。

例2 最近，国家新闻出版总署等八大部委联合宣布，"网络游戏防范沉迷系统"及配套的《网络游戏防范沉迷系统实名认证方案》将于今年正式实施，未成年人玩网络游戏超过 5 小时，经验值和收益将计为零，这一方案的实施，将有效地防止未成年人沉迷于网络游戏。

以下哪项说法如果正确，能够最有力地削弱上述结论？

A. "网络游戏防范沉迷系统"的推出，意味着未成年人玩网络游戏得到了主管部门的允许，从而可以从秘密走向公开化。
B. 除网络游戏外，还有单机游戏、电视机上玩的 PS 游戏等，"网络游戏防范沉迷系统"可能会使很多未成年玩家转向这些游戏。
C. 许多未成年人只是偶尔玩玩网络游戏，"网络游戏防范沉迷系统"对他们并无作用。
D. "网络游戏防范沉迷系统"对成年人不起作用，未成年人有可能冒用成年人身份或利用网上一些生成假身份证号码的工具登录网络游戏。
E. "网络游戏防范沉迷系统"得到了家长和学校的强烈支持。

【解析】 题干结论是"网络游戏防范沉迷系统"及其方案的实施，将有效地防止未成年人沉迷于网络游戏。 选项 D 如果为真，即表明由于系统对成年人不起作用，未成年人可以冒用成年人身份或利用网上一些生成假身份证号码的工具登录网络游戏，则实际上"网络游戏防范沉迷系统"也就对未成年人不起作用了，因此，实施这一系统和方案并不能有效地防止未成年人沉迷于网络游戏，这就有力地削弱了题干结论。

【答案】 D。

例3 由丁公司直升机的着陆点距池塘 40 米远，聚集在附近的鹅群对公司行政人员使用直升机造成了威胁。 为了解决这个问题，公司计划进口一大群猎狗来把鹅群赶离直升机着陆点。

下面哪一项，如果具有现实可能性，对公司计划成功的前景提出了质疑？

A. 狗在驱赶鹅群的过程中，搞得鹅飞狗跳，会给直升机的安全着陆带来更大的隐患。

B. 狗需要经过培训来学习赶鹅。

C. 狗不需要经过培训来学习赶鹅。

D. 有必要在进口后对狗进行 30 天的检疫。

E. 为了避免被狗赶，一些鹅会迁往另一家公司的池塘。

【解析】 题干的逻辑主干为：为解除鹅群对直升机的威胁，公司计划用一大群猎狗来赶跑鹅群。这是一个典型的"就目的提方法"的考题。如果选项 A 为真，意味着就算鹅群被赶离，但狗群本身又带来了对直升机的威胁，这就严重质疑了公司的计划，使其结论不能成立，目的无法达到，削弱作用最强。选项 B 说明，狗需要经过培训来学习赶鹅，对题目有一定的削弱作用，说明计划的实施可能会遇到困难，但是这个困难未必是不可解决的，因此削弱作用较弱，排除。选项 C 加强了题干论证，排除。选项 D 属于无关选项，排除。选项 E，如果有些鹅会迁往另一家公司的池塘，就加强了题目计划的可行性，排除。

【答案】 A。

例 4 一些赞成把政府企业转变为私人经营的人士建议：如果由私人的环境组织负责经营现在由政府经营的国家公园系统并对之进行财务管理，从总体上说，环境保护的目标会得到更好的实现。

以下哪种假设若是现实的，对上述的建议构成了最强烈的反对？

A. 那些寻求废除所有限制对公园内自然资源进行开发的禁令的人可能会作为成员加入这些私人的环境组织，并最终获得这些组织的领导权。

B. 私人环境组织不一定总是采取那些实现环境保护目标的最好办法。

C. 如果它们想扩展公园系统，私人环境组织可能不得不向大的捐赠人和公众寻求捐款。

D. 为了控制某些公园区域，在私人环境组织之间可能会产生竞争。

E. 尽管私人环境组织做出了最大努力，甚至这些组织也没有受到资金不足的限制，一些濒危物种，如加州秃鹰，仍可能灭绝。

【解析】 题干论述：为了更好地保护环境，建议应由私人环境组织代替政府管理国家公园。显然，如果那些寻求废除限制对公园内自然资源开发的禁令的人获取了一个或一些负责经营该公园系统的私人环境组织的领导权，环境保护目标就不会得到更好的实现。选项 A 指出该建议有可能不仅不能起到保护环境的效果，反而有负面作用，严重地批驳了题干建议，为正确答案。

【答案】 A。

例 5 1991 年 6 月 15 日，菲律宾吕宋岛上的皮纳图博火山突然大爆发，2 000 万吨二氧化硫气体冲入平流层，形成的霾像毯子一样盖在地球上空，把部分要照射到地球的阳光反射回太空。几年后，气象学家发现这层霾使得当时地球表面的温度累计下降了 0.5℃。而皮纳图博火山爆发前的一个世纪，因人类活动而造成的温室效应已经使地球表面温度升高了 1℃。某位持"人工气候改造论"的科学家据此认为，可以用火箭弹等方式将二氧化硫充入大气层，阻挡部分阳光，达到给地球表面降温的目的。

以下哪项如果为真，最能对科学家提议的有效性构成质疑？

A. 如果利用火箭弹将二氧化硫充入大气层，会导致航空乘客呼吸不适。

B. 如果在大气层上空放置反光物，就可以避免地球表面受到强烈阳光的照射。

C. 可以把大气中的碳提取出来存储到地下，减少大气层的碳含量。

D. 不论任何方式，"人工气候改造"都将破坏地球的大气层结构。

E. 火山喷发形成的降温效应只是暂时的，经过一段时间温度将再次回升。

【解析】（1）提出方法：可以用火箭弹等方式将二氧化硫充入大气层，阻挡部分阳光。

（2）目的：达到给地球表面降温的目的。

选项 A 中，"导致航空乘客呼吸不适"说明方法有恶果，有削弱作用，但是质疑力度小，排除。选项 B，即使另有其他途径，也不能否认原方法的有效性，排除。选项 C，与方法的有效性无关，排除。选项 D 只能有助于说明，上述科学家提议的方式在产生降温效应时可能对地球产生其他负面影响，最多只能说明给地球表面降温需要付出代价，但无助于说明此种方式不能产生有效的降温效应，因此不能质疑科学家提议的有效性，排除。选项 E 说明上述科学家提议的方法所能产生的降温效应只是暂时的，因此方法不可行，这就对其有效性构成严重质疑，入选。

【答案】 E。

> •••做题要领
>
> 此题要求评价题干科学家提议的有效性，就是要求评价该提议是否能达到给地球表面降温的目的。属于方法、手段型题目，最有效的削弱角度就是证明方法不可行。

题型八：另有他因。

【题目特征】因为因果联系的特点是可能存在"多因一果"，那么，在论证中找到造成这个结果的其他原因，对原来的因果联系就一定有削弱作用。

例1 大约在 12 000 年前，气候变暖时，人类开始陆续来到北美洲各地。在同一时期，大型哺乳动物，如乳齿象、猛犸象和剑齿虎等，却从它们曾经广泛分布的北美洲土地上灭绝了。所以，与人类曾与自然界其他生物和平相处的神话相反，早在 12 000 年前，人类的活动便导致了这些动物的灭绝。

上述论证最容易受到以下哪项陈述的质疑？

A. 所提出的证据同样适用于两种可选择的假说：气候的变化导致大型哺乳动物灭绝，同样的原因使得人类来到北美洲各地。

B. 乳齿象、猛犸象和剑齿虎等大型哺乳动物的灭绝，对于早期北美的原始人来说，具有非同寻常的意义。

C. 人类来到北美洲可能还会导致乳齿象、猛犸象和剑齿虎之外的其他动物灭绝。

D. 该论证未经反思地把人类排除在自然界之外。

E. 猛犸象为什么会灭绝，现在还是自然界的难题。

【解析】题干根据"人类活动"和"动物灭绝"两个事件的时间相关性，得出"人类的活动"是"动物灭绝"的原因。这个论证是有缺陷的，有可能有其他因素导致两个事件之间产生了关联，但事实上，这二者之间未必有任何直接的因果联系。选项A就说明了这一点。

【答案】A。

例2 大自然在不断地调节大气中的碳含量，大气中碳含量的增加会增加大气中的热量，大气中热量的增加会导致海洋中水分的蒸发，这样就会增加降雨量，而降雨又把大气中的碳带入海洋，最终变为海底的一部分。大气中碳含量的减少会导致大气中热量的降低，它又进一步导致海洋水分蒸发的减少，水分蒸发的减少又进一步减少降雨量，那么随雨水冲入海洋中的碳就会减少。因此，一些研究大气污染的专家担心：燃烧矿物燃料会使大气中的碳含量增加到一个危险的水平，那样会对人类生活构造很大的危害。但是，这些专家又宽慰人们说："大自然会不断地调节大气中的碳含量。"

以下哪一项如果为真，最严重地削弱了上述论证？

A. 没有大气中的碳，植物就不能存活。
B. 呼吸碳含量过高的空气对人类生活是否有害还不清楚。
C. 碳是使地球的热量足够维持人类生活的大气覆盖层的一部分。
D. 通过动物呼吸释放出来的碳是矿物燃烧产生的碳的30倍。
E. 大自然的调节过程是在几百万年间发生的，在短期内碳含量会有很大的波动。

【解析】题干论述：虽然大气碳含量增加会造成危害，但是大自然会不断调节，因此不必担心。选项E指出，虽然大自然能够调节，但这会是一个漫长的过程，不能迅速解决大气碳含量变化的问题。

【答案】E。

例3 博物学家观察到，一群鸟中通常都有严格的等级制，地位高的鸟欺压地位低的鸟。头上的羽毛颜色越深，胸脯羽毛条纹越粗，等级地位就越高，反之就低。博物学家还观察到，鸟的年龄越大，头上的羽毛颜色就越深，胸脯羽毛的条纹就越粗。这说明鸟在一个群体中的地位是通过长期的共同生活逐渐确立起来的。

以下哪项如果为真，能够最有力地削弱上述论证？

A. 人们不能通过头上羽毛颜色或者胸脯羽毛条纹来识别白天鹅在群体中的地位，因为它们头上的羽毛颜色分不出深浅，胸脯羽毛没有条纹。
B. 人们把一只年轻的低等鸟的头和胸脯羽毛涂上高等鸟的颜色和条纹，并将它放在另一群同类鸟中，这只鸟在新的群体中受到了高等待遇。
C. 如果鸟类世界中存在着严格的等级制，那么在一群鸟中它们各自的地位不会是终身不变的。
D. 如果鸟类世界中存在着严格的等级制，那么在一群鸟中它们也会为提高各自的地位而发生争斗。
E. 这个得出结论的博物学家是业界权威。

【解析】题干认为：鸟在一个群体中的地位是通过长期的共同生活逐渐确立起来的。论据是：鸟的年龄越大，头上的羽毛颜色就越深，胸脯羽毛的条纹就越粗；而头上的羽毛颜色越深，胸脯羽毛条纹越粗，等级地位就越高。选项B的事实与题干结论相矛盾，这说明鸟在一个群体中的地位很可能是由头上和胸脯羽毛的颜色和条纹确立的，而不是通过长期的共同生活逐渐确立起来的，这样就有力地削弱了题干结论。

【答案】 B。

例 4 班主任老师对一个学习优秀的学生说："你之所以取得这样好的成绩，主要是因为我教学有方。"

以下哪项如果为真，将最有力地反驳老师的说法？

A. 内因是变化的根据，外因是变化的条件。
B. 班里其他大部分同学学习都不好。
C. 另一个班里也有学习很优秀的学生，而他并不是班主任。
D. 这个优秀学生的家长为该学生请了一个著名的学者当家教。
E. 这个班主任经常单独教育这个学生。

【解析】 如果班里其他大部分同学学习都不好，则有利于说明这个优秀的学生之所以取得好成绩不是因为老师教学有方，而是因为该学生基础好或者其他原因，这就有力地反驳了老师的说法。

【答案】 B。

例 5 番茄红素、谷胱甘肽、谷氨酰胺是有效的抗氧化剂，这些抗氧化剂可以中和体内新陈代谢所产生的自由基。体内自由基过量会加速细胞的损伤从而加速人的衰老，因而为了延缓衰老，人们必须在每天饮食中添加这些抗氧化剂。

以下哪项如果为真，最能削弱上述论证？

A. 体内自由基不是造成人衰老的唯一原因。
B. 每天参加运动可有效中和甚至清除体内的自由基。
C. 抗氧化剂的价格普遍偏高，大部分消费者难以承受。
D. 缺乏锻炼的超重者在体内极易出现自由基过量。
E. 吸烟是导致体内细胞损伤的主要原因之一。

【解析】 该项意味着，不必通过在每天饮食中添加这些抗氧化剂，也能延缓衰老。削弱了题干中的"必须在每天饮食中添加这些抗氧化剂"的结论。选项 A 有一定的削弱作用，如果体内自由基不是造成人衰老的唯一原因，那么清除自由基就不一定会延缓衰老，但是具体还要不要在饮食中添加抗氧化剂，选项 A 并没有说明，其削弱作用弱于选项 B。选项 C、E 是无关选项，排除。选项 D 是特例，与大多数样本关系不大，排除。

【答案】 B。

题型九：最能削弱、能削弱、最不能削弱与最有可能削弱的区别。

【题目特征】（1）"最能削弱"是需要考生在题目所提供的五个选项中，不仅要能够区分哪些选项有削弱作用，而且要能够判断这些选项削弱作用的强弱，需要先用排除法淘汰没有削弱作用的选项，再在有削弱作用的选项中横向比较，用"相对最好原则"确定"最能削弱"的选项。

（2）"能削弱"的门槛相对比较低，只要选项有削弱作用，不管强弱都要入选。这样会造成具有削弱作用的选项不止一个的问题，如何解决？出题者一般会用复选项来设计题目，或者会把题目变成"能削弱，除了"，也就是把有削弱作用的选项排除，剩下的即为正确答案。

（3）"最不能削弱"绝不是"加强"。题目在设计的时候，有时会问到"最不能削弱"的选项，有些考生天然就认为"最不能削弱"那就是"加强"呗！事实上，题目的考查点恰恰就在这里，何为"最不能削弱"？如果5个选项中有4个是有削弱作用的，另一个为无关选项，那么这个无关选项才是"最不能削弱"的选项。换句话说，"能削弱，除了"和"最不能削弱"实际上是一个题，都需要用排除法先大刀阔斧地排除。

（4）"最有可能削弱"言下之意就是5个选项中，只有一个是有可能削弱的，剩下的选项都是加强或者无关项，或者说，入选的是5个选项中唯一具有削弱作用的那个，哪怕这个选项的削弱作用不是很强，也是相对"最有可能削弱"的选项。

总之，这些削弱问法变形都是为了实践排除法和削弱中的"相对最好原则"。

例1 赵青一定是一位出类拔萃的教练。她调到我们大学执教女排才一年，球队的成绩突飞猛进。

以下哪项如果为真，最有可能削弱上述论证？

A. 赵青以前曾经入选过国家青年女排，后来因为伤病提前退役。
B. 女排之前的教练一直是男性，对于女运动员的运动生理和心理了解不够。
C. 调到大学担任女排教练之后，赵青在学校领导那里立下了军令状，一定要拿全国大学生联赛的冠军，结果只得了一个铜牌。
D. 大学准备建设高水平的体育代表队，因此，从去年开始，就陆续招收一些职业队的退役队员。女排只招到了一个二传手。
E. 赵青和学校领导关系很好，球队在训练中遇到的任何问题都可以迅速解决。

【解析】选项A、B、C都是讲赵青教练的优点，说明球队的成绩突飞猛进是与赵青教练有关，所以都支持了题干。只有选项D指出，球队成绩突飞猛进的原因不是赵青教练的执教，而是球员的水平本来就高，是最有可能削弱题干论证的选项。

【答案】D。

例2 因为青少年缺乏基本的驾驶技巧，特别是缺乏紧急情况的应对能力，所以必须给青少年的驾驶执照附加限制。在这点上，应当吸取H国的教训。在H国，法律规定16岁以上就可申请驾驶执照。尽管在该国注册的司机中19岁以下的只占7%，但他们却是20%的造成死亡的交通事故的肇事者。

以下各项有关H国的判定如果为真，都能削弱上述议论，除了：

A. 和其他人相比，青少年开的车较旧，性能也较差。
B. 青少年开车时载客的人数比其他司机要多。
C. 青少年开车的年均公里（即每年平均行驶的公里数）要高于其他司机。
D. 和其他司机相比，青少年较不习惯系安全带。
E. 据统计，被查出酒后开车的司机中，青少年所占的比例，远高于他们占整个司机总数的比例。

【解析】题干的结论是"必须给青少年的驾驶执照附加限制"。题干的论据是"青少年缺乏基本的驾驶技巧,特别是缺乏紧急情况的应对能力"。题干以 H 国的实例来加强其论据,在该国注册的司机中 19 岁以下的只占 7%,但他们却是 20%的造成死亡的交通事故的肇事者。选项 A 和 D 如果为真,则说明存在造成青少年驾车事故的一些其他原因,并非是他们缺乏基本的驾驶技巧和应对紧急情况的能力,这就削弱了题干的议论。选项 C 如果为真,则说明青少年驾车事故率较高的原因之一,是他们有较高的年均公里。因为年均公里较高,则发生交通事故的可能性也较高,这对题干也有削弱作用。选项 B 即使为真,也不能削弱题干,因为题干的论据涉及的是造成死亡的交通事故率,即造成死亡的交通事故中有多大的比例是青少年驾车所致,而不是交通事故的死亡率,即交通事故造成的死亡人数中有多大的比例是青少年驾车所致。

【答案】B。

例 3 有人说:"读万卷书不如行万里路,行万里路不如阅人无数,阅人无数不如名师指路,名师指路不如自己领悟。"

以下各项都构成对上述观点的质疑,除了:

A. 书中自有乾坤,读万卷书如同行万里路。

B. 行万里路,游历大千世界,必定阅人无数。

C. 阅人无数自会遇到名师指路。

D. 若无名师指路,仅凭读万卷书和行万里路,自己仍无法领悟。

E. 人生是有涯的,根本没有太多的时间去行万里路,但是相对读万卷书就很容易,因此读万卷书强于行万里路。

【解析】选项 A,"读万卷书如同行万里路"与题干所述"读万卷书不如行万里路"不符,可以削弱题干论证,排除。选项 B 意为"行万里路必定阅人无数",与题干所述"行万里路不如阅人无数"不符,排除。选项 C,"阅人无数自会遇到名师指路"与题干所述"阅人无数不如名师指路"不符,可以削弱题干论证,排除。选项 E,"读万卷书强于行万里路"与题干所述"读万卷书不如行万里路"不符,可以削弱题干论证,排除。选项 D 强调了名师指路的重要性,对题干观点有所支持,不能构成对题干观点的质疑。

【答案】D。

例 4 脊髓中受到损害的神经依靠自身不能自然地再生,即使在神经生长刺激剂的激发下也无法再生。最近发现,其原因是脊髓中存在着抑制神经生长的物质。现在已经开发出降低这种物质的活性的抗体。显然,在可以预见的未来,神经修复将是一项普通的医疗技术。

如果以下哪项陈述为真,将会对上述预测的准确性提出最严重的质疑?

A. 某种神经生长刺激剂与这种抑制神经生长的物质具有相似的化学结构。

B. 研究人员只使用神经生长刺激剂,已经能够做到激发不在脊髓内的神经生长。

C. 阻止受损的神经再生只是这种抑制神经生长的物质在人体中主要功能的一个副作用。

D. 要在持续很长的一段时间内降低抑制神经生长的物质的活性,必须有抗体的稳定供应。

E. 对神经生长刺激剂的结构,科学家尚未研究清楚。

【解析】题干预测:神经修复未来将是一项普通的医疗技术。理由:虽然脊髓中存在着抑制神经生长的物质，导致脊髓中受损的神经不能自然地再生，但是现已开发出降低这种物质的活性的抗体。选项 C 表明，阻止受损的神经再生只是这种抑制神经生长的物质在人体中主要功能的一个副作用，这意味着这种抑制神经生长的物质还有更重要的功能，那么用抗体来降低这种物质的活性，可能会带来其他严重问题，因此能有力地削弱题干的预测。选项 A、B、E 为无关选项。选项 D 有一定的削弱作用，如果能够得到"稳定供应的抗体"，就说明神经修复是可行的，其削弱作用弱于选项 C，排除。

【答案】C。

例 5 开车上路，一个人不仅需要有良好的守法意识，也需要有特别的"理性计算"，在拥堵的车流中，只要有"加塞"的，你开的车就一定要让着它；你开着车在路上正常直行，有车不打方向灯在你近旁突然横过来要撞上你，原来它想要变道，这时你也得让着它。

以下除哪项外，均能质疑上述"理性计算"的观点？

A. 有理的让着没理的，只会助长歪风邪气，有悖于社会的法律与道德。
B. 如果不让，就会碰上；碰上之后，即使自己有理，也会有许多麻烦。
C. "理性计算"其实就是胆小怕事，总觉得凡事能躲则躲，但有的事很难躲过。
D. 一味退让也会给行车带来极大的危险，不但可能伤及自己，而且也可能伤及无辜。
E. 即使碰上也不可怕，碰上之后如果立即报警，警方一般会有公正的裁决。

【解析】题目给出"理性计算"的表现，要求寻找"能削弱，除了"的选项。
选项 A 是对"理性计算"的削弱，排除。选项 B 证明如果不避让会有很多麻烦，也就是说还是需要避让的，因此不能削弱，待选。选项 C 指出"理性计算"的弊端，有削弱作用，排除。选项 D 指出"理性计算"会给行车带来极大的危险，有削弱作用，排除。选项 E 指出，即使碰上也有办法处理，因此说明没有必要一味"理性计算"，有削弱作用，排除。

【答案】B。

> **•• 做题要领**
> 要注意到题目要求"以下除哪项外，均能质疑上述'理性计算'的观点"，也就是需要用排除法，把能削弱"理性计算"的观点排除，剩下的即为符合题意的答案。

题型十：和数字陷阱有关的削弱题。

【题目特征】逻辑题中涉及的数字陷阱一般有：诉诸平均数、增长率、比例和比率、百分数，等等。

例 1 有网友发帖称，8 月 28 日从湖北襄樊到陕西安康的某次列车，其有效席位为 978 个，实际售票数却高达 3 633 张。铁道部要求，普快列车超员率不得超过 50%。这次列车超员率却超过 270%，属于严重超员。

如果以下陈述为真，则哪一项将对该网友的论断构成严重质疑？
A. 每年春运期间是铁路客流量的高峰期，但 8 月底并不是春运时期。
B. 从湖北襄樊到陕西安康的这次列车是慢车，不是普快列车。
C. 该次列车途径 20 多个车站，每站都有许多旅客上下车。

D. 大多数网友不了解铁路系统的售票机制。

E. 列车上超员的原因有很多。

【解析】题干信息：一是该列车有效席位为 978 个，实际售票数却高达 3 633 张。二是普快列车超员率不得超过 50%。得出结论：该列车超员率超过 270%，属于严重超员。如果选项 C 为真，即该次列车途径 20 多个车站，每站都有许多旅客上下车，则说明一个有效席位可以对应多张车票，这意味着实际售票数超过有效席位的 270% 并不能说明超员率超过 270%，也许根本就没有超员，因此，选项 C 严重质疑了题干。选项 B 也有削弱作用，但削弱力度显然比选项 C 小，选项 A、D 是无关选项，排除。

【答案】C。

例 2 根据 1980 年的一项调查，所有超过 16 岁的美国公民中有 10% 是功能性文盲。因此，如果在 2000 年 16 岁以上的美国公民将达 2.5 亿人，我们可以预计，这些公民中有 2 500 万人会是功能性文盲。

下面哪项如果正确，将最严重地削弱上文作者得出的结论？

A. 在过去的 20 年中，不上大学的高中毕业生的比例稳步上升。

B. 从 1975 年到 1980 年，美国 16 岁以上公民功能性文盲的比率减小了 3%。

C. 在 1980 年接受调查的很多美国公民在 2000 年进行的一项调查中也将被包括在内。

D. 设计不适当的调查通常提供不准确的结果。

E. 1980 年，美国的所有公民中有 65% 的人超过 16 岁。

【解析】题干是由 1980 年的功能性文盲的情况推出 2000 年功能性文盲的情况，其推理成立所隐含的假设是前提与结论的探讨对象之间无本质差异，即其隐含假设是 16 岁以上的美国公民中功能性文盲的比例不变。选项 B 指出了这个比例在减小，既然过去是可变的，那么将来就也可能会变，这样就否定了功能性文盲比例不变这一假设，从而严重地削弱了题干的结论。

【答案】B。

例 3 因为我们公司有 400 个接受过培训的待业飞行员，所以在可以预见的未来，我们不会再培训新飞行员，其他的 5 个大公司中，每个都有差不多数目的接受过培训的飞行员在待业。既然每个公司对额外飞行员的规划需求量都不会超过 100 名，那么尽管目前航空工业在飞速发展，也不会出现飞行人员短缺的情况。

下面哪一项如果正确，最能质疑上述结论的准确性？

A. 大多数在一个大公司的待业名单上且接受过培训的飞行员也在其他所有大公司的待业名单上。

B. 从长远的观点看，对飞行员进行培训用以补偿正常的人员损耗将变得非常必要。

C. 如果没有新的飞行员被培训，那么在飞行员的劳动大军中将出现一个年龄失调现象。

D. 被引用的职工规划已考虑了目前航空工业飞速增长的因素。

E. 有些其他的大公司仍在培训飞行员，但并不承诺随后就雇用他们。

【解析】题干论述：各公司的待业飞行员超过了额外飞行员的规划需求量，尽管目前航空工业在飞速发展，不培训新飞行员也不会出现飞行人员短缺的情况。如果选项 A 为真，即大多数接受过培训且在本公司待业的飞行员也在其他 5 个大公司的待业名单上,那么就有可能出现总的待业飞行员人数并没有超过额外飞行员的规划需求量,因此,在航空工业飞速发展的时候出现飞行人员短缺的局面是很有可能的,这就有力地质疑了题干结论。

【答案】 A。

例 4 在其 3 年任职期间,某州长经常被指控对女性有性别歧视。但在其政府 19 个高层职位空缺中,他任命了 5 名女性,这 5 人目前仍然在职,这说明该州长并非性别歧视者。

下面哪个说法如果正确,将最严重地削弱上述结论?

A. 该州长任命的一位就职高层的女性打算辞职。
B. 该州长所在政党的党纲要求他在高层职位中至少任命 5 名女性。
C. 在 3 年前的州长选举中投票了的妇女中有 47% 的人投票选了该州长。
D. 邻州的州长最近在高层职位中任命了 7 名女性。
E. 该州长政务表现突出,深受爱戴。

【解析】 本题推理是由一个事实"某州长在其政府高层职位中任命了 5 名女性,而且目前在职",得出一个解释性结论"该州长不是性别歧视者"。但是,如果选项 B 为真,即党纲要求州长在高层职位中至少任命 5 名女性,也就说明"19 个高层职位空缺中任命了 5 名女性"是另有他因,而不是因为"该州长不是性别歧视者",这就从另外一个角度对题干事实做出解释,从而削弱了题干的结论。

【答案】 B。

例 5 某市推出一项月度社会公益活动,市民踊跃报名。由于活动规模有限,主办方决定通过摇号抽签的方式选择参与者,第一个月中签率为 1∶20;随后连创新低,到下半年的 10 月份已达 1∶70。大多数市民屡摇不中,但从今年 7 月至 10 月,"李祥"这个名字连续 4 个月中签。不少市民就此认为,有人在抽签过程中作弊,并对主办方提出质疑。

以下哪项如果为真,最能削弱上述市民的质疑?

A. 摇号抽签全过程是在有关部门监督下进行的。
B. 在报名的市民中,名叫"李祥"的有近 300 人。
C. 已经中签的申请者中,叫"张磊"的有 7 人。
D. 曾有一段时间,家长给孩子取名不回避重名。
E. 在摇号系统中,每一位申请者都被随机赋予一个不重复的编码。

【解析】 结论:市民质疑有人在抽签过程中作弊。论据:"李祥"这个名字连续 4 个月中签。目标:最能削弱上述市民的质疑,即证明即便"李祥"这个名字连续 4 个月中签,也并没有人在抽签过程中作弊。

选项 A 指出"摇号抽签全过程是在有关部门监督下进行的",但是"监督"和"作弊"是两个概念,有监督也不代表就没有作弊,比如:考场上有老师监考但是依然有人打小抄。排除。
选项 B 指出,在报名的市民中,名叫"李祥"的有近 300 人,也就是说,即便"李祥"这个名字连续 4 个月中签,并不等于某个叫李祥的申请者连续 4 个月中签,之所以"李祥"这个名字中签率高,不是因为作弊,而是在所有的申请者中,"李祥"这个名字本身所占的比例就高,中签概率自然也就高，这就有力地削弱了上述市民的质疑，入选。选项 C 指出了叫"张磊"的人的中签率，但是不同的个体之间没有关系，无关选项，排除。选项 D 说明"曾有一段时间，家长给孩子取名不回避重名"，但是并没有进一步说明，"李祥"这个名字连续 4 个月中签是因为重名的问题，削弱作用不足，排除。选项 E 指出"在摇号系统中，每一位申请者都被随机赋予一个不重复的编码"，即便"被赋予一个不重复的编码"，依然不能排除作弊的可能，题目恰恰需要解释的就是为什么编码不一样，有的名字中签概率却很高。选项 E 不能削弱此种质疑，排除。

【答案】B。

● 基础能力练习题

1. 人们普遍假设，当一位慷慨的赞助者捐赠了一件潜在的展品时，博物馆就得到了财政上的支持。不过事实上，捐赠物品需要贮藏空间，那不会是免费的，还需要非常昂贵的日常维护费用。所以，这些赠品加剧而不是减轻了博物馆对财政资源的需求。

以下哪项如果为真，最严重地削弱了上述论证？

A. 为了妥善地安排赠品，博物馆明智的做法是至少把一些捐赠品进行展出，而不是仅仅把它们贮存起来。

B. 最有可能向博物馆捐赠值钱物品的人也是最有可能向博物馆捐赠现金的人。

C. 博物馆不能通过以低于贮藏条件要求的便宜方式贮藏赠品来节约资金，因为这么做会提高维护费用。

D. 赞助者希望博物馆把捐赠品永久保存，而不是出售它们来筹集现金。

E. 赞助者捐赠给博物馆的赠品常常很重要，以至于在必要时博物馆必须把它们购买回来收藏。

2. 某城市的街道到处丢弃着垃圾，人们看到，该城市的居民不管是富人还是穷人，经常把糖纸、报纸和空苏打水罐丢弃到已经肮脏的街道上。这种行为是该城市居民不努力使城市清洁的明显证据。

下列哪一项假如正确，最能够反对上面的论述？

A. 一些年前引进的全市范围内垃圾重新循环项目的市民的参与在去年显著下降了。

B. 尽管面临持续性的失业，该市的人口近年来急剧上升。

C. 该市的选民已经在持续的压倒性的投票中反对增加为改善城市卫生所需缴纳的税收。

D. 该城市街道上的许多垃圾被发现丢弃在满溢的垃圾箱边。

E. 该市每天收集的垃圾的量在过去 10 年保持相同。

3. 药品制造商：尽管我们公司要求使用我们新药的病人同时购买一次性的用于每周血液测试的工具，那些工具的花费是完全必要的，病人每周必须做血液测试以监视药的潜在的、可能非常危险的副作用。

下列哪一项假如正确，最能够反对制造商的论述？

A. 购买血液测试工具的花费没有阻止任何病人获得药和工具。

B. 医学实验室能够做血液测试，对病人或他们的保险商的要价低于制造商对工具的要价。

C. 一年的药物和每周的血液测试工具使病人或他们的保险商花费超过1万美元。

D. 大多数政府和其他健康保险项目不补偿病人为药品和血液测试工具所付的全部费用。

E. 遭受该药一个或一个以上危险的副作用的病人会花费很多钱治疗。

4. 在1970年到1980年间，美国工业的能量消耗到达顶峰后下降，以至于在1980年总的工业能量的使用低于1970年的水平，尽管在相同时期总的工业产量急剧增加。 工业一定在那些年中建立了高度有效的能量保存方法，才有如此惊人的结果。

下列哪一项假如正确，最能够反对上面推理的结论？

A. 在20世纪70年代中，许多行业尽最大可能地从使用高价石油转换到使用低价的替代物。

B. 1980年总的居民能量消耗比1970年高。

C. 在1970年前，许多工业能量的使用者很少注意能量保存。

D. 工业总量的增长在1970年至1980年间没有比1960年至1970年间增长得快。

E. 在20世纪70年代产量急剧下降的行业包括不成比例地大量使用能量的能量密集型行业。

5. 医药公司在制造治疗那些患罕见疾病的药时会损失一部分资金，因为向少部分人销售药品通常不能补偿制造费用。 因此，制造任何治疗患罗克眠的病人的药将毫无疑问赔钱。

下列哪一项假如正确，最能够反对上面的结论？

A. 治疗那些患罗克眠的病人的许多药也可以治疗那些患非常普通疾病的患者。

B. 大多数患罗克眠的病人同时患另一种疾病。

C. 大多数制造治疗罕见疾病的医药公司不制造治疗罗克眠的药。

D. 相当多的人患一种或另一种罕见的疾病，即使每种罕见疾病仅仅困扰少数一批人。

E. 药品被制造的量越大，每单位药的制造成本越低。

6. 在德士佛市，新的环境行动党在1988年赢得了市议会七个席位中的两个席位。 在1992年的选举中，它失去了这两个席位，尽管该党派保护环境的政纲实质上保持不变。 该党派命运的变化显示，在德士佛市，对环境的关心在1988年至1992年间明显下降了。

下列哪一项假如正确，最能够反对上面的论述？

A. 在1988年至1992年间，德士佛市合法选民的数目增加了，但实际投票的比例没有变。

B. 在1988年至1992年间，德士佛市的最主要的政治党派修改了其政纲，采纳了一个极强的环境保护主义者的立场。

C. 在1992年德士佛市竞选候选人的党派与1988年选举中的党派是相同的。

D. 在1992年，环境行动党所赢得的票数比1988年下降了。

E. 在1988年至1992年间，目的是有益于环境的一些方法被镇委员会采纳，但没有产生有说服力的结果。

7. 慕勒棠市的新法规要求那里的制造商制订一个为期五年的减少污染计划。 法规要求每个制造商制订一个至少减少其释放的污染物50%的详细计划。 然而，法规不会导致显著的污染减少，因为法规不迫使制造商实施他们的计划。

下列哪一项最能够反对上面的论述？

A. 慕勒棠市的制造业工厂并不是那里唯一的污染来源。

B. 计划中揭示减少释放的污染物的方法，有助于降低制造者材料、废物处理以及法律服务的成本。

C. 制造过程中所创造的但没有被直接释放入环境的污染物仍然必须被收集并且准备处理。

D. 慕勒棠市制造业工厂释放的污染物的任何减少至少五年内不可能被注意到。

E. 每个制造商被要求将他们的计划提交到慕勒棠市官方任命的一个委员会中。

8. 偏头痛一直被认为是由食物过敏引起的。但是，如果我们让患者停止食用那些已经证明会不断引起过敏性偏头痛的食物，他们的偏头痛却并没有停止，说明显然存在其他某种原因引起偏头痛。

下列哪项如果是真的，最能削弱上面的结论？

A. 许多普通食物只在食用几天后才诱发偏头痛，因此，不容易观察患者的过敏反应和他们食用的食物之间的关系。

B. 许多不患偏头痛者同样有食物过敏反应。

C. 许多患者说诱发偏头痛病的那些食物往往是他们最喜欢吃的食物。

D. 很少有食物过敏会引起像偏头痛那样严重的症状。

E. 许多偏头痛患者同时患有神经官能症，表现为易不安、多疑、无端自感不适等。

9. 电子工程师已反复重申，最好的晶体管扩音机与最好的电子管扩音机在测量评价音乐再现质量方面的性能是一样的。因此那些坚持认为录制的音乐在最好的电子管扩音机里播放时，要比在最好的晶体管扩音机里播放时听起来更好的音乐爱好者，一定是在想象他们声称的听到的质量上的差异。

下面哪一项如果正确，能最严重地削弱上述论述？

A. 许多人仅凭耳听不能区分正在播放的音乐是在好的晶体管扩音机里播放还是在好的电子管扩音机里播放。

B. 电子管扩音机的音乐再现质量的变化范围要比晶体管扩音机的大。

C. 有些重要的决定音乐听觉效果的特性不能被测量出来。

D. 当放出相同的音量时，晶体管扩音机比电子管扩音机的体积小，用电少且产生的热量少。

E. 在实验室里通常测定的用以评价扩音机的音乐再现质量的特性方面，有些电子管扩音机明显比晶体管扩音机好。

10. 在印刷术出现之前，只能购买昂贵手抄本形式的书。用印刷术制作的书比手抄本便宜得多。在印刷术出现后的第一年，公众对印刷版的书的需求量比对手抄书的大许多倍。这种增加表明，在出版商第一次使用印刷术的方法来制作书的那一年，学会读书的人的数量急剧增加。

下面哪一陈述如果正确，对上述论述提出了最大质疑？

A. 印刷术出现后的第一年里，人们在没有作家或职员帮助下写的信的数量在急剧增加。

B. 印刷术制作的书的拥有者们常常在书的空白处写上一些评论的话。

C. 印刷术出现后的第一年，印刷版图书的购买者主要是那些以前经常买昂贵手抄本的人，但是花同样多的钱，他们可以买许多印刷版的书。

D. 印刷术出现后的第一年，印刷版的书主要是在非正式的读书俱乐部或图书馆里的朋友们之间相互传阅。

E. 印刷术发明后的第一年，印刷发行的书对不识字的人来说是无用的，因为那些书中几乎没有插图。

● 基础能力练习题解析

1. 【答案】E。

   【解析】题目的结论是：赠品没有减轻博物馆对财政资源的需求。要削弱论证，也就是要证明赠品真的减轻了博物馆对财政资源的需求。选项 E 说明，如果没人捐给博物馆这些赠品，博物馆就得自己花钱去买，现在有人捐了，自然就不用花钱买了，当然可以减轻博物馆对财政资源的需求。这个是一个"唱反调"的削弱方式。

2. 【答案】D。

   【解析】本题由"该市居民在街道上随意扔垃圾"的事实得到结论"该市居民不努力保持城市清洁"。题干结论是对题干事实的解释，应选出能够对题干事实提供新解释的选项。选项 D 指出该市垃圾箱满溢，说明市民无处扔垃圾。对题干中市民的行为提出另一种解释：并不是市民不努力保持城市清洁，而是该市的卫生服务状况不合格导致了市民随处扔垃圾。

3. 【答案】B。

   【解析】制造商论述：由于病人必须做血液测试以监视药的副作用，因此需要购买血液测试的工具。选项 B 指出病人完全可以选择花费较低，且能达到同样效果的其他方法来做血液测试，因而反对了那些工具是必不可少的结论，所以选项 B 正确。

4. 【答案】E。

   【解析】题干根据 1970 年至 1980 年间能量使用由顶峰下降而工业产量大幅上升的事实，得出工业建立了有效的能量保存方法的结论。要反对结论，就应找出另一种能够解释上述现象的选项。选项 E 指出，20 世纪 70 年代能量密集型行业产量大幅下降，能量消耗也下降，从而重新解释了题干现象，所以选项 E 正确。

5. 【答案】A。

   【解析】本题推理为：因为制造治疗罕见疾病的药仅出售给少数人而无法收回成本，所以制造治疗罗克眠的药毫无疑问将赔钱。选项 A 说明治疗罗克眠的药同时可以用于治疗其他非常普通的疾病，从而说明该药还是可能有较大销量的，很好地削弱了题干结论。

6. 【答案】B。

   【解析】题干论述：环境行动党失去了在市议会的两个席位，所以该市对环境的关心下降了。选项 B 说明最主要的政党改变了政纲，也采纳了环境保护主义者的立场，这就说明环境行动党失去了其席位不能表明该市对环境的关心下降了。

7. 【答案】 B。

   【解析】 题干论述：因为法规没有迫使制造商实行减少污染的计划，所以，法规不会导致明显的污染下降。选项B指出该计划中揭示，减少释放的污染物的方法对制造商而言也会降低其成本，也就是说施行该计划是有利可图的，所以不需要迫使制造商也会使这一计划得到实施，这就有力的削弱了题干结论。

8. 【答案】 A。

   【解析】 题干论证：偏头痛一直被认为是由食用过敏食物引起的，但停止食用过敏食物仍患有偏头痛，所以过敏食物不是偏头痛的原因。选项A指出食用过敏食物与患偏头痛之间有滞后性，这就以另有他因的方式削弱了题干结论。

9. 【答案】 C。

   【解析】 题干根据两种扩音机在音乐再现方面的性能一样，得出音乐爱好者们认为的性能差异是他们主观测出来的结论。选项C表明，有些重要的决定音乐听觉效果的特性不能被测量出来，这就通过找他因的方法对题干论证的前提进行了削弱。

10. 【答案】 C。

    【解析】 题干论证表明：印刷术出现后印刷版的书的销售增加量与学会读书的人数的增加成正比。选项C表明印刷版图书销售量的增加主要是由那些以前经常买昂贵手抄本的人现在买了许多印刷版的书所引起的，所以完全有可能是学会读书的人数没变，而平均每人买了更多的书。这就对题干论述提出了有力的质疑。

第18讲 解释

考点分析

解释题型的特征是给出一段关于某些事实或现象的客观描述（有时为一个图表），要求你对这些事实、现象或图表表面上的矛盾做出合理的解释，有解释结果、解释现象、解释差异、解释矛盾。

从题型上看，一般分为最能解释、最不能解释（或能解释，除了）两类。

题型分析

题型一：最能解释。

【题目特征】最能解释的题目，需要考生在五个选项中找到解释作用最强的那个，首先需要定位被解释的对象是什么，然后再判断选项和题干的关系。值得一提的是，通常"最能解释"不能像"最能削弱"一样有比较清晰的"相对最好原则"，需要就题论题。选项的设计方式一般都是4个无关或者加剧矛盾的选项，配合一个能解释的选项。如果在做题中，发现有解释性的选项不止一个，这时就一定要注意题目的核心词有没有保持一致，通常有解释性的迷惑选项都是核心词被偷换。

【例】 我国中原地区如果降水量比往年低，该地区的河流水位会下降，流速会减缓。这有利于河流中的水草生长，河流中的水草总量通常也会随之增加。不过，去年该地区在经历了一次极端干旱之后，尽管该地区某河流的流速十分缓慢，但其中的水草总量并未随之增加，只是处于一个很低的水平。

以下哪项如果为真，最能解释上述看似矛盾的现象？

A. 该河流在经历了去年极端干旱之后干涸了一段时间，导致大量水生物死亡。

B. 如果河中水草数量达到一定程度就会对周边其他物种的生存产生危害。

C. 我国中原地区多平原，海拔差异小，其地表河水流速比较缓慢。

D. 河水流速越慢，其水温变化就越小，这有利于水草的生长和繁殖。

E. 经过极端干旱之后，该河流中以水草为食物的水生动物数量大量减少。

【解析】 题目中需要解释的现象是"水流的流速缓慢为什么水草量不多"，选项 A 可以解释，说明极端干旱之后，大量的水生物包括水草都死掉了。但是有同学可能会疑虑：题目的核心概念是"水草"，选项用了"水生物"，会不会核心概念不一致？ 所以，这个选项可以解释，但不一定是最能解释题干的选项，待选。

选项 B 中的"周边其他物种"题目没有提到，无关选项，排除。 选项 C 只说了地表河水流速慢的原因，没有解释水草的问题，排除。 选项 D 加剧矛盾，不能解释，排除。 选项 E 中的"水生动物"题目没有涉及，排除。

五个选项中，除了选项 A 能解释题干矛盾，其余各项均不能解释，因此，选项 A 是相对最能解释的选项。

【答案】 A。

题型二：能解释，除了。

【题目特征】题目考查"能解释，除了"，即要求考生运用排除法，把对题干中所描述现象或者矛盾有解释作用的选项排除，剩余的选项入选。 一般情况下，入选的都是无关选项。

还需要注意，"最不能解释"实际上也是对"能解释，除了"的考查。

例 1 为了更好地理解人类个性的特征及其发展，一些心理学家对动物的个性进行了研究。

以下各项如果为真，都能对上述行为提供解释，除了：

A. 人类和动物的行为都产生于类似的本能，但动物的本能较为明显。

B. 对人的某些实验受到法律的限制，但对动物的实验一般不受限制。

C. 和对动物的实验相比，对人的实验的费用较为昂贵。

D. 在数年中可完成对某些动物个体从幼年至老年个性发展的全程观察。

E. 对人的个性的科学理解，能为恰当理解动物的个性提供模式。

【解析】 题干需要解释的是为什么选择研究动物的个性的方式来帮助研究人类的个性。 选项 E 如果为真，只能说明研究人的个性有助于研究动物个性，但无助于解释题干。 选项 A 指出"人类和动物的行为都产生于类似的本能"，所以可以通过研究动物来研究人类，排除。 选项 B 说明"对动物的实验一般不受限制"，所以才使实验得以顺利进行，能解释，排除。 选项 C 指出"对人的实验的费用较为昂贵"，所以对动物的实验更方便进行，能解释，排除。 选项 D 指出"动物实验可以完成个性发展的全程观察"，也能够解释为什么动物实验更方便，排除。

【答案】E。

例2 某市一项对健身爱好者的调查表明，那些称自己每周固定进行二至三次健身锻炼的人，近两年来由28%增加到35%；而对该市大多数健身房的调查则显示，近两年健身房的人数明显下降。

以下各项如果为真，都有助于解释上述看来矛盾的断定，除了：

A. 进行健身锻炼没什么规律的人在数量上明显减少。

B. 健身房出于非正常的考虑，往往少报光顾人数。

C. 由于简易健身器的出现，家庭健身活动成为可能并逐渐流行。

D. 为了吸引更多的顾客，该市健身房普遍调低了营业价格。

E. 受调查的健身锻炼爱好者只占全市健身锻炼爱好者的10%。

【解析】选项A表明，去健身房锻炼的人分为有规律锻炼和没有规律锻炼两种。虽然每周固定进行二至三次健身锻炼的人在增加，但是如果进行健身锻炼没什么规律的人在数量上明显减少，也可能会导致近两年来健身房的人数明显下降，能够解释题干，排除。选项B指出，是健身房没有提供真实数据，能够解释题干，排除。选项C指出，虽然每周固定进行二至三次健身锻炼的人在增加，但是，由于家庭健身活动逐渐流行，使得近两年来健身房的人数明显下降了，也能够解释题干，排除。选项D加剧了题干中的矛盾：如果该市健身房普遍调低了营业价格，那么近两年来健身房的人数应该增加，因此不足以解释题干断定。选项E能对题干中的矛盾做出一定的解释，即如果受调查的健身锻炼爱好者相对全市健身锻炼爱好者来说不具有代表性，那可能存在以偏概全的问题，解释了题干中的矛盾，排除。

【答案】D。

•• **敲黑板**

解释题型总结

可以提高解释型题目的解题技巧的几个方面：

（1）分清楚题型，是解释现象还是解释矛盾。

（2）找到需要解释的对象。

（3）注意观察。

①转折词。解释题中往往有转折词，如"然而""但是"等，转折词的前后一般就是逻辑重心，也就是要解释的矛盾或差异。

②关键词。如果矛盾或差异的双方的关键词不一致，很可能是因为这个不一致导致了矛盾或差异，这时候就应该注意关键词。

③是否存在他因。可以通过找到他因，来解释形成差异或矛盾的原因。

● 基础能力练习题

1. Q国的棉花农场主变得如此多产以至于市场不能吸收他们生产的所有产品，于是，棉花价格下降了。政府试图抬高棉花价格，它支付给将25%棉花田闲置不生产的农民直接的支持金，每个农场的支付额有一个确定的最高限额。该政府的计划如果成功实施，不会给财政带来负担。

下面哪项如果正确，是解释政府之所以这样做的最佳依据？

A. 不景气的棉花价格意味着棉花农场的经营损失，而政府会损失依靠向农场利润征税而取得的收入。

B. 在Q国支持金支付计划实施的当年，Q国以外的一些地区棉花产量有轻微下降。

C. 支持金支付计划实施的第一年，Q国的棉花田比该计划的基期年份水平低了5%。

D. 对每个农场确定的最高支付额意味着对非常大的棉花农场来说，退出生产的那些田地每亩得到的支持金支付额要小于较小的农场所得到的。

E. 想符合支持金支付要求的农民不能利用退出生产的棉花田种植其他任何作物。

2. 一所国立大学有水泥楼梯，楼梯上的地毯十分破旧并严重磨损。尽管职业安全与健康管理机构数次提醒该学校，但学校并未更换楼梯间已烧坏的灯泡。最近，一个叫弗瑞得的学生在楼梯地毯上绊了一跤，摔下了楼梯，造成严重脑震荡及其他伤并住院。在他出院后，仍需要后续的医疗措施并要继续吃药，还要休学一个学期。他提出了对学校的诉讼。

在诉讼中，下列哪一项最可能是弗瑞得的律师提起该人身伤害赔偿的原因？

A. 因为水泥楼梯太硬导致学生受伤。

B. 学校应对地毯状况负责。

C. 灯泡烧坏构成学校的疏忽。

D. 学生坠落的高度加剧了学生的伤势。

E. 职业安全与健康管理机构无权管理学校。

3. 斯巴达克人为了提高后代的战斗力，对新生的婴儿都要进行身体素质测试。他们把出生的婴儿放在山沟、水中、田野等恶劣的自然环境下，以此来检测其生命力的强弱，抛弃那些病弱的、经不起考验的婴儿，留下那些健壮的、生命力强的婴儿。然而，这一方法并没有使斯巴达克人的城邦长治久安，反而先于敌对的雅典而衰落。

根据上文，以下哪项作为斯巴达克人选拔人才最终失败的原因最为合适？

A. 新生婴儿身体素质好的，长大成人后未必一定是战斗力最强的。

B. 生理素质只是人全面素质的一部分，国家的长治久安需要人的综合素质的提高。

C. 人才是选拔出来的，但是斯巴达克人口太少，所以难逃失败的厄运。

D. 雅典采取的人才选拔办法可能比斯巴达克人更为严酷。

E. 孩子的父母对这种残酷的淘汰心存不满，所以不愿意建设和保护自己的城邦。

4. 道路上有一个里程碑，当一个徒步旅行者走近它的时候，面对她的这一面写着"21"，而背面写着"23"。她推测如果沿着这条路继续向前走，下一个里程碑会显示她已经走到了这条路的一半的位置。然而她向前走了一英里后，里程碑面向她的一面是"20"，背面是"24"。

以下哪一项如果是正确的，将解释以上描述的矛盾？

A. 下一个里程碑上的数字放颠倒了。

B. 里程碑上的数字指的是公里数，不是英里数。

C. 面向她这面的数字指的是抵达路的终点的英里数，不是指到起点的英里数。

D. 该旅行者遇到的两块里程碑之间丢失了一块里程碑。

E. 设置里程碑最初是为了骑自行车的越野者使用，而不是为徒步旅行者设置的。

5. 一场严重的旱灾事实上会减少美国农民作为整体所得到的政府补助总额。如果有的话，政府支付给农民的补助是每蒲式耳粮食实际出售时的市场价格与预定目标价格之差。例如1983年的旱灾，使农场计划的支付额减少了100亿美元。

给定以上的信息，下面哪项如果正确，最好地解释了为什么1983年的干旱导致了农场计划支付额的减少？

A. 在1983年以前，政府为了帮助农民减少他们的债务负担而提高了粮食的目标价格。

B. 由于1983年的干旱，美国农民出口的食品在1983年比以前的年份减少了。

C. 由于1983年的干旱，美国农民的收成变少了，从而1983年的粮食比以往粮食较多的年份获得了更高的市场价格。

D. 由于1983年的干旱，美国农民计划在1984年种植比1983年更少的粮食。

E. 尽管出现了1983年的干旱，1982～1983年间的食品价格并未明显上涨。

6. 一般来说，某种产品价格的上升会使其销量减少，除非在价格上升的同时伴随着该种产品质量的提高。不过，葡萄酒却是一个例外。某一位生产商的葡萄酒价格的上升常常会刺激其销量的增长，尽管葡萄酒本身没有变化。

以下哪项如果为真，最能解释上述的反常现象？

A. 在葡萄酒市场上，竞争性产品的类型相当广泛。

B. 许多消费者在决定购买葡萄酒时，依据的是书刊对葡萄酒的评价。

C. 消费者在商店选购葡萄酒时，常常利用价格的高低作为判断葡萄酒质量的指标。

D. 葡萄酒零售商和生产者一般可以通过打折来暂时增加某种葡萄酒的销量。

E. 定期购买葡萄酒的消费者普遍对自己所偏好的葡萄酒有牢固的看法。

7. 如果石油供应出现波动导致国际油价上涨，在开放市场国家，如美国，国内油价也会上升，不管这些国家的石油是全部进口还是完全不进口。

如果以上关于石油供应波动的论述是正确的，在开放市场国家中，下面哪一种政策最有可能减少由于未预料到的国际油价剧烈上涨而对该国经济的长期影响？

A. 把每年进口的石油数量保持在一个恒定的水平上。

B. 增加该国船只中油轮的数量。

C. 暂停同主要石油生产国的外交关系。

D. 通过节能措施减少石油消耗量。

E. 减少国内的石油生产。

8. 在美国，远小于一半的工作遵循一周 40 小时且工作日每天上午 9 点至下午 5 点的工作制。这主要是由于服务公司的迅速增长以及这些公司所雇用的劳动力的比例迅速增长的缘故。

下面哪一项如果正确，最能帮助解释服务部门的增加怎样导致上面的效果？

A. 为了增加他们的收入，其他经济部门的一小部分工人也在服务部门打工。

B. 为了满足日常照看孩子的需要，新的服务部门公司创建起来，这种需要是由于双亲都工作的家庭数目的增加而引起的。

C. 通过将新技术应用到传统的职业，和全职工作相比，服务公司创建了更多的兼职工作。

D. 制造企业和其他非服务公司经常一天 24 小时工作，一周工作 7 天。

E. 服务部门作为最大并且增长最快速的部门要迎合 9 至 17 点工作制之外的娱乐活动。

9. 几年前的一个司法法令的目标是鼓励电话业的竞争，竞争可能导致消费者的节省。现在白天打的长途电话比法令公布前便宜了，但是居民的长途电话的平均花费已经增加了 25%。

下列哪一项假如正确，能最好地解释居民长途电话费更高了？

A. 企业打的长途电话比居民打的多。

B. 电话公司把它们的服务延伸到计算数据和数据处理领域。

C. 大多数居民打电话的时间是夜晚，夜晚的电话费率已经增加了。

D. 竞争的加剧已经导致电话公司为新技术的发展扩大预算。

E. 电话公司在电话费率变化付诸实践之前必须得到管理机构的批准。

10. 一群在实验室里研究老鼠体内的新陈代谢的科学家发现，去除老鼠的甲状旁腺可以导致老鼠血液中的钙的水平比正常水平低得多，这个发现使科学家们假设甲状旁腺的功能是调节血液中的钙的水平。当钙的水平降到正常范围之下，它就升高钙的水平。在进一步的实验中，科学家们不但去除了老鼠的甲状旁腺，而且去除了它们的肾上腺，他们出人意料地发现老鼠血液内钙的水平的下降比单是去除甲状旁腺时慢得多。

下面哪一项如果正确，能与科学家的假设相一致地解释这个出人意料的发现？

A. 肾上腺的作用是降低血液中的钙的水平。

B. 肾上腺与甲状旁腺在调节血液内的钙的水平时的作用是一样的。

C. 甲状旁腺的缺乏能促使肾上腺增加血液中的钙的水平。

D. 如果只是把老鼠的肾上腺移去，而没有把其他的腺移去，这只老鼠的血液内的钙的水平将会维持不变。

E. 甲状旁腺的仅有功能是调节血液中的钙的水平。

基础能力练习题解析

1. 【答案】 A。
   【解析】 题干论述：由于棉花供大于求导致价格下降，为此，政府的做法是给闲置棉花田补贴以少种棉花，但这样做不会给财政带来负担，为什么？ 选项A表明，棉花价格低，棉花农场利润就低，政府征税就少。 这样，政府给闲置棉花田补贴后，棉花供应会减少，价格就会提高，这样征税就多，就不会给财政带来负担。 这就有力地解释了政府的做法，因此，选项A为正确答案。 选项B讨论的是Q国以外的一些地区的情况，与题干推理无关。 选项C与"价格"无关，说明不了任何问题。 选项D是题干的一个推论（即该项可从题干推出来），但本题是解释题，因此该项属于无关比较，对题干事实起不到解释作用，因此不选。 选项E讨论的是农民不能利用退出生产的棉花田种植其他作物，与题干推理没有直接关联。

2. 【答案】 B。
   【解析】 此题逻辑线为：地毯坏了→弗瑞得摔倒→受伤→起诉学校，根据最前的事件"地毯坏了"和最后的事件"起诉学校"之间的关系，定位选项，选项B正确。 认为选项C正确的考生必然想象灯泡坏了，看不见路，所以摔倒。 但题目中并没有说所有灯泡都坏了，也没有出现"在晚上"或者"光线不好"的字眼。

3. 【答案】 B。
   【解析】 选项A和B都可能是斯巴达克人选拔人才最终失败的原因。 从国家的长治久安出发，选项B比选项A更为切中这一选拔方法的弊端，因而更为合适。 选项E只是有这种可能，但是削弱作用不足。

4. 【答案】 C。
   【解析】 该旅行者的推理做了一个假设，即面向她的数字表示到这条路起点的距离，但第二块里程碑上的数字显示这个假设是错误的。 事实上，正面表示到路的终点的距离，而反面表示到起点的距离。 因此，选项C解释了这种矛盾，是正确答案。

5. 【答案】 C。
   【解析】 题干断定，政府支付给农民的补助是粮食实际出售时的市场价与预定目标价之差。 如果选项C为真，表明由于干旱导致粮食价格升高，因此导致政府补助额减少。

6. 【答案】 C。
   【解析】 需要解释的反常现象是：葡萄酒价格上升常常会刺激其销量的增长，尽管葡萄酒本身没有变化。 选项C表明，消费者常常利用价格的高低作为判断葡萄酒质量的指标，这就有力地解释了这一反常现象。

7. 【答案】 D。
   【解析】 如果关于石油供应波动的论述是正确的，当石油供应波动导致国际油价上涨时，开放市场国家中国内油价也会上涨。 显然，在开放市场国家里，减少消耗的石油量能够减少这种上涨对经济的影响。 选项D给出了一个减少石油消耗的办法。

8. 【答案】E。

【解析】题干要解释的现象是：远小于一半的工作遵循9至17点工作制。问题是解释服务部门增加为什么会导致这个现象。选项E表明，雇用大量劳动力的服务部门要迎合9至17点工作制之外的娱乐活动。这就有力地解释了服务部门的增加为何导致了题干的现象。

9. 【答案】C。

【解析】本题要解释的现象是：尽管白天打长途电话费用降低了，而居民平均花费的长途电话费反而高了。选项C指出，尽管白天电话费下降了，但晚上的电话费上升了，而晚上又是大多数居民打电话的时间，所以电话费反而增加了，这就有力地解释了题干的现象。

10. 【答案】A。

【解析】题干断定：（1）去除甲状旁腺时老鼠血液中的钙的水平比正常水平低得多；（2）同时去除甲状旁腺和肾上腺时，老鼠血液内钙的水平的下降比单是去除甲状旁腺时慢得多。对这两个结论进行比较，我们不难发现，肾上腺一定具有促使老鼠的血液中钙的水平降低的作用。

> •• 敲黑板
>
> 在做解释型题目的时候，需要注意以下两点：一是题干中给出的现象已经是默认的事实，只需要找到这些现象发生的原因，而不能质疑这些现象；二是在解释的过程中，不能质疑矛盾的任何一方，要站在中立的角度，只解释为什么出现矛盾，或者找出某个选项解释矛盾即可。

第19讲 评价

考点分析

评价题型主要考查我们评价论点和论证方法的能力。

1. 评价论点的考题

由于评价在很多情况下是对段落推理成立的隐含假设起作用，所以读题时要注意体会段落推理的隐含假设（也是理由—结论），然后去寻找一个能对段落推理起到正反两方面作用的选项。

当选项为一般疑问句时，对这个问句有两方面的回答——"肯定性"回答和"否定性"回答。若对这个问句做"肯定性"回答能对段落推理起到支持作用，同时对这个问句做"否定性"回答能对段落推理起到驳斥作用（或正好相反）。这样我们就可以说，这个问题对段落推理有评价作用。

需要特别引起注意的是，正确的选项一定是对这个问句的"肯定性"回答与"否定性"回答都起作用，如果仅仅对一方面回答起作用，则不是很好的评价。

评价题实质上就是支持题和削弱题的结合，要求我们找到一个最能影响题干结论的问题，即寻找一个在肯定或否定状态下支持题干论述，而相反状态下则削弱题干论述的选项。

设计选项的角度：

（1）直接指出结果和原因之间有没有关系。

（2）质疑方法是否可行或者有意义。

（3）除这个原因之外，看是否还有其他因素影响结论，或者有没有其他原因来解释原文中存在的事实或者现象。

（4）在对比评价中，看对比的对象之间是否具有可比性，也就是可比较的标准，如对比实验的关键是让实验对象在其他方面的条件相同。

这类题型的常规问法是"为检验上述论证的有效性，回答哪个问题最为重要"或"为了对上述论证做出评价，回答哪个问题最为重要"。这种问法也可以作为识别这类题目的标志。

2. 评价论证方法的考题

评价论证方法的考题是对题干中的论证是否成立、论证中使用了何种论证技法的判断。需要回答以下几个问题：

（1）题干中的论证是否成立？如果不成立的话，什么地方有问题？

（2）题干中的论证用了什么论证技巧？用什么方式可以使题干中的论证成立或不成立？

题型分析

题型一：评价论点。

【题目特征】这类题目的做法，通常是在选项中寻找一般疑问句，并且对这个问句做"肯定性"回答和"否定性"回答。如果一方面的回答对段落推理起到支持作用，同时另一方面的回答能对段落推理起到驳斥作用（或正好相反），这样，我们就可以说这个问题对段落推理是有评价作用的。

评价论点的题目，其问法通常为：

（1）为了检验上述论证的有效性，最可能提出以下哪个问题？

（2）为了检验上述论证的有效性，回答以下哪个问题最为重要？

（3）为了评价上述论证，回答以下哪个问题最不重要？

例1 我国博士研究生中女生的比例近年来有显著的增长。说明这一结论的一组数据是：2000年报考博士生的女性考生的录取比例是30%；而2004年这一比例上升为45%。另外，这两年报考博士生的考生中男女的比例基本不变。

为了评价上述论证，对2000年和2004年的以下哪项数据进行比较最为重要？

A. 报考博士生的男性考生的录取比例。

B. 报考博士生的考生的总数。

C. 报考博士生的女性考生的总数。

D. 报考博士生的男性考生的总数。

E. 报考博士生的考生中理工科的比例。

【解析】为评价题干的论证，对2000年和2004年报考博士生的男性考生的录取比例进行比较最为重要。如果这一比例持平或下降，则支持题干的论证；如果这一比例同样明显上升，则削弱题干的论证。

【答案】A。

例2 要么采取紧缩的财政政策，要么采取扩张的财政政策。由于紧缩的财政政策会导致更多的人下岗，所以必须采取扩张的财政政策。

以下哪一问题对评论上述论证最重要？

A. 紧缩的财政是否还有其他不利影响？
B. 既不是紧缩的也不是扩张的财政政策是否存在？
C. 扩张的财政政策能否使就业率有大幅度的提高？
D. 扩张的财政政策是否会导致其他的不利后果？
E. 扩张的财政政策能否得到大多数老百姓的理解？

【解析】如果采取扩张的财政政策会导致其他不利后果（如比采取紧缩的财政政策导致更多的人下岗的后果要严重得多），那么就不应采取扩张的财政政策；反之，如果采取扩张的财政政策不会导致其他不利后果，那么就应采取扩张的财政政策。因此，选项 D 是有效的评价。选项 A、B、E 与评价无关。即使扩张的财政政策不能使就业率有大幅度的提高，但只要不使就业率降低，就仍应采取扩张的财政政策，因此，选项 C 也不是有效的评价。

【答案】D。

例3 最近一项州内人力资源的调查发现，文秘学校毕业生的寿命预计超过其他高中毕业生的寿命四年。一个可能的结论是：进入文秘学校有益于一个人的健康。

在评价上述结论时，最重要的是回答下列哪一个问题？

A. 高中毕业生的平均年龄和文秘学校毕业生的平均年龄近年来增加了吗？
B. 一些文秘学校的毕业生有大学学位吗？
C. 女性比男性寿命长，在其他高中和文秘学校毕业生中男性和女性的相对比例是多少？
D. 女性比男性寿命长，占多少比例的女性上了文秘学校？
E. 进入文秘学校的高中毕业生的比例近年来增加了吗？

【解析】题干认为文秘学校毕业生的预计寿命超过其他高中毕业生的预计寿命的原因可能是上文秘学校有益于健康。而选项 C 则说明除了上文秘学校的原因外，男女性别的比例差异可能也是文秘学校毕业生的预计寿命高的原因。因此，在评价题干得出的结论是否正确时，回答选项 C 提出的问题是最重要的。

【答案】C。

例4 近年来，有犯罪前科并在三年内"二进宫"的人数逐年上升。有专家认为，其数量的递增可能是由于我们的教育改造体制存在缺陷，所以应当改革，我们需要一种既能帮助刑满释放人员融入社会又能监督他们的措施。

对以下哪个问题的回答与评价该专家的观点不相干？

A. 刑满释放人员走出监狱的大门后是否无法就业，除重操旧业外别无选择？
B. 父母在监狱服刑的孩子的数量是不是多于父母已刑满释放的孩子的数量？
C. 在刑满释放之后，有关部门是否永久剥夺了曾犯重罪的人的投票权？
D. 政府是否在住房、就业等方面采取措施以帮助有犯罪前科的人重返社会？
E. 刑满释放人员本身是不是就是比较懒惰，不愿意为生活打拼的那些人？

【解析】 专家观点是：重新犯罪人员的数量递增可能是因为教育改造体制存在缺陷，故需要一种既能帮助刑满释放人员融入社会又能监督他们的措施。显然，选项B所述与专家观点不相干，其余选项都有助于评价专家的观点。

【答案】 B。

> 例5 林教授是河北人，考试时他总是把满分给河北籍的学生。例如，上学期他教的班上只有张贝贝和李元元得了满分，她们都是河北籍的学生。

为了检验上述论证的有效性，最有可能提出以下哪个问题？

A. 林教授和张贝贝、李元元之间到底有没有特殊的亲戚关系？

B. 林教授为什么更愿意把满分给河北籍的学生？

C. 林教授所给满分的学生中是否曾有非河北籍的学生？

D. 张贝贝和李元元的实际考试水平是否与她们的得分相符？

E. 林教授平日的工作表现如何？

【解析】 本题属于评价论点的题目。题干的论据是个例，而论证的是一般性的结论——"林教授总是把满分给河北籍的学生"。检验这样的论证最关键的问题是：是否能一方面加强题干论证，一方面削弱题干论证。选项C提出的正是这样的问题，如果"林教授所给满分的学生中曾有非河北籍的学生"，那么这样的问题对结论就有削弱作用，反之，如果"林教授所给满分的学生中没有过非河北籍的学生"，对题目的结论就有加强作用。因此，和其余各项比较，选项C是最可能提出的问题。选项D仅仅能够评价"张贝贝和李元元是否能够得满分"，但其评价的并非是题目的结论，排除。选项A和E是无关选项，排除。选项B中的"为什么"不符合评价论点的题目的要求，评价论点的题目应该寻找能对论点做"肯定性"和"否定性"两种回答的选项，排除。

【答案】 C。

> 例6 2008年5月12日，四川汶川发生强烈地震，伤亡惨重。有人联想到震前有媒体报道过绵竹发生了上万只蟾蜍集体大迁移的现象，认为这种动物异常行为是发生地震的预兆，质问为何没有引起地震专家的重视，及时做出地震预报，甚至嘲笑说"养专家不如养蟾蜍"。

下面的选项都构成对"蟾蜍大迁移是地震预兆"的质疑，除了：

A. 为什么作为震中的汶川没有蟾蜍大迁移？为何其他受灾地区也没有蟾蜍大迁移？

B. 国际地震学界难道认可蟾蜍大迁移这类动物异常行为与地震之间的相关性吗？

C. 蟾蜍大迁移这类动物异常行为在全国范围内可谓天天都有，地震局若据此做出地震预报，我们岂不时时生活在恐惧之中？

D. 为什么会发生蟾蜍大迁移这类现象？这么多蟾蜍是从哪里来的？

E. 有没有其他导致蟾蜍大迁移的原因？

【解析】 题干根据汶川地震前绵竹发生了蟾蜍集体大迁移的现象，认为蟾蜍大迁移是地震预兆。也就是说，题干根据两种现象先后发生，就认为这两种现象具有因果关联。选项A是个无因有果的反例，质疑了题干。选项B对国际地震学界是否认可这两种现象的相关性提出了质疑。选项C是个有因无果的反例，质疑了题干。选项D所述与题干论证无关，故为正确答案。

选项 E 质疑了"有没有其他导致蟾蜍大迁移的原因",如果存在这样的他因,对题干也是有削弱作用的,排除。

【答案】 D。

> •• 做题要领
>
> 这个题目表面上看是"削弱",但是题目的实质是"能评价,除了"。

例 7 研究者调查了一组大学毕业即从事有规律的工作正好满 8 年的白领,发现他们的体重比刚毕业时平均增加了 8 公斤。研究者由此得出结论,有规律的工作会增加人们的体重。

关于上述结论的正确性,需要询问的关键问题是以下哪项?

A. 和该组调查对象其他情况相仿且经常进行体育锻炼的人,在同样的 8 年中体重有怎样的变化?
B. 该组调查对象的体重在 8 年后是否会继续增加?
C. 为什么调查关注的时间段是在对象毕业工作后 8 年,而不是 7 年或者 9 年?
D. 该组调查对象中男性和女性的体重增加是否有较大差异?
E. 和该组调查对象其他情况相仿但没有从事有规律工作的人,在同样的 8 年中体重有怎样的变化?

【解析】 题目的结论:有规律的工作会增加人们的体重。需要寻找一个选项,对选项进行"肯定性"回答和"否定性"回答。一方面可以加强题干论证,另一方面可以削弱题干论证的选项,即是对论点的评价。

选项 A 评价的是"从事有规律的工作的人"和"经常进行体育锻炼的人",与题中体重的情况无关,排除。选项 B 评价的是"该组调查对象的体重在 8 年后是否会继续增加",与"是否从事有规律的工作"无关,排除。选项 C 是特殊疑问句,不符合评价论点的题目的要求,排除。选项 D 评价的是调查对象中男性和女性的体重差异,与题中体重变化的情况无关,排除。选项 E 评价的是和该组调查对象其他情况相仿但没有从事有规律工作的人。对选项 E 进行"肯定性"回答和"否定性"回答,如果"没有从事有规律工作的人"在同样的 8 年中,体重也在增加,甚至其增加程度超过了"从事有规律工作的人",对题干论证有削弱作用;如果"没有从事有规律工作的人"在同样的 8 年中,体重没有增加,或者增加的幅度小于"从事有规律工作的人",则加强了题干论证,入选。

【答案】 E。

题型二:评价论证方法。

【题目特征】 评价论证方法的题目常见的提问方式有:

(1) 以下哪项最为恰当地指出了题干论证的漏洞?
(2) 以下哪项对上述论证的评价最为恰当?
(3) 以下哪项最为恰当地概括了上述论证方法?
(4) 以下哪项最为恰当地概括了正方(反方)的论证策略?
(5) 回答以下哪个问题对评价以上陈述最有帮助?

具体的题型：

(1) 评价逻辑漏洞。

破解方式：①检查从题干到结论是否缺少必要的前提（假设等），如有缺失，缺失的内容即为漏洞所在；②如果题目中没有缺失条件，就要注意是否存在相应的逻辑错误。

论证评价中常见的逻辑漏洞有混淆概念、转移论题、以偏概全、循环论证、不当类比、自相矛盾、模棱两可、非黑即白、顾此失彼、因果倒置、不当假设、推不出（论据欠充分、虚假论据、必要条件与充分条件混用、推理形式不正确等）、诉诸权威、诉诸人身、诉诸众人、诉诸情感、诉诸无知、整体与个体性质误用、数字陷阱等。

混淆概念。混淆概念是在同一思维过程中，把两个不同内涵的概念混为相同的概念或相互代替。例如："不拿回扣"就是"廉洁奉公"，"价格改革"就是"涨价"。

转移论题。在论证中，论点没有保持前后一致，一般表现为以没有关系的论据来证明某一结论。

自相矛盾。在论证中，两个相互矛盾的命题同时为真。例如：突然，汽车渐渐地停了下来。

模棱两可。在论证中，两个相互矛盾的命题同时为假。例如：在经济发展中，我们以 GDP 的增长速度快慢作为发展目标是不对的，当然，不以 GDP 的增长速度快慢作为发展目标也是不对的。

不当类比。在没有可比性的两个对象之间进行类比。

以偏概全。以不具有代表性的部分个体所具有的特点推论全体也具有这样的特点。

在考试试题中，逻辑谬误主要应用于方法评价和漏洞分析，两者都包括推理和论证的方法评价与漏洞分析。

值得注意的是论证评价的题目，题干中的论证过程有可能是没有漏洞的。

(2) 评价论证技巧。

评价论证技巧的题目，主要考查论证和反驳的方法，如归纳论证、类比论证、归谬法、例证法、举反例等，要适当注意这一类题目在对话辩论中的应用。

【例1】万宝路香烟的醒目广告画下面都有一行特殊的广告文字——"吸烟有害健康"。

假设这并非出自有关法规的强制要求，则以下各项都是对上述事实的恰当评价，除了：

A. 这说明万宝路烟草公司对自己的营销充满了自信。
B. 这说明万宝路烟草公司认为为了赚钱可以干有碍公众利益的事。
C. 这样的广告增加了公众对万宝路烟草公司及其产品的信任度。
D. 这说明万宝路烟草公司向公众表示歉意。
E. 这说明万宝路香烟广告的设计者犯了自相矛盾的疏忽。

【解析】既然这种广告方式有利于万宝路烟草公司推销自己的产品，它当然不可能说明该公司香烟广告的设计者犯了自相矛盾的疏忽。

【答案】E。

【例2】我国的戏剧工作者中，只有很小的比例在全国 30 多个艺术家协会中任职。这说明，在我国的艺术家协会中，戏剧艺术方面缺少应有的代表性。

以下哪项是对上述论证的最恰当的评价？

A. 上述论证是成立的。

B. 上述论证不能成立，因为它没有提供准确的比例数字。

C. 上述论证缺乏说服力，因为一个戏剧工作者在艺术家协会中任职，并不意味着他（她）就一定在其中有效地体现戏剧艺术的代表性。

D. 上述论证有漏洞，因为我国的戏剧工作者中，只有很小的比例在全国 30 多个艺术家协会中任职，并不意味着在我国艺术家协会中戏剧工作者只占很小的比例。

E. 上述论证有漏洞，因为我国的戏剧工作者中，只有很小的比例在全国艺术家协会中任职，并不意味着其他艺术种类的工作者中有较高的比例在我国艺术家协会中任职。

【解析】 在艺术家协会中任职的戏剧工作者的比例，体现了戏剧艺术在艺术家协会中的代表性。根据"我国戏剧工作者中只有很小的比例在全国艺术家协会中任职"得不出"在我国艺术家协会中戏剧工作者只占很小的比例"的结论，因而得不出"在我国的艺术家协会中，戏剧艺术方面缺少应有的代表性"。选项 D 恰当地指出了题干论证中的这一漏洞。

【答案】 D。

例 3 哥白尼的天体系统理论从它刚刚被提出的那时起，就比托勒密的理论先进，尽管当时所有的观测结果同两个理论都相吻合。托勒密认为星体围绕地球高速旋转，哥白尼认为这是不可能的，他正确地提出了一个较为简单的理论，即地球绕地轴旋转。

以上论述与下面哪项中所陈述的一般原则最相符？

A. 在选择不同的科学理论时，应将简单性作为唯一的考虑因素。

B. 如果某一理论像真的，另一理论像假的，那么像真的的那一个较为先进。

C. 如果观察结果与两个不同的理论都相吻合，那么直观上更像真的的那个是可行的。

D. 在其他方面都相同的情况下，两个不同理论中哪个越复杂，哪个就越落后。

E. 在其他方面都相同的情况下，两个不同理论中哪个越简单，哪个就越重要。

【解析】 题干的观点是：哥白尼的理论较托勒密的理论先进，二者的差别是前者比后者"较为简单"。

【答案】 D。

例 4 在美国商界，有很多人反对政府对商业的干预。他们认为，这种干预提高了商业成本，削弱了有益的竞争，最终对企业和公众都不利。他们列举了货车运输业、航空业和电信业等一些行业，在这些行业中非干预政策带来了明显的经济效益。但这些人所持的观点忽略了诸如金融业等一些行业，政府干预在这些行业中是至关重要的。事实上在 20 世纪 30 年代，如果没有政府的干预，金融业的某些部分会彻底崩溃。

以下哪项最为恰当地提出了题干所使用的方法？

A. 通过反例来驳斥对方的观点。

B. 指出对方的观点中存在着前后矛盾。

C. 对对方立论的动机提出疑问。

D. 对对方论据的真实性提出质疑。

E. 指出对方在论证中运用的是不正确的推理。

【解析】 针对持反对政府干预观点的人所列举的许多行业，题干列举出了金融业这样的反例，并指出：在20世纪30年代，如果没有政府的干预，金融业的某些部分会彻底崩溃。这就说明，不能认为政府对商业的干预一定会对企业和公众不利。因此，选项A恰当地指出了题干所使用的方法。

【答案】 A。

例5 铜矿采掘业发言人提出建议：为了维持国产铜的价格，必须限制较便宜的国外铜的进口，否则，我国的铜矿采掘业将难以经营。

电线电缆制造业发言人对上述建议的反应：我国电线电缆制造业购买的铜70%都是国产的。如果铜价不是按国际价格支付，那么，由于成本的提高，国产的电线电缆就会卖不出去，这样对国产铜的需求就会下跌。

以下哪项是对电线电缆制造业发言人的论证的最恰当评价？

A. 该论证无的放矢，和铜矿采掘业发言人的建议无关。

B. 该论证是循环论证，它预先假设了为了评论铜矿采掘业发言人的建议而需要证明的东西。

C. 它说明铜矿采掘业发言人的建议如果实施的话将会对其自身产生负面影响。

D. 它没有给出理由说明为什么上述建议的实施并不能减轻铜矿采掘业难以经营的担心。

E. 它说明即使上述建议被拒绝，铜矿采掘业也会繁荣。

【解析】 针对铜矿采掘业发言人提出的建议，电线电缆制造业发言人的看法：铜矿采掘业发言人的建议是为了提高该产业的利润；假设采取了这一建议，限制了国外铜的进口，那么国内铜的价格就会上涨，国内电线电缆的生产成本就会提高，国产的电线电缆就会卖不出去，该行业对国产铜的需求就会下跌，铜矿采掘业也会由于铜卖不出去而导致自身利润下降。因此，电线电缆制造业发言人实际上是在说铜矿采掘业发言人的建议如果实施的话，将会对其自身产生负面影响。

【答案】 C。

例6 延长美国的学年，使它与欧洲和日本的学年相一致的建议经常会遭到这样的反对：削减学校三个月的暑假将会违反已确立的可追溯到19世纪的美国传统。然而，这种反对却不得要领。确实，在19世纪大多数的学校在夏季时都会放假三个月，但这仅是因为在农村地区，成功收割离不开孩子们的劳作。如果任何政策只有迎合传统才是合理的，就应该根据经济的需要来确定学年长度。

上述论述通过下列哪项来驳斥异议？

A. 提供证据显示异议依赖于对美国学校传统上每年放假时间的误解。

B. 使历史习惯做法的信息与现在提出的关于社会改变的争论的相关性陷入疑问。

C. 主张从另一方面来理解美国在传统上关于学年长度的实质。

D. 揭示了那些反对延长学年长度的人并不真正关心传统。

E. 说明了传统使美国的学年与其他工业化国家相一致的做法合理化。

【解析】作者在驳斥异议时,对异议的论据进行了驳斥,指出在19世纪时,学校放三个月的暑假是因为孩子们要参加收割庄稼的农作活动,很显然19世纪时学校放长假是出于经济上的需要。而今天美国已经成了一个工业化国家,经济上不再有让孩子们帮助收割庄稼的需要。因此,作者是从另一方面来理解美国传统学年长度的实质,并通过"釜底抽薪"的办法来驳斥异议。

【答案】C。

例7 通勤客机坠落的事故急剧增加在很大程度上是由飞行员缺乏经验所致。作为一个主要增长的工业部门,通勤客机最近对有经验的飞机驾驶员的需求量剧增。然而对飞机驾驶员的经验进行确定及评估是不可能的。例如,一个在气候良好的亚利桑那州飞行1 000小时的教官,是不能和一个在充满暴风雨的东北部飞行1 000小时的夜班货机飞行员相比的。

题干关于通勤客机坠毁事故的增加是由飞行员缺乏经验所致的结论,最能被以下哪项观点所削弱?

A. 不可能衡量飞行员的经验并不表示缺乏经验。

B. 使用了一个与所阐明的观点在逻辑上不相关的例子。

C. 对通勤客机坠毁事件的增加,只给出了片面的解释。

D. 对飞行教官的经验与夜班货机飞行员的经验做了一个不公平的比较。

E. 没有指明最近有多少通勤客机的坠毁是由飞行员缺乏经验所致。

【解析】题干的论述一方面把飞机坠毁归因于飞行员缺乏经验,另一方面又说对飞行员的经验进行确定和评价是不可能的,选项A是正确答案。

【答案】A。

例8 众所周知,我们应当关心我们自身的身体健康。然而,对我们身体状况各方面都负责的欲望会产生一些负面的结果。我们仅仅关注自己的身体健康,就会疏忽我们的精神健康。因此,尽管我们可以从我们对身体健康的过分关注中获得身体上的益处,但是这样做通常是以牺牲我们的精神健康为代价的。

题干通过下面哪一项来证实其在上述段落中的立场?

A. 先为自己的立场辩护,接着把它扩展到第二个领域。

B. 揭示了通常被认为是正确的立场的自相矛盾性。

C. 通过提供新的论据,证实了一个被普遍接受的观点。

D. 先提出自己的立场,接着用几个让步对自己的立场进行修正。

E. 证明了一个流行的观点若走向极端会出现问题。

【解析】题干中论述到,若我们过分关注自己的身体健康,就会致使我们的精神健康受损。因此,选项E是正确答案。选项A、B、C和D都是明显错误的选项。

【答案】E。

例9 许多人不仅不理解别人，而且也不理解自己，尽管他们可能曾经试图理解别人，但这样的努力注定会失败，因为不理解自己的人是不可能理解别人的。可见，那些缺乏自我理解的人是不会理解别人的。

以下哪项最能说明上述论证的缺陷？

A. 使用了"自我理解"概念，但并未给出定义。

B. 没有考虑"有些人不愿意理解自己"这样的可能性。

C. 没有正确把握理解别人和理解自己之间的关系。

D. 结论仅仅是对其论证前提的简单重复。

E. 间接指责人们不能换位思考，不能相互理解。

【解析】 对于需要评价和分析题干论证推理中的逻辑错误的题目，最有效的方法就是先梳理题干论证推理的过程，再寻找其中的漏洞。

题干推理化简如下：不理解自己→不可能理解别人。结论：不能自我理解→不会理解别人。在梳理逻辑主干的过程中不难发现，文中的推理和结论是同一个命题。

【答案】 D。

> **敲黑板**
>
> 逻辑评价的题型主要考查考生在体会题干推理之后是否具备以下能力。
>
> （1）识别推理缺陷的能力。
>
> （2）识别推理结构与方法的能力。
>
> （3）判断构建论点中某句话对结论或前提是否起作用或起到什么作用的能力。
>
> 这类题的关键在于阅读难度较大，其选项是用逻辑的语言对题干推理或论证进行描述。
>
> 解题步骤：
>
> （1）阅读作者的推理，找出结论。
>
> （2）用自己的话复述推理，描述作者怎么利用前提推出结论。
>
> （3）用排除法。最好的选项应该能描述推理的逻辑结构，排除那些不符合逻辑结构的选项。

基础能力练习题

1. 一家超市常常发现有顾客偷拿商品不付款，从而影响该超市的赢利。于是，该超市管理层痛下决心，在该超市安装监控设备，并且增加导购员人数，由此来提高该超市的利润率。

下面哪一项对于评价该超市管理层的决定最为重要？

A. 该超市商品的进价与卖价之比。

B. 该超市每天卖出的商品的数量和价格。

C. 每天到该超市购物的顾客人数和消费水平。

D. 该超市因顾客偷拿商品所造成的损失，与运行监控设备、增加导购员的花费之比。

E. 当地的物价水平。

2. 尽管通过一种新的计算机辅助设计过程生产出来的定制的修复用的骨替代物的价格是普通替代物的两倍多，定制的替代物仍然是节约成本的。定制的替代物不仅可以减少手术和术后恢复的时间，而且它更耐用，因而可以减少再次住院的需要。

为评价以上提出的论述，必须研究以下哪一项？

A. 一个病人花在手术中的时间同花在术后恢复的时间的比较。

B. 随着生产定制替代物的新技术的出现，生产定制替代物减少的成本数额。

C. 同使用普通替代物相比较，使用定制的替代物可以在多大程度上减少再次手术的需要。

D. 用新技术生产的替代物比普通替代物生产得更仔细的程度。

E. 当生产程度逐渐标准化，并可运用到更大规模上时，用新技术生产的定制替代物的成本将下降的数额。

3. 据一项统计显示，在婚后的 13 年中，妇女的体重平均增加了 15 公斤，男子的体重平均增加了 12 公斤。因此，结婚是人变得肥胖的重要原因。

为了对上述论证做出评价，回答以下哪个问题最为重要？

A. 为什么这项统计要选择 13 年这个时间段作为依据？为什么不选择其他时间段，例如为什么不是 12 年或 14 年？

B. 在上述统计中，婚后体重减轻的人有没有？如果有的话，占多大的比例？

C. 在被统计对象中，男女各占多少比例？

D. 这项统计的对象，是平均体重较重的北方人，还是平均体重较轻的南方人？如果二者都有的话，各占多少比例？

E. 在上述 13 年中，处于相同年龄段的单身男女的体重增减状况是怎样的？

4. 人们对于搭乘航班的恐惧其实是毫无道理的。据统计，光 2015 年全世界死于地面交通事故的人数超出 80 万；而在自 2010 年至 2019 年的 10 年间，全世界平均每年死于空难的还不到 500 人；而在这 10 年间，我国平均每年罹于空难的还不到 25 人。

为了评价上述论证的正确性，回答以下哪个问题最为重要？

A. 在上述 10 年间，我国平均每年有多少人死于地面交通事故？

B. 在上述 10 年间，我国平均每年有多少人加入地面交通，有多少人加入航运？

C. 在上述 10 年间，全世界平均每年有多少人加入地面交通，有多少人加入航运？

D. 在上述 10 年间，2015 年全世界死于地面交通事故的人数是否是最高的？

E. 在上述 10 年间，哪一年死于空难的人数最多？人数是多少？

5. 在过去几年中，高等教育中的女生比例正在逐渐升高。以下事实可以部分地说明这一点：在 1959 年，20 岁到 21 岁之间的女性 1.1% 正在接受高等教育；而在 2019 年，在这个年龄段中的女性的 30% 在高校读书。

了解以下哪项对评价上述论证至关重要？

A. 在该年龄段的女性中，没有在接受高等教育的比例。

B. 在该年龄段的女性中，已完成高等教育的比例。

C. 完成高等教育的女性中，毕业后进入高薪阶层的比例。

D. 在该年龄段的男性中，接受高等教育的比例。

E. 在该年龄段的男性中，完成高等教育的比例。

6. 主流经济理论认为，制造商仅仅根据消费者的需要和愿望来决定生产的产品的种类以及这些产品的形式。然而，每个看电视的人都知道，大多数的大生产商都能操纵甚至创造消费者的需求。既然主流经济学家也要看电视，那么他们在提出这个理论时的动机一定不是在追求科学真理时应有的公正无私的动机。

制造商操纵和创造消费者需求的声明在上面论证中所起的作用是下面哪一项？

A. 它是结论所依赖的一个声明之一。

B. 它是上述论证的结论。

C. 它陈述了驳斥的立场。

D. 它陈述了一个可能反对上述论证的结论的理由。

E. 它提供了补充的背景信息。

7. 甲：雇主们报怨高中毕业生通常缺乏专职工作所需的职业技巧。因此，既然在工作中最易获得这些技巧，那么我们就应该要求高中学生干一些兼职工作，以便他们能获得当今的工作市场上需要的技巧。

乙：对想工作的学生来说，现有的兼职工作太少，仅仅要求学生们工作并不会给他们创造工作。

下面哪一点最准确地描述了乙的应答怎样与甲的论述相联系？

A. 它分析了采取甲推荐的行动方针会产生一个不合需要的结果。

B. 它论证了甲把一个不可避免的趋势错认为是一个可以避免的趋势。

C. 它提供了与甲的论述中的一个明确陈述的前提不相一致的信息。

D. 它提出了一个削弱甲的论述所依赖的假设的理由。

E. 它为甲所描述的问题的另一个可替换的解决办法辩护。

8. 甲：在法庭上，应该禁止将笔迹分析作为一个人性格的证据，笔迹分析家提出的所谓的证据总习惯性地夸大他们分析结果的可靠性。

乙：你说得很对，目前使用笔迹分析作为证据确实存在问题。这个问题的存在仅仅是因为没有许可委员会来制定专业的标准，以此来阻止不负责任的分析家做出夸大其实的声明。然而，当这样的委员会被创立以后，那些持许可证的从业者的手迹分析结果就可以作为合法的法庭工具来评价一个人的性格。

乙在应答甲的论述时，用了下面哪一项？

A. 他忽视了为支持甲的建议而引用的证据。

B. 他通过限定某一原则适用的范畴来为该原则辩护。

C. 他从具体的证据中提取出一个普遍性的原则。

D. 他在甲的论述中发现了一个自相矛盾的陈述。

E. 他揭示出甲的论述自身表明了一个不受欢迎的，并且是他的论述所批评的特征。

●基础能力练习题解析

1. 【答案】D。

   【解析】这里的"评价"是指对论点的评价。如果措施能够保证"提高利润率"，则可行；如果措施不能保证"提高利润率"，则不可行。

   选项 D 指出了这一点，该点对于评价该超市管理层的决定最为重要。其他选项都没有指出这一点。

2. 【答案】C。

   【解析】题干的结论是"因为能够减少再次住院的需要，所以定制的替代物仍然是节约成本的"。选项 A 中的"时间"，题干结论中没有涉及，排除。选项 B 的成本问题不是题目结论所在，排除。选项 C，如果可以在很大程度上减少再次手术的需要，就加强了题干论证；如果不能在很大程度上减少再次手术的需要，就削弱了题干论证，是对题干结论最好的评价，入选。

3. 【答案】E。

   【解析】选项 E 提出的问题对评价题干的论证最为重要。因为，如果在上述 13 年中，处于相同年龄段的单身男女的体重增减状况和题干的统计结果类似，那么，题干的结论就不能成立。

4. 【答案】C。

   【解析】回答选项 C 提出的问题对评价题干的论证最为重要。因为在对航运和地面交通的安全性进行比较时，在事故罹难者的绝对数量之间进行比较是没有意义的，正确的方法应是在事故发生率和事故死亡率之间进行比较。为了进行这种比较，不光要知道统计年限内航运和地面交通事故罹难者的绝对数字，而且要知道有多少人加入地面交通，有多少人加入航运。选项 C 提出的正是这个问题。

   选项 B 提出的是类似的问题，但它仅涉及我国，不符合题干。

5. 【答案】D。

   【解析】题目的结论是"高等教育中的女生比例正在逐渐升高"，所用的论据是"1959 年 1.1% 的 20 岁到 21 岁之间的女性正在接受高等教育，2019 年 30% 的 20 岁到 21 岁之间的女性在高校读书"，题目论据是"接受高等教育的女生/所有的女生"，而结论是"接受高等教育的女生/（所有的女生+所有的男生）"。想要验证这个比例到底有没有真的增长，需要看这个时间段内，接受高等教育的男生的情况。如果男生接受高等教育的比例也在增加，该结论未必能够得出，如果男生接受高等教育的比例基本和以往持平，其结论则能够得出。因此，选项 D 是对题目结论最好的评价。

6. 【答案】A。

   【解析】本题通过论述"主流经济学家也应知道大生产商能操纵甚至是创造消费者需求"而做出"作为消费者的主流经济学家在提出他们的理论时动机不纯"的结论。由此我们可以看出，大生产商操纵和创造消费者需求的声明是题干段落的论证所依赖的一个前提。

7. 【答案】 D。

【解析】 甲认为兼职工作可以使高中生获得职业技巧，而乙则表明兼职工作太少，即乙的应答削弱了甲的论证所依赖的假设。

8. 【答案】 B。

【解析】 乙在应答甲时首先承认笔迹分析存在问题，然后指出问题起因，接下来提出了一个消除这些问题的办法，最后下结论认为笔迹分析在他提出的这一方法的作用下将会变得有效。

第20讲 对话辩论

考点分析

基于对话辩论中的评价题型，通常要关心：
（1）意见分歧的焦点。
（2）双方在对话辩论中所使用的论证技巧。
（3）补充新的论据对双方的观点有何种影响（加强、削弱和没有影响）。
考生要特别注意对话辩论中双方意见分歧的焦点。

题型分析

【题目特征】要正确地找到意见分歧的焦点通常需要明确：
（1）对话辩论双方各自的观点是什么。
（2）双方对焦点应该都有明确的态度。
（3）双方在分歧的焦点上的观点是对立的。

1~2题基于以下题干：

贾女士说："我支持日达公司雇员的投诉。他们受到了不公正的待遇。他们中大多数人的年薪还不到10 000元。"

陈先生说："如果说工资是主要原因的话，我很难认同你的态度。据我了解，日达公司雇员的平均年薪超过15 000元。"

例1 以下哪项最为恰当地指出了陈先生与贾女士意见分歧的焦点？

A. 日达公司雇员是否都参与了投诉。
B. 大多数日达公司雇员的年薪是否不到10 000元。
C. 日达公司是否是被投诉最多的公司。
D. 工资待遇是否为日达公司雇员投诉的主要原因。
E. 日达公司雇员的工资待遇是否不公正。

【解析】 贾女士的观点是：日达公司雇员的投诉是合理的，因为他们中大多数人的年薪还不到10 000元，这是不公正的待遇。

陈先生的观点是：日达公司雇员的平均年薪超过 15 000 元，这一待遇并非不公正。因此，如果这是投诉的原因的话，是很难得到认同的。

因此，陈先生和贾女士意见分歧的焦点是：日达公司雇员的工资待遇是否不公正。其余各项的概括均不恰当。

【答案】 E。

例2 以下哪项最为恰当地指出了陈先生反驳中存在的漏洞？

A. 在一个核心概念的界定和使用上没有与辩论对方保持一致。
B. 所反驳的并不是辩论双方事实上所持的观点。
C. 在反驳过程中出现自相矛盾。
D. 在反驳过程中没有对某个核心概念的界定和使用保持一致。
E. 在反驳中犯了很严重的逻辑错误。

【解析】 贾女士提及的"不到 10 000 元"，指的是日达公司大多数雇员的年薪。陈先生提及的"超过 15 000 元"，指的是日达公司雇员的平均年薪。陈先生在这个核心概念的界定和使用上没有与辩论对方保持一致，由于这种不一致，即使陈先生的断定成立，也不能说明贾女士的断定不成立。

陈先生的漏洞是在一个核心概念的界定和使用上没有与辩论对方保持一致，说明他自身在反驳过程中有某个核心概念的界定和使用前后不一致。因此，选项 A 入选。

【答案】 A。

例3 是否应该废除死刑，在一些国家中一直存在争议。下面是相关的一段对话：

史密斯：一个健全的社会应当允许甚至提倡对罪大恶极者执行死刑。公开执行死刑通过其震慑作用显然可以减少恶性犯罪，这是社会自我保护的必要机制。

苏珊：您忽视了讨论这个议题的一个前提，这就是一个国家或者社会是否有权力剥夺一个人的生命。如果事实上这样的权力不存在，那么讨论执行死刑是否可以减少恶性犯罪这样的问题是没有意义的。

如果事实上执行死刑可以减少恶性犯罪，则以下哪项最为恰当地评价了这一事实对两人所持观点的影响？

A. 两人的观点都得到加强。
B. 两人的观点都未受到影响。
C. 史密斯的观点得到加强，苏珊的观点未受影响。
D. 史密斯的观点未受影响，苏珊的观点得到加强。
E. 无法判断。

【解析】 对话辩论的题目一定要明确双方各自的观点。史密斯的观点是"公开执行死刑通过其震慑作用显然可以减少恶性犯罪"，苏珊的观点是质疑"一个国家或者社会是否有权力剥夺一个人的生命"。很显然新论据加强了史密斯的观点，对苏珊的观点没有影响。

【答案】 C。

例4 张教授：在我国，因偷盗、抢劫或流氓罪入狱的刑满释放人员的重新犯罪率，要远远高于因索贿受贿等职务犯罪入狱的刑满释放人员。这说明，在狱中对上述前一类罪犯教育改造的效果远不如对后一类罪犯。

李研究员：你的论证忽视了这样一个事实，流氓犯罪等除了犯罪的直接主客体之外，几乎不需要什么外部条件；而职务犯罪是以犯罪嫌疑人取得某种官职为条件的。事实上，刑满释放人员很难再得到官职，因此，因职务犯罪入狱的刑满释放人员不具备重新犯罪的条件。

以下哪项最可能是李研究员的反驳所假设的？

A. 因职务犯罪入狱的刑满释放人员如果具备条件仍然会重新犯罪。

B. 职务犯罪比流氓罪等具有更大的危害。

C. 我国监狱对罪犯的教育改造是普遍有效的。

D. 流氓犯罪等比职务犯罪更容易得手。

E. 惯犯基本上犯的是同一类罪行。

【解析】索贿受贿等职务犯罪的条件是具有一定的职务和权力。李研究员指出了这样一个事实，即刑满释放人员很难再得到官职，这说明职务犯罪的刑满释放人员和因偷盗、抢劫或流氓罪入狱的刑满释放人员相比，较难具备重新犯罪的条件。因此，不能根据偷盗、抢劫或流氓罪入狱的刑满释放人员的重新犯罪率高于职务犯罪的刑满释放人员，而得出"在狱中对上述前一类罪犯教育改造的效果远不如对后一类罪犯"的结论。这个论断的前提是职务犯罪刑满释放人员依然是犯职务犯罪而不是犯流氓罪之类的其他犯罪，只有选项 E 说明了这一点，入选。

【答案】 E。

例5 经济学家与考古学家就货币的问题展开了争论。

经济学家：在所有使用货币的文明中，无论货币以何种形式存在，它都是因为其稀缺性而产生其价值的。

考古学家：在索罗斯岛上，人们用贝壳作货币，可是该岛上贝壳遍布海滩，随手就能拾到啊。

下面哪项能对二位专家论述之间的矛盾做出解释？

A. 索罗斯岛上的居民节日期间在亲密的朋友之间互换货币，以示庆祝。

B. 索罗斯岛上的居民认为鲸牙很珍贵，他们把鲸牙串起来当作首饰。

C. 索罗斯岛上的男女居民使用不同种类的贝壳作货币，交换各自喜爱的商品。

D. 索罗斯岛上的居民只使用由专门工匠加工的有美丽花纹的贝壳作货币。

E. 即使在西方人将贵金属货币带上索罗斯岛之后，贝壳仍然是商品交换的媒介物。

【解析】选项 D 断定，索罗斯岛上的居民只使用由专门工匠加工的有美丽花纹的贝壳作货币，这说明，虽然作为货币原料的贝壳遍布海滩，但作为货币本身的加工过的贝壳仍可能因其稀缺性而产生价值。这样，经济学家和考古学家的观点并不存在矛盾。其余各项均不能对题干做出解释。

【答案】 D。

例6 张强：快速而精确地处理订单的程序有助于我们的交易。为了增加利润，我们应该运用电子程序而不是手工操作。运用电子程序，客户的订单就会直接进入所有相关的队列之中。

李明：如果我们启用电子订单程序，我们的收入将会减少。很多人在下订单时更愿意与人打交道。如果我们转换成电子订单程序，我们的交易会看起来冷漠而且非人性化，我们吸引的顾客就会减少。

张强和李明的意见分歧在于：
A. 电子订单程序是否比手工订单程序更快、更精确。
B. 更快且更精确的订单程序是否会有益于他们的财政收益。
C. 改用电子订单程序是否会有益于他们的财政收益。
D. 对多数顾客而言，电子订单程序是否真的显得冷漠和非人性化。
E. 无法判断。

【解析】 确定争论焦点，是语义辨析试题中常见的一种类型。题干是两方分别陈述自己的观点，问题要求确定争论的焦点。正确选项是一个问题，或者能还原成一个问题。正确选项具有这样两个特点，或者说必须满足这样两个要求：第一，争论双方对这一问题都有自己明确的观点；第二，这两种观点是对立的。不正确的选项不具有这两个特点。只有选项 C 符合。

【答案】 C。

例 7 王研究员：我国政府提出的"大众创业，万众创新"激励着每一个创业者。对于创业者来说，最重要的是需要一种坚持精神。不管在创业中遇到什么困难，都要坚持下去。

李教授：对于创业者来说，最重要的是要敢于尝试新技术。因为有些新技术一些大公司不敢轻易尝试，这就为创业者带来了成功的契机。

根据以上信息，以下哪项最准确地指出了王研究员与李教授的分歧所在？
A. 最重要的是敢于迎接各种创业难题的挑战，还是敢于尝试那些大公司不敢轻易尝试的新技术。
B. 最重要的是坚持创业，有毅力、有恒心把事业一直做下去，还是坚持创新，做出更多的科学发现和技术发明。
C. 最重要的是坚持把创业这件事做好，成为创业大众的一员，还是努力发明新技术，成为创新万众的一员。
D. 最重要的是需要一种坚持精神，不畏艰难，还是要敢于尝试新技术，把握事业成功的契机。
E. 最重要的是坚持创业，敢于成立小公司，还是尝试新技术，敢于挑战大公司。

【解析】 对话辩论的题目最重要的技巧就是要知道双方各自的观点。

王研究员的观点是：对于创业者来说，最重要的是需要一种坚持精神，不管遇到什么困难，都要坚持下去。

李教授的观点是：对于创业者来说，最重要的是要敢于尝试新技术，这会为创业者带来成功的契机。

选项 D 最为恰当地指出了王研究员和李教授的分歧。其余选项所论述的内容，均未准确地指出两者的分歧，排除。

【答案】 D。

> **做题要领**
> 在以往刷题的过程中，大家总觉得对话辩论的题目很难，事实上，对话辩论的题目不管如何考查都需要先找到双方各自的观点。本题虽然是道对话辩论题，但是比起前几年的对话辩论题较为简单，依然是送分题。

第 21 讲　语意预设及言语理解

考点分析

1. 语意预设

预设通常指命题中的"隐含判断",是可以从题干中推断的,也就是双方共同接受的东西。预设可以是某一个判断、某一个推理、某一个论证有意义的前提。如果没有某预设,那么某判断、某推理无意义。

对于命题而言,预设的真或假是其能否成立的前提条件。如果预设为假,则命题不成立,而且毫无意义。所以,预设概念的引入对逻辑学的发展有重要意义。人与人之间比较容易沟通的原因主要是具有共同的"预设",彼此之间非常默契。讨论问题、交流思想、沟通情况必须要有共同的论域、共同的语境、共同的预设,否则会陷入讨论、交流、沟通进行不下去的尴尬境地。

2. 言语理解

进行推理时,前提和结论之间总是存在着某种共同的内容,使得我们可以由前提推出结论。形式逻辑通常不理会推理内容的相关性,但批判性思维和以它为基础的论证推理却要顾及前提和结论之间的这种内容相关性,并为此设计了许多要考虑题干和备选答案之间的语意关联的题目。这种题型主要是测试考生的汉语阅读理解能力,其次才是测试考生的逻辑分析、判断和推理的能力。

解言语理解题的基本思路:一要仔细阅读,通过对选项和题干内容的逐一对照,从中迅速找到与正确答案有关的线索;二要充分运用自己平时积累的语感,细心品味其语意,力求准确理解、分析和推断题干给出的用日常语言表达的句子或内容所具有的复杂含义和深层意义。

题型分析

【题目特征】本题型会涉及通过阅读理解进行预设的确定或者合理推断。

例 1　赵科长又戒烟了。

由这句话我们不可能得出的结论是:

A. 赵科长曾经抽烟。

B. 赵科长过去戒过,次数可能不止一次。

C. 赵科长过去的戒烟都没有成功。

D. 赵科长这次戒烟很难成功。

E. 赵科长这次戒烟一定能成功。

【解析】"赵科长又戒烟了"包含了多个预设:赵科长戒烟可能失败、赵科长曾经吸烟、赵科长曾经戒烟、赵科长此前的戒烟没有成功等。只有选项 E 不是需要预设的。

【答案】E。

例 2　足球训练课上,小戴来晚了,教练问他:"你怎么又迟到了?"

以下哪项是教练提问的预设？

A. 小戴不喜欢上足球训练课。

B. 小戴迟到是有意的。

C. 这节足球训练课没有别的同学迟到。

D. 小戴迟到不是有意的。

E. 过去上足球训练课时小戴也迟到过。

【解析】 教练说："你怎么又迟到了？"既然"又迟到了"，就意味着"曾经迟到过"。选项 A、B、C、D 都不能作为题干问话的预设。本题应该选选项 E。

【答案】 E。

例 3 有人向某衬衫厂老板提出一项建议：在机器上换上大型号的缝纫线团，这样就可不必经常停机换线团，有利于减少劳动力成本。

这一建议预设了以下哪项？

A. 大型号缝纫线团不如小型号的结实。

B. 该衬衫厂实行的是计时工资制，不是计件工资制。

C. 缝纫机器不必定期停机保养检修。

D. 操作工人在工作期间不允许离开机器。

E. 加快生产速度有利于提高该厂生产的衬衫的质量。

【解析】 有人建议，在机器上换上大型号的缝纫线团，这样就可以不必经常停机换线团，有利于减少劳动力成本。显然，这项建议是想通过节约劳动时间（不必经常停机换线团）来减少劳动力成本。也就是说，劳动力的成本是按劳动时间计算的，那么该衬衫厂一定实行的是计时工资制，而不是计件工资制，这正是选项 B 所表示的。其他选项皆与题意关系不大，排除。

【答案】 B。

例 4 温家宝总理接受《华盛顿邮报》总编采访时说："13 亿，是一个很大的数字。如果你用乘法来算，一个很小的问题，乘以 13 亿，都会变成一个大问题；如果你用除法的话，一个很大的总量，除以 13 亿，都会变成一个小数目。这是许多外国人不理解的。"

下面哪一个选项最不接近温家宝总理上面这些话的意思？

A. 让 13 亿人过上好日子，这是一个极其艰巨的任务，哪里还谈得上威胁别人？

B. 中国人口众多，使中国的事情变得非常复杂和艰巨，为政者切记小心谨慎。

C. 中国人口众多，发展任务艰巨，不可能去威胁任何其他国家。

D. 众人拾柴火焰高，中国人多好办事。

E. 一个人口大国的事情，有些小国家是很难理解的。

【解析】 本题为语意分析题。选项 A、B、C 显然与温家宝总理的话意思是一致的，只有选项 D 与温家宝总理的话不一致。选项 D 讲的是人口多的好处，而温家宝总理讲的是人口多的难处。选项 E 并不是很符合温家宝总理的观点，但是和选项 D 比较，后者更加不符合题意，按照相对最好原则，排除选项 E。

【答案】 D。

> **敲黑板**

论证推理总结

做题步骤：

（1）判断题型。

论证推理类的题目种类繁多，不同的题型有不同的解题方法。如果考生在做题时不加判定，盲目做题，很有可能耗费时间长，甚至会被干扰项所迷惑。因此，考生在做题时一定要先看题干的提问方式，判断出题型之后再往下做。

常见的题型有：加强（假设、支持）、削弱（质疑、反驳）、相似比较、解释、理解推断、论证评价。

注意：有时候题目会出现比较特殊的提问方式，例如："以下哪项能加强上述题干，除了""以下哪项均不能加强题干，除了""以下除哪项外，其余均能加强题干？"遇到这样特殊的提问方式，一定要标记出来，以防选错。

（2）梳理题干论证结构。

很多时候，命题人为了干扰考生，会将题干材料编长，如果考生做题时只从头读到尾，那么很可能抓不到题干想要表达的真正意思。因此，做论证推理题的第一步就是梳理题干论证结构，首先使用"位置法"和"关键词法"找到题干材料中的论点，随后抓住论点去寻找题干材料中的论据。

（3）快速排除无关选项，选取最优答案。

如果选项中涉及和论题无关的选项，则可以进行快速排除。

常见的无关选项有偷换论题、偷换概念、诉诸无知、诉诸众人、诉诸权威等。

常见的正确答案的特点：论证范围和题干一致；围绕题干进行论证，而不是仅提到论点和论据。

总括论证推理的学习，最核心的内容是：做题加思考。

综上，大家要注意：

（1）提高逻辑思维能力是提升论证推理能力最基础、最关键的一步。通过高效地阅读、提炼题干信息构建题干的论证结构，做到题型和考点之间的一一对应。

（2）熟悉每一类题目的解题对策。

（3）不是为了做题而做题，而是要分析题目在考什么，每一个选项是如何设计的，更需要吃透严重干扰项的设计方式，以期举一反三。

（4）针对历年真题，大家要做到准确分析考点，构建题干逻辑主干，分析正确选项、干扰项，吃透题目、总结题目，得出举一反三的经验。

在这个过程中，大家要形成"做题—思考—总结—实践"的学习闭环，最为忌讳的是"跟着感觉走，紧抓着蒙的手"，更要杜绝"自动脑补"和"想当然"这两个问题。

第三部分
分析推理

  分析推理题目的题干会有众多复杂信息，需要考生提炼已知条件中的有效信息，寻找多个条件之间的关联关系。2013年以前这一类题目很少考查。但近几年分析推理在真题中所占比重越来越大，题目灵活，条件信息较多，对考生来说既是挑战，也是机会，如果考生能采用有效的方法快速解题，就能够拉开分数差距。考生在分析此类题目的过程中太过纠结，浪费了大量的有效时间，因此时间不够是考生得分不高的主要原因。

  分析推理部分重在分析，在下笔推理之前，如果考生能分析出最佳解题思路便可达到事半功倍的效果。考生应该先理清楚解题思路，而非拿到题目就下手做。分析推理题目的难度范围非常灵活，既可以出得非常难，也可以出得非常简单。截至目前，所有的分析推理的真题，其出题思路还是比较简单固定的，所以，对于这一类题，要有意识地根据题目特点识别解题方法，适度练习来提高做题速度。

  分析推理的体系：
  （1）排序题，包括直线形排列和环形排列。
  （2）对应题（匹配题），包括一一对应和多维对应。
  （3）分组题，包括定额分组和不定额分组。

  想要有效地解分析推理题，通常采用如下步骤：
  （1）拿到一道题后首先区分确定信息和不确定信息，如果有确定信息，那么直接从确定信息下手即可。
  （2）如果题干全都是不确定信息，那么应该想一些方法来解题。常见的解题方法有代入选项排除法、观察重复出现的方法、做假设的方法、作图的方法。此外，还要格外注意剩余法的使用。

第七章 分析推理的技巧和题型

解题技巧1

充分利用确定信息

区分题干信息是确定信息还是不确定信息是阅读题干最重要的一步。如果有确定信息，那么我们直接从确定信息下手代入其他条件，在代入的过程中要遵循形式逻辑中所学到的规则。

题型分析

例1 某个团队去西藏旅游，除拉萨市之外，还有6个城市或景区可供选择：E市、F市、G湖、H山、I峰、J湖。考虑时间、经费、高原环境、人员身体状况等因素，有如下相关条件：

（1）G湖和J湖中至少要去一处。
（2）如果不去E市或者不去F市，则不能去G湖游览。
（3）如果不去E市，也就不能去H山游览。
（4）只有越过I峰，才能到达J湖。

由于气候原因，这个团队不去I峰，以下哪项一定为真？

A. 该团去E市和J湖游览。　　B. 该团去E市而不去F市游览。
C. 该团去G湖和H山游览。　　D. 该团去F市和G湖游览。
E. 该团去G湖而不去F市浏览。

【解析】观察这个题，题目里有确定信息，"这个团队不去I峰"。如果在分析推理的题目中有确定信息，那么把确定信息代入题目应该是最简单的解题方法。

根据条件（4）可以得知，不去I峰就不去J湖；再根据条件（1）可以得知，不去J湖就要去G湖了；再根据条件（2）的"否定后件否定前件"得出，要去E市并且要去F市。但是，去了E市，对条件（3）是否定前件的无效形式。所以，H山的情况是没法推断的。

【答案】D。

2~3题基于以下题干：

江南园林拟建松、竹、梅、兰、菊5个园子。该园林拟设东、南、北3个门，分别位于其中3个园子。这5个园子的布局满足如下条件：

（1）如果东门位于松园或菊园，那么南门不位于竹园。
（2）如果南门不位于竹园，那么北门不位于兰园。
（3）如果菊园在园林的中心，那么它与兰园不相邻。
（4）兰园与菊园相邻，中间连着一座美丽的廊桥。

例2 根据以上信息，可以得出以下哪项？

A. 兰园不在园林的中心。　　B. 菊园不在园林的中心。
C. 兰园在园林的中心。　　　D. 菊园在园林的中心。
E. 梅园不在园林的中心。

【解析】题干条件可概括为：

(1) 东松∨东菊→¬南竹，等价于"南竹→¬东松∧¬东菊"。

(2) ¬南竹→¬北兰，等价于"北兰→南竹"。

(3) 菊中→¬菊兰相邻，等价于"菊兰相邻→¬菊中"。

(4) 菊兰相邻。

题目有确定信息，将条件（4）代入条件（3）得出，菊园不在园林的中心。

【答案】B。

例3 如果北门位于兰园，则可以得出以下哪项？

A. 南门位于菊园。　　　　　　　　B. 东门位于竹园。
C. 东门位于梅园。　　　　　　　　D. 东门位于松园。
E. 南门位于梅园。

【解析】①将本题条件"北门位于兰园"代入条件（2）得出"南竹"；②再由条件（1）可知"¬东松∧¬东菊"，则东门只能在梅园。

【答案】C。

解题技巧2

代入选项

在题干没有确定信息的情况下，题干不再是一个好的切入点，那么我们就要调整思路，考虑从选项下手，看看是否可以通过排除法找到答案。

题型分析

例1 在某次考试中，有3个关于北京旅游景点的问题，要求考生每题选择某个景点的名称作为唯一答案。其中6位考生关于上述3个问题的答案依次如下：

第一位考生：天坛、天坛、天安门。

第二位考生：天安门、天安门、天坛。

第三位考生：故宫、故宫、天坛。

第四位考生：天坛、天安门、故宫。

第五位考生：天安门、故宫、天安门。

第六位考生：故宫、天安门、故宫。

考试结果表明每位考生都至少答对其中1道题。

根据以上陈述可知，这3个问题的答案依次是：

A. 天坛、故宫、天坛。　　　　　　B. 故宫、天安门、天安门。
C. 天安门、故宫、天坛。　　　　　D. 天坛、天坛、故宫。
E. 故宫、故宫、天坛。

【解析】考试结果表明每位考生都至少答对其中1道题，因此，最简单的解题方法就是把选项的答案代入每个考生的回答中，如果出现有考生的回答全部错误，即可排除该选项。

在选项 A 所断定的情况下，考生六的三个答案都错，违反题干条件，排除。
在选项 B 所断定的情况下，每一位考生都至少有一个答案正确，符合条件。
在选项 C 所断定的情况下，考生一的三个答案都错，违反题干条件，排除。
在选项 D 所断定的情况下，考生二的三个答案都错，违反题干条件，排除。
在选项 E 所断定的情况下，考生一的三个答案都错，违反题干条件，排除。
解题的思路如下表所示，机械地核对条件即可。

	考生一	考生二	考生三	考生四	考生五	考生六
A	√××	××√	×√√	√××	×√×	×××（排除）
B	××√	×√×	√××	×√×	××√	√√×
C	×××（排除）					
D	√√×	×××（排除）				
E	×××（排除）					

【答案】B。

> **做题要领**
>
> 此题是 CHECK 题型，即核对条件题，不要混同于逻辑推断题，此题只需要机械地核对条件是否满足即可。一旦找到不满足题干要求的选项立即排除，不必再代入后面的选项，这样在考场上可以节约时间。但是，在找到符合条件的选项后，慎重起见，剩余选项还是要代入，以防粗心做错。

例 2 学校在为失学儿童义捐活动中收到两笔没有署真名的捐款，经过多方查找，可以断定是周、吴、郑、王中的某两个捐的。经询问：

周说："不是我捐的。"
吴说："是王捐的。"
郑说："是吴捐的。"
王说："我肯定没有捐。"

最后经过详细调查证实，四个人中有两个人说的是真话。
根据已知条件，请你判断下列哪项可能为真？

A. 是吴和王捐的。　　　　B. 是周和王捐的。
C. 是郑和王捐的。　　　　D. 是郑和吴捐的。
E. 是郑和周捐的。

【解析】题目已知两真两假，知道几真几假的题目要用归谬法。

化简：周说"¬周"，吴说"王"，郑说"吴"，王说"¬王"。吴和王说的话互为矛盾关系，所以这两句话一真一假，剩下的两个命题，也应该一真一假。周的"¬周"可以变成"吴∨郑∨王"，因此周说的话和郑说的话是包含关系。如果郑是对的，那么周也是对的，这样就和"剩下的两个命题一真一假"矛盾。因此，吴没有捐款，周也没有捐款，所以能够得出郑和王捐款了。

也可以用代入法：

	周	吴	郑	王	结果
A	✓	✓	✓	×	三真一假，排除
B	×	✓	×	×	一真三假，排除
C	✓	✓	×	×	两真两假，符合
D	✓	×	✓	✓	三真一假，排除
E	×	×	×	✓	一真三假，排除

【答案】C。

•••**做题要领**

如果选项是充分的，那么代入法其实是一个很简单、直观的方法。但是要注意，当题目问可能为真、不可能为真时，可以直接代入；但是当题目问一定为真时，代进去符合的不一定是一定为真的选项，有时候可能需要反向代入验证才可以。

例3 某岛男性公民分为骑士和无赖。骑士只讲真话，无赖只讲假话。骑士又分为贫穷的和富有的。有一个姑娘，她喜欢贫穷的骑士，一个男性公民只讲了一句话，使得这姑娘确信他是一个贫穷的骑士。

请问这句话是：

A. 我不是无赖。

B. 我是贫穷的骑士。

C. 我很穷但我不说假话。

D. 我不是富有的骑士。

E. 我爱你并且也是你爱的人。

【解析】当题目的选项是充分的，可以考虑采用代入法解题。

	贫穷的骑士	富有的骑士	无赖	结果
A	说真话，可以说	说真话，可以说	说假话，可以说	无法区分，排除
B	说真话，可以说	说真话，不可以说	说假话，可以说	无法区分，排除
C	说真话，可以说	说真话，不可以说	说假话，可以说	只分出富有的骑士，排除
D	说真话，可以说	说真话，不可以说	说假话，不可以说，如果这么说，就变成了说真话了	只有贫穷的骑士一个可以说，入选
E	说真话，可以说	说真话，不可以说	说假话，可以说	只分出富有的骑士，排除

【答案】D。

解题技巧3

观察重复项

拿到一道题在找不到切入点时,重复出现的项可以作为一个比较好的突破口,并且重复次数越多越好。

题型分析

例 某民乐小组拟购买几种乐器,购买要求如下:

(1) 二胡、箫至多购买一种。

(2) 笛子、二胡和古筝至少购买一种。

(3) 箫、古筝、唢呐至少购买两种。

(4) 如果购买箫,则不购买笛子。

根据以上要求,可以得出以下哪项?

A. 至多购买了三种乐器。 B. 箫、笛子至少购买了一种。

C. 至少要购买三种乐器。 D. 古筝、二胡至少购买了一种。

E. 一定要购买唢呐。

【解析】 题干化简(注意"至多"的化简方式):

(1) ¬二胡∨¬箫;

(2) 笛子∨二胡∨古筝。

(3) 箫∨古筝∨唢呐,至少两种。

(4) 箫→¬笛子,等价于"笛子→¬箫",还等价于"¬箫∨¬笛子"。

由二难推理的性质,联合条件(1)(2)可得:笛子∨¬箫∨古筝,标记为条件(5)。

条件(5)联合条件(3)可得:笛子∨古筝∨唢呐,标记为条件(6)。

条件(4)联合条件(6)可得:¬箫∨古筝∨唢呐。再联合条件(3)可得:古筝∨唢呐。

代入选项,因题目要求寻找"一定为真"的选项,所以代入验证的应该是选项的否命题,如果选项的否命题可以成立,则选项本身就不是一定为真;如果选项的否命题不成立,则选项本身必为真。

选项A表明:至多购买了三种乐器。代入其否命题,试试看多于三种乐器,比如购买四种是否可以。当购买了古筝、唢呐、二胡和笛子的时候,四个题干条件均满足,所以选项A的否命题可以成立,选项A不是一定为真,排除。

选项B表明:箫、笛子至少购买了一种。从题干推理可知,这两种乐器可以都不买,排除。

选项C表明:至少要购买三种乐器,从题干推理可知,古筝∨唢呐,那么买两种乐器即可满足题干推理,排除。

选项D表明:古筝、二胡至少购买一种。从题干推理可知,古筝∨唢呐,买了古筝即可符合题干推理,入选。

选项E表明:一定要购买唢呐。代入验证,假设不购买唢呐,则由条件(3)可知,必须购买箫和古筝;由购买箫和条件(1)可得,不购买二胡;由购买箫和条件(4)可得,不购买笛子;

再由条件（2）可以得出：购买古筝。因此，E 选项的否命题可以成立，E 选项就不是一定为真的选项，排除。

事实上，这个题目按照常规做法会比较麻烦，那试试观察重复项。题干条件中重复的是"古筝"，所以可以优先验证包含这个乐器的 D 选项，可以删繁就简。

【答案】D。

> • 做题要领
> 之前无数次强调了二难推理，其难点就是二难推理的变形。

第 22 讲　分析推理之排序（排队题）

识别题型

排序题通常是依据大小、时间、名次和前后等条件将几个元素有序地排在若干连续排列的位置上。解题时，大家要找出一个对整个排列起决定作用的条件，然后将涉及先后位置的条件尽可能结合起来。

题型分析

题型：单线条排列。

【题目特征】题目会给出不止一个条件串，注意分析串和串之间是否有关联。

例1　在一次田径预选赛中，张强超过了李进，而宋之的成绩好于王平却不如马正。由此推出：

A. 马正的成绩比张强好。

B. 李进的成绩超过王平。

C. 张强的成绩好于宋之。

D. 在五个人中王平最多名列前三。

E. 在五个人中李进的成绩最差。

【解析】根据题干的条件可以列出式子：张强＞李进，马正＞宋之＞王平。但是这两个式子之间的关系无法确定，因此选项 A、B、C、E 是推断不出来的，排除。王平的前面至少还有马正和宋之，因此王平最多只能是第三名。

【答案】D。

例2　药监局对五种消炎药进行药效比较，结果如下：甲与乙药效相同；丙比甲有效；丁副作用最大；戊药效最差。

以下哪项必然为真？

A. 丙最有效。

B. 丁比戊药效好。

C. 甲比戊副作用大。

D. 甲和乙副作用相同。

E. 乙比丙有效。

【解析】 根据题干的条件可以列出药效的关系：丙＞甲＝乙＞戊。题干给出的丁的性质是副作用，所以，丁的具体药效排名未知，但是其药效也大于戊（戊药效最差）。这个题目需要识别的陷阱是，题干给出了两个排列标准，即药效和副作用，而二者之间不一定有关系。因此，选项 A 是最大的干扰项，因为即使丁的副作用最大，它的药效也有可能最好。

【答案】 B。

> •• 敲黑板
>
> 方法总结 1
>
> （1）整理题干信息，用"＞"连接。
> （2）能串则串，不能串不要串。
> （3）判断真假，做出选择。
> （4）善用排除法。

例 3 在英语四级考试中，陈文的分数比朱丽低，但是比李强的分数高；宋莹的分数比朱丽和李强的分数低；王平的分数比宋莹的高，但是比朱丽的低。

如果上述陈述为真，则根据下列哪项能够推出张明的分数比陈文的分数低？

A. 陈文的分数和王平的分数一样高。

B. 王平的分数和张明的分数一样高。

C. 张明的分数比宋莹的高，但比王平的低。

D. 王平的分数比张明的高，但比李强的低。

E. 张明的分数不比朱丽高。

【解析】 根据题干的条件可以列出：朱丽＞陈文＞李强＞宋莹；朱丽＞王平＞宋莹。目标：陈文＞张明。

当选项是充分的，可以考虑采用代入法解题。选项 D 成立的时候，可以得出：陈文＞李强＞王平＞张明。

【答案】 D。

例 4 老张、老王、老李、老赵四人的职业分别是司机、教授、医生、工人。

已知：

（1）老张比教授个子高。

（2）老李比老王个子矮。

（3）工人比司机个子高。

（4）医生比教授个子矮。

（5）工人不是老赵就是老李。

根据以上信息，以下哪项一定为真？

A. 四个人的职业都可以确定。　　　　B. 四个人的职业只能确定三个。

C. 四个人的职业只能确定两个。　　　D. 四个人的职业只能确定一个。

E. 老李是教授。

【解析】根据题干的条件可以列出：（1）老张＞教授＞医生；（2）老王＞老李；（3）工人＞司机；（4）工人不是老赵就是老李。由条件（1）和条件（3）可知，老张必须是工人或者司机，否则就会出现5个人排列的情况；再由条件（4）可知，老张不是工人，所以老张是司机。因此可得，工人＞老张（司机）＞教授＞医生。因为老王＞老李，所以老李不能是工人，工人只能是老赵。因此可得，（老赵）工人＞老张（司机）＞老王（教授）＞老李（医生）。

【答案】 A。

> **做题要领**
>
> 注意式子和式子的直接合并。
>
> 本题用到的最大的技巧就是（1）和（3）的合并。如果老张不是工人或者司机，就会出现5个人排列的情况。

例5 甲、乙和丙，一位是山东人，一位是河南人，一位是湖南人。现在只知道：丙比湖南人年龄大，甲和河南人不同岁，河南人比乙年龄小。

由此可以推出：

A. 甲不是湖南人。　　　　　　　　B. 河南人比甲年龄小。

C. 河南人比山东人年龄大。　　　　D. 湖南人年龄最小。

E. 河南人年龄最大。

【解析】根据题干的条件可以列出：丙＞湖南人，即丙不是湖南人；甲不是河南人；乙＞河南人，即乙不是河南人。因此，丙是河南人。由此可得，乙＞河南人（丙）＞湖南人，进一步推知，（山东人）乙＞河南人（丙）＞湖南人（甲）。

【答案】 D。

6~7题基于以下题干：

丰收公司邢经理需要在下个月赴湖北、湖南、安徽、江西、江苏、浙江、福建7个省进行市场需求调研，各省均调研一次，他的行程需满足如下条件：

（1）第一个或最后一个调研江西省。

（2）调研安徽省的时间早于浙江省，在这两省的调研之间调研除了福建省的另外两省。

（3）调研福建省的时间安排在调研浙江省之前或刚好调研完浙江省之后。

（4）第三个调研江苏省。

例6 如果邢经理首先赴安徽省调研，则关于他的行程，可能确定以下哪项？

A. 第二个调研湖北省。　　　　　　B. 第二个调研湖南省。

C. 第五个调研福建省。　　　　　　D. 第五个调研湖北省。

E. 第五个调研浙江省。

【解析】题干化简：

(1) 江西 1∨江西 7。
(2) 排列方式为：安徽、＿＿＿、＿＿＿、浙江，＿＿＿处在湖南、湖北、江苏三选二。
(3) 调研福建省的时间安排在调研浙江省之前或刚好调研完浙江省之后。
(4) 江苏 3。

由条件（2）和条件（3）可得，调研福建省的时间安排在刚好调研完浙江省之后，将其和"首先赴安徽省调研"代入题干，则排列方式为：安徽、＿＿＿、江苏、浙江、福建、＿＿＿、江西。

综上可得，第四个调研浙江省，第五个调研福建省。

【答案】C。

例 7 如果安徽省是邢经理第二个调研的省份，则关于他的行程，可以确定以下哪项？
A. 第一个调研江西省。　　　　B. 第四个调研湖北省。
C. 第五个调研浙江省。　　　　D. 第五个调研湖南省。
E. 第六个调研福建省。

【解析】本题条件是"第二个调研安徽省"，则满足排列条件的情况为：
①福建、安徽、江苏、＿＿＿、浙江、＿＿＿、江西。
②江西、安徽、江苏、＿＿＿、浙江、福建、＿＿＿。
由①②均能得出第五个调研浙江省。

【答案】C。

> **做题要领**
> 非常基本的条件排序题目，画图是解答这种题目最简单、最直观、最有效的方法。

> **敲黑板**
>
> **方法总结 2**
> (1) 整理题干信息，给出相对位置。
> (2) 针对每一小问，先写出有固定位置的元素。
> (3) 再考虑有间隔的元素。
> (4) 善用排除法，寻找正确答案。

例 8 某著名风景区有"妙笔生花""猴子观海""仙人晒靴""美人梳妆""阳关三叠""禅心向天"6个景点。为方便游人，景区提示如下：
(1) 只有先游"猴子观海"，才能游"妙笔生花"。
(2) 只有先游"阳关三叠"，才能游"仙人晒靴"。
(3) 如果游"美人梳妆"，就要先游"妙笔生花"。
(4) "禅心向天"应第 4 个游览，之后才可游览"仙人晒靴"。

张先生按照上述提示，顺利游览了上述 6 个景点。

根据上述信息，关于张先生的游览顺序，以下哪项不可能为真？

A. 第一个游览"猴子观海"。　　　　B. 第二个游览"阳关三叠"。
C. 第三个游览"美人梳妆"。　　　　D. 第五个游览"妙笔生花"。
E. 第六个游览"仙人晒靴"。

【解析】 根据题干条件可得：

（1）"猴子观海" > "妙笔生花" > "美人梳妆"。

（2）"阳关三叠" > "仙人晒靴"。

（3）"禅心向天"（第四个）> "仙人晒靴"。

在选项充分的情况下，可以考虑采用代入法解题。选项 A、B、C、E 均可以成立，排除。选项 D，如果第五个游览"妙笔生花"，按照条件（1）可得，"美人梳妆"应占据第六个位置。但是根据条件（3）可得，"仙人晒靴"应该安排在第五或第六个位置，这样就与前面矛盾。因此，选项 D 是正确答案。

【答案】 D。

> **做题要领**
> 本题是简单的分析推理题，再次证明了代入法的重要性。本题唯一的难点是"只有……才……"的化简不能机械地处理为"←"，"只有……才……"在这里指的是先后关系，而不是条件关系。

例 9 六个学生，即甲、乙、丙、丁、戊、己，一起去食堂打饭，他们排成一队。排队的顺序符合如下规则：

（1）甲同学排在第三位。

（2）乙同学排在甲同学的前面。

（3）戊同学排在丁同学后面，但是排在己同学的前面。

（4）己同学排在丙同学的后面。

以下哪个选项不可能为真？

A. 乙排在第二位。　　　　　　　　B. 丙排在第一位。
C. 丁排在第四位。　　　　　　　　D. 戊排在第二位。
E. 丙排在第五位。

【解析】 根据题干条件可得：乙 > 甲（第三位）；丁 > 戊 > 己；丙 > 己。

甲排在第三位，则前面还有两个位置；如果戊排在第二位，则乙没有位置或者丁没有位置，和题干矛盾。其余选项都可以成立，排除。

【答案】 D。

10~11 题基于以下题干：

H 省三个地区的学校，分别为：A 市的三所学校，即甲、乙、丙；B 市的三所学校，即三中、四中、五中；C 市的学校，即华高。在高考成绩公布后，这些学校对自己的排名做了讨论，已知各个学校排名没有并列且 7 所学校的排名符合下列条件：

（1）A 市的学校之间排名分别不连续，B 市的学校之间排名也分别不连续。

(2) 除非第三名是三中，否则五中排名不可能在三中之前。

(3) 五中排名必须在华高之前。

(4) 丙必须排在甲之前，甲必须排在四中之前。

例 10 以下列出的是从第一到第七的顺序，哪项符合条件？

A. 五中、丙、华高、三中、甲、四中、乙。　　B. 三中、丙、华高、五中、甲、四中、乙。

C. 乙、五中、丙、三中、华高、甲、四中。　　D. 三中、丙、五中、乙、华高、甲、四中。

E. 丙、三中、甲、乙、五中、华高、四中。

【解析】 题干信息化简如下：（1）甲、乙、丙排名不连续，三中、四中、五中排名不连续；（2）三中是第三名←五中＞三中＝三中不是第三名→三中＞五中；（3）五中＞华高；（4）丙＞甲＞四中。

在选项充分的情况下，代入选项是最简单的解题方法。

根据条件（1），排除选项 E；根据条件（3），排除选项 B；根据条件（2），排除选项 A、C。

【答案】 D。

例 11 如果华高排名第四，则以下哪项陈述必然为真？

A. 三中排名第一。　　B. 丙排名第二。　　C. 三中排名第三。

D. 丙排名第三。　　E. 甲排名第三。

【解析】 题目有确定信息，可将确定信息代入。

如果华高排名第四，则根据条件（3）可得，五中可以排列的位置是一、二、三。具体排列情况如下：

①五中、＿＿＿、＿＿＿、华高、＿＿＿、＿＿＿、＿＿＿。

②＿＿＿、五中、＿＿＿、华高、＿＿＿、＿＿＿、＿＿＿。

③＿＿＿、＿＿＿、五中、华高、＿＿＿、＿＿＿、＿＿＿。

根据条件（2）可知：如果五中排名在三中之前，那么三中是第三名；或者如果三中不是第三名，那么三中排名在五中之前。具体排列情况如下：

①五中、＿＿＿、三中、华高、＿＿＿、＿＿＿、＿＿＿。

②＿＿＿、五中、三中、华高、＿＿＿、＿＿＿、＿＿＿。

③三中、＿＿＿、五中、华高、＿＿＿、＿＿＿、＿＿＿。

②排除，因为三中和五中位置连续，违反了条件（1）。

此时观察条件（4），丙＞甲＞四中。要把这几个学校排列下去，至少需要 4 个位置（丙、甲不能相连），华高之后只有 3 个位置，因此，丙一定要排在第二。

【答案】 B。

> **敲黑板**
>
> **排列的技巧 1**
>
> （1）遇到存在多种可能的情况的题目，可以先将这些情况列出来，再根据已知条件进行排除。
>
> （2）优先观察比较长的串，因为占位多，所以可能存在的情况少。

12~14题基于以下题干：

有6件青花瓷：S、Y、M、Q、K、X。每件的制作年代各不相同，从左至右，按年代最早至年代最晚依次排序展览，已知的排序条件信息如下：

(1) M的年代早于X。

(2) 如果Y的年代早于M，则Q的年代早于K和X。

(3) 如果M的年代早于Y，则K的年代早于Q和X。

(4) S的年代要么早于Y，要么早于M，二者不兼得。

例12 以下哪项列出的是最可能的展览顺序？

A. Q、M、S、K、Y、X。　　　　B. Q、K、Y、M、X、S。

C. Y、S、M、X、Q、K。　　　　D. M、K、S、Q、Y、X。

E. X、M、Q、S、Y、K。

【解析】化简题干信息：

(1) M>X。

(2) Y>M→Q>K和X，即Q后面至少还有2个位置。

(3) M>Y→K>Q和X，即K后面至少还有2个位置。

(4) ①如果S早于Y，S就不能早于M，即晚于M，即M>S>Y。
　　②如果S不早于Y，即晚于Y，则S要早于M，即Y>S>M。

在选项充分的情况下，直接代入验证。

由条件(1)排除选项E；由条件(2)排除选项C；由条件(3)排除选项A；由条件(4)排除选项B。

【答案】D。

例13 如果Y的年代是第二早的，以下哪项陈述可能为真？

A. K的年代早于S。　　　　B. K的年代早于Q。

C. M的年代早于S。　　　　D. M的年代早于Y。

E. X的年代早于Q。

【解析】题目有确定信息，即Y的年代是第二早，将确定信息代入。根据条件(4)可得，Y、S、M的关系只能是Y>S>M，排除C、D两项。再根据条件(2)可得：＿＿、Y、＿＿、＿＿、＿＿、＿＿，Y之后需要留2个位置给S和M，而Q后面至少还需要2个位置，所以Q只能排第一，排除B、E两项。

【答案】A。

例14 以下哪项列出的不可能是年代最早的瓷器？

A. M。　　　　B. Q。　　　　C. S。

D. Y。　　　　E. 以上答案均不正确。

【解析】根据条件(4)，S只能位于Y和M之间，所以不可能排在第一位(最早)。

【答案】 C。

> •• 敲黑板
>
> 排列的技巧 2
>
> （1）在排列时，先分析有相隔位置关系的，因为这样的情况限定多，可能存在的情况反而少。
>
> （2）条件过于复杂的时候，可以考虑把可能存在的情况都写出来。

15~16题基于以下题干：

某皇家园林依中轴线布局，从前到后依次排列着7个庭院。这7个庭院分别以汉字"日""月""金""木""水""火""土"来命名。已知：

（1）"日"字庭院不是最前面的那个庭院。
（2）"火"字庭院和"土"字庭院相邻。
（3）"金""月"两庭院间隔的庭院数与"木""水"两庭院间隔的庭院数相同。

例15 根据上述信息，下列哪个庭院可能是"日"字庭院？

A. 第一个庭院。　　　　B. 第二个庭院。　　　　C. 第四个庭院。
D. 第五个庭院。　　　　E. 第六个庭院。

【解析】 题目要求找出哪个庭院可能是"日"字庭院，最有效的方法是运用代入法和排除法，把不可能的选项排除，剩下的即为正确答案。

题目信息化简如下：

（1）"日"字庭院不在最前。
（2）将"火""土"打包，占据相邻两个位置，有"火土""土火"两种可能。
（3）"金""月"两庭院间隔的庭院数与"木""水"两庭院间隔的庭院数相同。

条件（3）有三种可能：

① "金""月"相邻，"木""水"相邻。
② "金""月"中间隔一个庭院，"木""水"中间隔一个庭院。
③ "金""月"中间隔两个庭院，"木""水"中间隔两个庭院。在这种情况下，"金""月"和"木""水"两组庭院之间位置会有交叉。

以上三种情况均要注意"金""月"和"木""水"之间位置可以变化。

如果"金""月"相邻，"木""水"相邻，则都占据2个位置，结合条件（2）可得出，"日"字庭院能排列的位置只能是3、5、7。

【答案】 D。

例16 如果第二个庭院是"土"字庭院，则可以得出以下哪项？

A. 第七个庭院是"水"字庭院。　　　　B. 第五个庭院是"木"字庭院。
C. 第四个庭院是"金"字庭院。　　　　D. 第三个庭院是"月"字庭院。
E. 第一个庭院是"火"字庭院。

【解析】 本题补充条件为"第二个庭院是'土'字庭院"，则可以排列的方式有两种：

①火、土、＿＿＿、＿＿＿、＿＿＿、＿＿＿、＿＿＿。
②＿＿＿、土、火、＿＿＿、＿＿＿、＿＿＿、＿＿＿。

如果"金""月"相邻，"木""水"相邻，则②和题干条件矛盾，排除。所以，能确定"火"在第一位。

【答案】E。

例17 几位同学对物理竞赛的名次进行猜测。小钟说："小华第三，小任第五。"小华说："小敏第五，小宫第四。"小任说："小钟第一，小敏第四。"小敏说："小任第一，小华第二。"小宫说："小钟第三，小敏第四。"

已知本次竞赛没有并列名次，并且每个名次都有人猜对，那么，具体名次应该是以下哪项？

A. 小华第一、小钟第二、小任第三、小敏第四、小宫第五。
B. 小敏第一、小任第二、小华第三、小宫第四、小钟第五。
C. 小任第一、小华第二、小钟第三、小宫第四、小敏第五。
D. 小华第一、小敏第二、小钟第三、小宫第四、小华第五。
E. 小任第一、小敏第二、小宫第三、小钟第四、小华第五。

【解析】 题干中最重要的信息是"每个名次都有人猜对"，观察题干条件，第二名只被猜到过一次，必然是正确的。

【答案】 C。

> •••• 做题要领
>
> 本题的解题要点在于"每个名次都有人猜对"，我们可以从这一点入手解题。想想看，如果题目的条件变成"每个人的名次都有人猜对"，那么该如何解题？

例18 在一次考试中，试卷上画了五大洲的图形，每个图形都编了号，要求填出其中任意两个洲的洲名，分别有五名学生填了如下编号：

甲：1是亚洲，2是美洲。

乙：4是亚洲，2是大洋洲。

丙：1是亚洲，5是非洲。

丁：4是非洲，3是大洋洲。

戊：2是欧洲，5是美洲。

结果他们每人只填对了一半，请根据以上条件判断以下哪项正确？

A. 1是亚洲，2是欧洲。   B. 2是大洋洲，3是非洲。
C. 3是欧洲，4是非洲。   D. 4是美洲，5是非洲。
E. 4是亚洲，5是非洲。

【解析】 本题的选项不充分（并没有列出所有的结果），因此，并不适用代入法，可以考虑用假设法解题。

既然每人只填对了一半，则假设在甲的答案中，"1是亚洲"对，"2是美洲"错，可以继续推理：乙的"4是亚洲"错，则"2是大洋洲"对；丙的"1是亚洲"对，"5是非洲"错；丁的

"3是大洋洲"错,"4是非洲"对;戊的"2是欧洲"错,"5是美洲"对。综上可以得出结果:1是亚洲、2是大洋洲、3是欧洲、4是非洲、5是美洲。

【答案】C。

> •• 敲黑板
>
> 什么时候用"代入法"? 什么时候用"假设法"?
>
> 如果选项充分,或者可以通过补充条件使得选项充分,则优先使用代入法,否则就可能需要使用假设法。

例19 管理类综合能力考试包括数学、逻辑、写作三科内容,满分是 200 分。某次管理类综合能力考试,已知:

(1) 刘丽宣得了 148 分。
(2) 蒋若凡的得分比王瑞琪高。
(3) 张雅茹和刘丽宣得分之和大于蒋若凡和王瑞琪的得分之和。
(4) 刘丽宣的得分比周敏杰高,此次考试 150 分以上为优秀。
(5) 五人之中有两人没有达到优秀。

根据以上信息,以下哪项是上述五人在此测试中得分从高到低的排列?

A. 张雅茹、王瑞琪、周敏杰、蒋若凡、刘丽宣。
B. 张雅茹、蒋若凡、王瑞琪、刘丽宣、周敏杰。
C. 张雅茹、蒋若凡、刘丽宣、王瑞琪、周敏杰。
D. 蒋若凡、张雅茹、王瑞琪、刘丽宣、周敏杰。
E. 蒋若凡、王瑞琪、张雅茹、刘丽宣、周敏杰。

【解析】根据题干列式如下:

蒋若凡 > 王瑞琪;张雅茹+ 刘丽宣 > 蒋若凡+ 王瑞琪;刘丽宣 > 周敏杰,二人得分都在 150 分以下;张雅茹、蒋若凡、王瑞琪三人得分在 150 分以上。

最简单的做法是赋值:如果蒋若凡= 151,王瑞琪= 150,则张雅茹的分数至少要高于 153 才能符合题干条件。

【答案】B。

> •• 敲黑板
>
> 排序题总结
>
> 在分析推理中,排序题逢考必中,是重头戏。注意,排列的方式有线形排列和环形排列。线形排列又分为单线形和复线形;在环形排列中,真题考过四边形、六边形、圆形等。但是无论是何种形式,归根结底都是排列,运用本讲中排列的技巧即可解决。

第23讲　分析推理之对应

识别题型

这类题目，题干一般提供 3~5 个对象和 2~3 个维度的信息，并描述某对象及信息之间的条件关系，我们要将信息进行对应（匹配），从条件出发，通过严谨的推理，得出正确答案。

解题技巧

（1）注意不同维度题目的特点，选项已经给出所求的全部信息的题目，可直接采用代入法。
（2）需要推理时，首选画表格，将题干信息在表中标注。
（3）遇到不确定的信息时，可尝试进行转换，翻译成确定的信息再进行推理。

题型分析

题型一：选项充分。

例1 全国运动会举行女子 5 000 米比赛，辽宁、山东、河北各派了三名运动员参加。比赛前，四名体育爱好者在一起预测比赛结果。

甲说："辽宁队训练就是有一套，这次的前三名非他们莫属。"
乙说："今年与去年可不同了，金、银、铜牌辽宁队顶多拿一个。"
丙说："据我估计，山东队或者河北队会拿牌的。"
丁说："第一名如果不是辽宁队，就该是山东队的了。"

比赛结束后，发现以上四人只有一人言中。
以下哪项最可能是该项比赛的结果？

A. 第一名辽宁队，第二名辽宁队，第三名辽宁队。
B. 第一名辽宁队，第二名河北队，第三名山东队。
C. 第一名山东队，第二名辽宁队，第三名河北队。
D. 第一名河北队，第二名辽宁队，第三名辽宁队。
E. 第一名河北队，第二名辽宁队，第三名山东队。

【解析】已知题目 1 真 3 假，理应先用归谬法：化简—找矛盾—绕矛盾。本题没有矛盾关系，但是选项是充分的，因此考虑优先使用代入法解题。

	甲	乙	丙	丁	结果
	前三都是辽宁	辽宁≤1	山东∨河北	辽宁一∨山东一	
A	√	×	×	√	2真2假，排除
B	×	√	√	√	3真1假，排除
C	×	√	√	√	3真1假，排除
D	×	×	√	×	1真3假，符合
E	×	√	√	×	2真2假，排除

【答案】 D。

> •• 敲黑板
>
> 方法总结
>
> 选项已经给出所求的全部信息的题目，可直接采用代入法解题。

例 2 小张、小李和小王三个人都买了汽车，汽车的牌子是奔驰、本田、皇冠，并让赵老师猜三人买的各是什么牌子的车。赵老师说："小张买的是奔驰，小李买的肯定不是皇冠，小王买的不会是奔驰。"没想到这次赵老师失算了，只猜对了一个。

如果上述陈述为真，则以下哪项中的断定也一定是真的？

A. 小张买的是皇冠，小李买的是奔驰，小王买的是本田。
B. 小张买的是奔驰，小李买的是皇冠，小王买的是本田。
C. 小张买的是奔驰，小李买的是本田，小王买的是皇冠。
D. 小张买的是皇冠，小李买的是本田，小王买的是奔驰。
E. 小张买的是本田，小李买的是皇冠，小王买的是奔驰。

【解析】 选项充分，考虑使用代入法解题。

	张	李	王	结果
	奔驰	¬皇冠=奔驰∨本田	¬奔驰=皇冠∨本田	
A	×	√	√	2真1假，排除
B	√	×	√	2真1假，排除
C	√	√	√	3真，排除
D	×	√	×	1真2假，符合
E	×	×	×	3假，排除

【答案】 D。

> •• 做题要领
>
> 在验证李和王时，将"¬皇冠"理解为"奔驰∨本田"，将"¬奔驰"理解为"皇冠∨本田"，会使得判断更加简单、直观。

例 3 在某项目招标过程中，赵嘉、钱宜、孙斌、李汀、周武、吴纪 6 人作为各自公司代表参与投标，有且只有一人中标。关于究竟谁是中标者，招标小组中有 3 位成员各自谈了自己的看法：

（1）中标者不是赵嘉就是钱宜。
（2）中标者不是孙斌。
（3）周武和吴纪都没有中标。

经过深入调查，发现上述 3 人中只有 1 人的看法是正确的。
根据以上信息，以下哪项中的 3 人都可以确定没有中标？

A. 赵嘉、孙斌、李汀。　　　　　　B. 赵嘉、钱宜、李汀。
C. 孙斌、周武、吴纪。　　　　　　D. 赵嘉、周武、吴纪。
E. 钱宜、孙斌、周武。

【解析】题干信息化简如下：

（1）¬赵嘉→钱宜，等价于，赵嘉∨钱宜。

（2）¬孙斌，等价于，赵嘉∨钱宜∨李汀∨周武∨吴纪。

（3）¬周武∧¬吴纪，等价于，赵嘉∨钱宜∨孙斌∨李汀。

已知上述3人中只有1人的看法是正确的。

方法一：观察从属关系。

①观察题干条件的特点，因为题干三个条件都有"赵嘉∨钱宜"，如果赵嘉中标或者钱宜中标，那么这三个条件都是真命题，会和题干条件"3人中只有1人的看法是正确的"相矛盾，因此，赵嘉不能中标，并且钱宜不能中标。

②同理，再观察题干条件可以发现，条件（2）和条件（3）中都有"李汀"，如果李汀中标，那么这两个条件都是真命题，和题干条件"3人中只有1人的看法是正确的"相矛盾，因此，李汀不能中标。

③综上可知，选项B为正确答案。

方法二：分情况讨论。

①假设（1）真、（2）假、（3）假，则赵嘉或钱宜中标、孙斌中标、周武或吴纪中标，不符合题意，排除。

②假设（1）假、（2）真、（3）假，则赵嘉没中标、钱宜没中标、孙斌没中标、周武或者吴纪中标。

③假设（1）假、（2）假、（3）真，则赵嘉没中标、钱宜没中标、孙斌中标、周武没中标、吴纪没中标。

题干规定，有且只有1人中标，则情况②③中，李汀也没中标。因此，综合共同结论能够得出：赵嘉、钱宜、李汀没中标。

【答案】B。

> •• **做题要领**
>
> 从本题的两种解题思路可以看出：
>
> 最简单的思路是方法一，大家一定要能看出相容选言命题的选言支之间的从属关系，看破这一点，题目立马解出来。
>
> 方法二的分情况讨论，要考虑的情况比较多，除非万不得已，一般不推荐使用。

例4 赵光、段奇、王荣、陈威、李欣准备考研，老师知道每个人心仪的目标院校，但是这五个学生却不知道其他人的目标院校。五个人对其他人的目标院校猜测如下：

赵光的猜测：段奇的目标院校是中国人民大学，王荣的目标院校是武汉大学。

段奇的猜测：李欣的目标院校是南京大学，王荣的目标院校是南开大学。

王荣的猜测：赵光的目标院校是南京大学，陈威的目标院校是北京大学。

陈威的猜测：李欣的目标院校是北京大学，段奇的目标院校是南开大学。

李欣的猜测：王荣的目标院校是中国人民大学，陈威的目标院校是武汉大学。

老师最后做点评，说他们每人只猜对了一半。

根据以上条件，可以得到以下哪项是正确的？

A. 赵光的目标院校是南京大学，王荣的目标院校是中国人民大学。

B. 陈威的目标院校是北京大学，赵光的目标院校是南京大学。

C. 段奇的目标院校是中国人民大学，李欣的目标院校是北京大学。

D. 李欣的目标院校是武汉大学，陈威的目标院校是北京大学。

E. 王荣的目标院校是南开大学，段奇的目标院校是北京大学。

【解析】选项不充分，考虑使用假设法解题。

因为"每人只猜对了一半"，可假设"赵光的猜测前半段对，后半段错"，则可依次推得：段奇考中国人民大学，王荣不考武汉大学；陈威的猜测中，李欣考北京大学；段奇的猜测中，王荣考南开大学；李欣的猜测中，陈威考武汉大学；王荣的猜测中，赵光考南京大学。

【答案】C。

> •• 敲黑板
>
> 关于假设法
>
> 有些同学在看完此题的解析后会很疑惑：老师，你只讨论了假设的一种情况，为什么不再讨论"赵光的猜测前半段错，后半段对"的情况呢？事实上，如果假设第一种情况已经得出了确切的答案，那么第二种情况在讨论的时候，无非存在两种可能：
>
> （1）讨论出来的结果和第一种一样。
>
> （2）讨论过程中发现矛盾，排除。
>
> 所以，多做题，可以积累经验，减少不必要的步骤，提高做题速度。

> •• 敲黑板
>
> 方法总结
>
> （1）选项一大片，优先考虑排除法。
>
> （2）注意代入法和假设法的差别。

题型二：一一对应。

【题目特征】如果题目信息中，出现两维元素并且一一对应的时候，最有效的解题方法应该是列表格。

例1 住在学校宿舍的同房间的四个学生甲、乙、丙、丁正在听流行歌曲，她们当中有一个人考会计硕士，一个人考审计硕士，一个人考金融硕士，一个人考税务硕士。已知：

（1）甲不考会计硕士，也不考税务硕士。

(2) 乙没有考金融硕士，也没有考会计硕士。

(3) 如果甲没有考金融硕士，那么丁没有考会计硕士。

(4) 丙既没有考税务硕士，也没有考会计硕士。

(5) 丁不考税务硕士，也没有考金融硕士。

下面关于四个学生的说法正确的一项是：

A. 甲考税务硕士。　　　　B. 乙考审计硕士。　　　　C. 丙考金融硕士。

D. 丙考审计硕士。　　　　E. 甲考审计硕士。

【解析】题目已知四个人考四个专业方向，各不重复，这是最基本而且重要的一一对应题目。针对一一对应的题目，首选列表格。

将确定信息填入表格，可得下表。

	会计	审计	金融	税务
甲	×			×
乙	×		×	
丙	×			×
丁			×	×

由上述表格可知，本题每一行和每一列都是一个√，三个×。换句话说，每一行和每一列一个√可以推出三个×，三个×可以推出一个√。列表如下。

	会计	审计	金融	税务
甲	×	×	√	×
乙	×	×	×	√
丙	×	√	×	×
丁	√	×	×	×

【答案】D。

> **敲黑板**
>
> 方法总结
>
> (1) 列表格，两类信息分别占据行和列。
>
> (2) 填入确定信息（什么是确定信息？确定信息是能够判断√或者×的信息）。
>
> (3) 关键窍门是，一行或一列中有几个√，几个×。
>
> (4) 分析其他信息。

例2 在编号1、2、3、4的4个盒子中装有绿茶、红茶、花茶和白茶四种茶，每个盒子只装一种茶，每种茶只装一个盒子。已知：

(1) 装绿茶和红茶的盒子在1、2、3号范围之内。

(2) 装红茶和花茶的盒子在2、3、4号范围之内。

(3) 装白茶的盒子在1、2、3号范围之内。

根据上述已知条件,可以得出以下哪项?

A. 绿茶在 3 号。　　　　B. 花茶在 4 号。　　　　C. 白茶在 3 号。
D. 红茶在 2 号。　　　　E. 绿茶在 1 号。

【解析】(1) 装绿茶和红茶的盒子在 1、2、3 号范围之内,说明不能放在 4 号。

(2) 装红茶和花茶的盒子在 2、3、4 号范围之内,说明不能放在 1 号。

(3) 装白茶的盒子在 1、2、3 号范围之内,说明不能放在 4 号。

综上可知,只有花茶可以放在 4 号。

具体的排列方式如下表所示。

	1	2	3	4
绿茶				×
红茶	×			×
花茶	×			√
白茶				×

【答案】B。

> •• 做题要领
>
> 确定选什么是确定信息,确定不选什么也是确定信息,要注意如何将不确定信息变成确定信息。

3~4 题基于以下题干:

某公司进行年度审计期间,审计人员发现一张发票,上面有赵义、钱仁礼、孙智、李信 4 人的签名,签名者身份各不相同,是经办人、复核人、出纳或审批领导之中的一个,且每个签名都是本人签的。询问四位相关人员,得到如下回答:

赵义:审批领导不是钱仁礼。

钱仁礼:复核不是李信。

孙智:出纳不是赵义。

李信:复核不是钱仁礼。

已知上述每个回答,如果提到的人是经办人,则该回答为假;如果提到的人不是经办人,则为真。

例 3 根据以上信息,可以得出经办人是:

A. 赵义。　　　　　　　B. 李信。　　　　　　　C. 孙智。
D. 钱仁礼。　　　　　　E. 无法确定。

【解析】选项充分,考虑使用代入法解题。

选项 A,经办人是赵义,代入题干论证,如果赵义是经办人的话,则孙智的断定是假话,那么赵义就是出纳,和代入的假设"经办人是赵义"相矛盾,排除。

同理,选项 B、D 与题干条件矛盾,因此李信、钱仁礼都不是经办人。综上可知,经办人是孙智。

【答案】C。

例 4 根据以上信息，该公司复核与出纳分别是：

A. 钱仁礼、李信。　　　　B. 赵义、钱仁礼。　　　　C. 李信、赵义。

D. 孙智、赵义。　　　　　E. 孙智、李信。

【解析】由上题中"钱仁礼、李信、赵义都不是经办人"得出，四人的回答均为真。由"赵义、李信的回答为真"得出，钱仁礼是出纳。再由"钱仁礼的回答为真"得出，李信是审批领导。最终得出赵义是复核。

【答案】B。

例 5 在某个航班的全体乘务员中，飞机驾驶员、副驾驶员和飞机工程师分别是余罪、张刚、王飞中的某一位。

已知：副驾驶员是个独生子，钱挣得最少；王飞与张刚的姐姐结了婚，钱挣得比驾驶员多。

从以上陈述可以推出，下面哪一个选项为真？

A. 王飞是飞机工程师，张刚是驾驶员。

B. 余罪是副驾驶员，王飞是驾驶员。

C. 余罪是驾驶员，张刚是飞机工程师。

D. 张刚是驾驶员，余罪是飞机工程师。

E. 王飞是驾驶员，张刚是副驾驶员。

【解析】由题干条件可得：张刚不是副驾驶员；王飞不是副驾驶员，也不是驾驶员，因此，王飞是飞机工程师。最终结果：王飞是飞机工程师，张刚是驾驶员，余罪是副驾驶员。

【答案】A。

例 6 某省大力发展旅游产业，目前已经形成东湖、西岛、南山三个著名景点，每处景点都有 2 日游、3 日游、4 日游三种路线。李明、王刚、张波拟赴上述三地进行 9 日游，每个人都设计了各自的旅游计划。后来发现，每处景点他们三人都选择了不同的路线：李明赴东湖的计划天数与王刚赴西岛的计划天数相同，李明赴南山的计划是 3 日游，王刚赴南山的计划是 4 日游。

根据以上陈述，可以得出以下哪项？

A. 李明计划东湖 2 日游，王刚计划西岛 2 日游。

B. 王刚计划东湖 3 日游，张波计划西岛 4 日游。

C. 张波计划东湖 4 日游，王刚计划西岛 3 日游。

D. 张波计划东湖 3 日游，李明计划西岛 4 日游。

E. 李明计划东湖 2 日游，王刚计划西岛 3 日游。

【解析】题干的条件可概括为：

（1）每处景点都有 2 日游、3 日游、4 日游三种路线。

（2）每处景点李明、王刚、张波三人都选择了不同的路线。

（3）李明赴东湖的计划天数与王刚赴西岛的计划天数相同。

（4）李明赴南山的计划是 3 日游，王刚赴南山的计划是 4 日游。

（5）共 9 天，各处景点三人的天数不同。

根据以上陈述，可以得出下表所示的逻辑关系。

	东湖	西岛	南山
李明	X		3
王刚		X	4
张波			

此题可利用"推断思考"的方式来解题。

分析：X= ？

显然，X≠4，否则王刚游东湖的天数是 1 天，违反条件（1）。

假设，X= 3，则李明和王刚游西岛的天数都是 3 天，违反条件（2）。

因此，X= 2。

【答案】 A。

> •• **做题要领**
> 一一对应是分析推理中比较简单的题目，一定要做对这类题目。一一对应型题目最重要的推理规则就是"推断和排除"。比如，本题中，一共三种选择：2 天、3 天和 4 天。如何推断条件（3）？根据条件（4），李明去东湖的计划天数不能是 3 天也不能是 4 天，就只有 2 天这一个方案，去西岛的计划天数只能是 4 天，张波去西岛的计划天数只能是 3 天。这类一一对应型题目是逻辑考试中比较基础也比较重要的，大家要熟练掌握。

题型三：多维对应。

如果题干信息多于两个维度，就不要总想着列"一一对应表"，也要学会列"多维汇总表"。

例 1 3 位在高街区不同商店工作的女店员都需要穿工作服上班。已知以下信息：

(1) 张在半岛商店工作，它不是一家面包店。

(2) 王每天都穿黄色的工作服上班。

(3) 小货郎商店的女店员都穿蓝色的工作服。

(4) 李在一家药店工作。

(5) 女店员：张、王、李。

(6) 商店类型：面包店、药店、零售店。

(7) 商店名称：半岛商店、家家乐商店、小货郎商店。

(8) 工作服颜色：蓝色、粉色、黄色。

以下关于每个店员所在的商店名称、商店的类型以及她们工作服的颜色的说法完全正确的一项是：

A. 张的工作服颜色是蓝色的并且所在商店类型是零售店。

B. 王所在商店的名称是家家乐并且工作服颜色是黄色的。

C. 李所在的商店不是小货郎。

D. 王所在的商店不是面包店。

E. 张工作服的颜色是粉色的并且所在的商店是面包店。

【解析】 根据题干信息列表如下：

	店员	商店类型	商店名称	工作服颜色
条件（1）	张	不是面包店	半岛	
条件（2）	王			黄色
条件（3）			小货郎	蓝色
条件（4）	李	药店		

观察条件特征，在整理完题目的信息之后，应该是 3×4 的矩阵，目前列出来的是 4 行，一定有一行可以合并。观察可得，条件（3）和条件（4）可以合并，于是得出下表。

店员	商店类型	商店名称	工作服颜色
张	零售店	半岛	粉色
王	面包店	家家乐	黄色
李	药店	小货郎	蓝色

【答案】 B。

> **敲黑板**
>
> 方法总结
>
> （1）解题方法不只有列一一对应的表格。
> （2）当题目维度信息比较多的时候，可以考虑列多维汇总表。
> （3）看看表格是否可以直接合并。

2~3题基于以下题干：

山楂牧场住着 3 位百岁老人。已知以下信息：
（1）王以前是位农场工人，搬来山楂牧场前他一直生活在竹庄。
（2）李善经营着一家乡村邮局。
（3）1995 年搬家的人叫美，但不姓张。
（4）姓氏为张、王、李，名字为真、善、美，村庄为松庄、竹庄、梅庄。
（5）搬家时间为 1985 年、1990 年和 1995 年。

例 2 王是哪一年搬的家？

A. 1985 年。　　B. 比 1990 年早。　　C. 1990 年。　　D. 1995 年。　　E. 无法判断。

【解析】 根据题干信息列表如下：

条件	姓氏	名字	村庄	搬家时间
（1）	王	美	竹庄	1995年
（2）	李	善		
（3）	张	真		

【答案】 D。

例3 如果名叫真的住户搬到山楂牧场的时间，比曾住在梅庄的那个人迟，那么关于3位百岁老人的说法正确的一项是：

A. 张真是1995年搬的家。　　　B. 王善之前住在竹庄。
C. 李善之前住在梅庄。　　　　D. 1985年搬来的是张。
E. 张之前不住在松庄。

【解析】 根据上题解析中的表及补充信息列表如下：

条件	姓氏	名字	村庄	搬家时间
(1)	王	美	竹庄	1995年
(2)	李	善	梅庄	1985年
(3)	张	真	松庄	1990年

【答案】 C。

例4 某单位有负责公关、行政以及财务的三名工作人员：王瑞琪、孔宇和姚艳。领导决定她们三人在这三个岗位之间实行轮岗，并将她们原来的办公楼层2楼、5楼和8楼也进行了轮换。结果，原本负责财务的王瑞琪接替了孔宇的行政工作，由2楼调到了5楼。

根据以上信息，可以得出以下哪项？

A. 姚艳接替孔宇的工作。　　　B. 孔宇接替王瑞琪的工作。
C. 孔宇被调到了2楼。　　　　D. 孔宇被调到了8楼。
E. 姚艳被调到了8楼。

【解析】 根据题干信息列表如下：

姓名	岗位	楼层
王瑞琪	财务	2楼
孔宇	行政	5楼
姚艳	公关	8楼

如果要轮岗，则王瑞琪接替孔宇，孔宇接替姚艳，姚艳接替王瑞琪。

【答案】 D。

例5 有三户人家，每家有一个孩子，他们的名字是小梅（女）、小媚（女）、小明（男）；孩子的爸爸是老王、老张和老陈；妈妈是刘蓉、李玲和方丽。对于这三家人，已知：

（1）老王家和李玲家的孩子都参加了少年女子舞蹈队。
（2）老张的女儿不是小媚。
（3）老陈和方丽不是一家人。

根据以上条件，可以确定以下哪项是正确的？

A. 老王、刘蓉和小梅是一家人。　　　B. 老张、李玲和小媚是一家人。
C. 老王、方丽和小媚是一家人。　　　D. 老陈、方丽和小明是一家人。
E. 老陈、刘蓉和小梅是一家人。

【解析】 根据题干信息可知：（1）老王和李玲不是一家人，他们的孩子都是女孩子。

(2)老张的女儿是小梅。 (3)老陈和刘蓉是一家人。

列表如下：

爸爸	妈妈	孩子
老王	方丽	小媚
老张	李玲	小梅
老陈	刘蓉	小明

【答案】 C。

例6 甲、乙、丙在北京、南京和成都工作，他们的职业是医生、演员和教师。已知：甲不在北京工作；乙不在南京工作；在北京工作的不是教师；在南京工作的是医生；乙不是演员。

那么，甲、乙、丙分别在哪里工作？

A. 南京、成都、北京。　　B. 成都、北京、南京。
C. 南京、北京、成都。　　D. 成都、南京、北京。
E. 北京、成都、南京。

【解析】 根据题干信息，乙不在南京工作，乙不是医生，乙不是演员，所以，乙是教师。又因为乙不能在北京工作，所以，乙只能在成都工作。又因为甲不在北京工作，所以，丙在北京工作，甲在南京工作。

【答案】 A。

题型四：未必要列表格的对应题。

题目中涉及很多对象的时候，比如7行7列、8行8列甚至9行9列的时候，要逆向思维，这样的题目未必要列表格。

1~2题基于以下题干：

六一节快到了，幼儿园老师为班上的小明、小雷、小刚、小芳、小花5位小朋友准备了红、橙、黄、绿、青、蓝、紫7份礼物。已知所有礼物都送了出去，每份礼物只能由一人获得，每人最多获得两份礼物。另外，礼物派送还需要满足如下要求：

(1) 如果小明收到橙色礼物，则小芳会收到蓝色礼物。

(2) 如果小雷没有收到红色礼物，则小芳不会收到蓝色礼物。

(3) 如果小刚没有收到黄色礼物，则小花不会收到紫色礼物。

(4) 没有人既能收到黄色礼物，又能收到绿色礼物。

(5) 小明只收到橙色礼物，而小花只收到紫色礼物。

例1 根据上述信息，以下哪项为真？

A. 小明和小芳都收到两份礼物。

B. 小雷和小刚都收到两份礼物。

C. 小刚和小花都收到两份礼物。

D. 小芳和小花都收到两份礼物。

E. 小明和小雷都收到两份礼物。

【解析】 选项充分，可以考虑代入法。

根据条件（5），排除选项 A、C、D、E。

【答案】 B。

例 2 根据上述信息，如果小刚收到两份礼物，则可以得出以下哪项？

A. 小雷收到红色和绿色两份礼物。
B. 小刚收到黄色和蓝色两份礼物。
C. 小芳收到绿色和蓝色两份礼物。
D. 小刚收到黄色和青色两份礼物。
E. 小芳收到青色和蓝色两份礼物。

【解析】 题干化简如下：

(1) 每份礼物只能由一人获得，每人最多获得两份礼物。
(2) 明（橙）→芳（蓝）。
(3) 雷（¬红）→芳（¬蓝），等价于，芳（蓝）→雷（红）。
(4) 刚（¬黄）→花（¬紫），等价于，花（紫）→刚（黄）。
(5) ¬（黄∧绿），等价于，¬黄∨¬绿，即黄、绿最多一个。
(6) 明（仅橙）∧花（仅紫）。

由条件（6）和条件（2）得出：芳（蓝）。由"芳（蓝）"和条件（3）得出：雷（红）。由条件（6）和条件（4）得出：刚（黄）。由"刚（黄）"和条件（5）得出：刚（¬绿）。在红、橙、黄、绿、青、蓝、紫 7 份礼物中，小刚的选择是¬橙、¬紫、¬绿、¬蓝、¬红，则可以得出"刚（青）"。

综上可知，小刚收到黄色和青色两份礼物。

【答案】 D。

> • • 做题要领
> 对应题不一定要列表格，如果有确定信息，将确定信息代入会更简单。

第 24 讲　分析推理之分组

识别题型

这类题目，题干中通常会给出 5~7 个对象和若干个限制条件，需要根据题干要求分为 2~3 组。

解题技巧

(1) 注意题干信息需分为几组，每组几个对象，对象有哪些限制因素。
(2) 灵活运用排除、假设、分析、数字、假言命题的性质等方法解题。
(3) 充分化简题干信息。

（4）注意题干给出的附加信息，附加信息通常为确定的信息，可从该信息出发，结合题干的限制因素进行推理。

（5）如果掌握了分组题的出题规律，则可以适度大胆猜测。

题型分析

题型一：定额分组。

例1 在A、B、C、D 4个人中选取3个人参加技术培训。技术培训分为两个培训小组。第一组可以接受两人，第二组只能接受一人。每个人只能参加一次培训，同时他们入选的情况符合以下条件：

（1）A和C不能一同参加一组培训。

（2）B和D不能同时入选。

（3）如果B没有参加第一组培训，那么D参加第二组培训。

以下哪一个选项可能为真？

A. A和B参加第一组培训，D参加第二组培训。

B. A和B参加第一组培训，C参加第二组培训。

C. A和D参加第一组培训，C参加第二组培训。

D. C和D参加第一组培训，A参加第二组培训。

E. A和C参加第一组培训，D参加第二组培训。

【解析】条件（3）化简如下：

¬B一（B二）→D二，等价于，¬D二（D一）→B一。

选项充分，优先考虑代入法。

根据条件（1）排除选项E；根据条件（2）排除选项A；根据条件（3）排除选项C、D。

【答案】B。

2~6题基于以下题干：

在一个宠物商店，有两间狗舍，共养了7只不同品种的小狗。它们分别是边境牧羊犬、哈士奇、雪纳瑞、柴犬、萨摩耶、金毛和贵宾。第一间犬舍放置了3只小狗，第二间犬舍放置了4只小狗。同时小狗的分配符合下面的规则：

（1）如果贵宾放在第一间犬舍，那么柴犬不能放置在第二间犬舍。

（2）如果柴犬没有被放置在第二间犬舍，那么贵宾放置在第一间犬舍。

（3）如果边境牧羊犬放置在第二间犬舍，那么哈士奇没有被放置在第二间犬舍。

（4）如果哈士奇放置在第一间犬舍，那么边境牧羊犬没有被放置在第一间犬舍。

例2 如果萨摩耶与金毛放置在同一间犬舍，那么以下哪个选项一定为真？

A. 贵宾和柴犬放置在第一间犬舍。

B. 雪纳瑞放置在第二间犬舍。

C. 哈士奇放置在第二间犬舍，同时金毛放置在第一间犬舍。

D. 萨摩耶放置在第一间犬舍。

E. 贵宾跟哈士奇放置在同一间犬舍。

【解析】 先确定分几组，每个组的最大容纳量是多少。

题目共有 7 只狗，分两组，第一组最大容纳量为 3，第二组最大容纳量为 4。

根据条件（1）和（2）可知：贵宾和柴犬在同一组，成对出现。

根据条件（3）和（4）可知：哈士奇和边境牧羊犬不能在同一组，一组一个。

题目补充信息为萨摩耶与金毛放置在同一间犬舍，小狗的分配会有两种可能，如下表所示。

	一（3）	二（4）
①	萨、金、(边)	(哈)、贵、柴、＿＿
②	(边)、贵、柴	萨、金、(哈)、＿＿

因此，无论哪种情况，雪纳瑞都在第二组。

【答案】 B。

例 3 如果萨摩耶和金毛放置在不同的犬舍，那么以下哪个选项不可能为真？

A. 金毛和雪纳瑞放置在同一间犬舍。

B. 贵宾和边境牧羊犬放置在同一间犬舍。

C. 萨摩耶和哈士奇放置在同一间犬舍。

D. 哈士奇、萨摩耶和柴犬放置在第二间犬舍。

E. 雪纳瑞和柴犬放置在同一间犬舍。

【解析】 题目补充信息为，萨摩耶跟金毛放置在不同的犬舍，小狗的分配会有两种可能，如下表所示。

	一（3）	二（4）
①	萨、＿＿、(边)	金、贵、柴、(哈)
②	(边)、金、＿＿	萨、贵、柴、(哈)

无论哪种情况，雪纳瑞都在第一组，贵宾和柴犬都在第二组。

【答案】 E。

例 4 哪个选项中的小狗与哈士奇一起放置在第一间犬舍的情况下，我们可以确定每一只小狗的分配？

A. 边境牧羊犬。　　　　B. 雪纳瑞。　　　　C. 萨摩耶。

D. 柴犬。　　　　E. 金毛。

【解析】 根据题目补充信息，哈士奇放置在第一间犬舍，则边境牧羊犬放置在第二间犬舍。如果贵宾和柴犬分到第一间犬舍，则剩下的小狗都只能分到第二间犬舍，所有的情况都可以确定。

【答案】 D。

例5 如果萨摩耶和贵宾放置在同一间犬舍，那么以下哪项为真？

A. 哈士奇跟边境牧羊犬放置在同一间犬舍。

B. 萨摩耶和金毛放置在同一间犬舍。

C. 柴犬不会跟边境牧羊犬或者贵宾放置在同一间犬舍。

D. 金毛和雪纳瑞放置在同一间犬舍。

E. 哈士奇和柴犬一起放置在第一间犬舍。

【解析】 根据题目补充信息，萨摩耶和贵宾放置在同一间犬舍，小狗的分配有两种情况：

①萨摩耶、贵宾、柴犬在第一组，这会使得边境牧羊犬和哈士奇都在第二组，排除。

②第一组：（边）、＿＿＿＿、＿＿＿＿。第二组：萨摩耶、贵宾、柴犬、（哈）。因此雪纳瑞和金毛都要分到第一组。

【答案】 D。

例6 如果边境牧羊犬和贵宾放置在同一间犬舍，那么以下哪个选项不可能为真？

A. 雪纳瑞和萨摩耶放置在第二间犬舍。

B. 金毛和哈士奇放置在第一间犬舍。

C. 柴犬和萨摩耶放置在第二间犬舍。

D. 萨摩耶和哈士奇放置在第二间犬舍。

E. 边境牧羊犬和金毛放置在第一间犬舍。

【解析】 根据题目补充信息，边境牧羊犬和贵宾放置在同一间犬舍，小狗的分配有两种情况：

①第一组：边境牧羊犬、贵宾、柴犬。第二组：其余小狗。

②第一组：＿＿＿＿、＿＿＿＿、＿＿＿＿。第二组：边境牧羊犬、贵宾、柴犬、＿＿＿＿。

【答案】 E。

> **敲黑板**
>
> 方法总结
>
> （1）分几组？每个组的最大容纳量是多少？
>
> （2）请仔细化简题干信息，别忘记逆否的应用。
>
> （3）请列出不确定的情况。

7~8题基于以下题干：

某海军部队有甲、乙、丙、丁、戊、己、庚7艘舰艇，拟组成两个编队出航，第一编队编列3艘舰艇，第二编队编列4艘舰艇。编列需满足以下条件：

（1）航母己必须编列在第二编队。

（2）戊和丙至多有一艘编列在第一编队。

（3）甲和丙不在同一编队。

（4）如果乙编列在第一编队，则丁也必须编列在第一编队。

例7 如果甲在第二编队，则下列哪项中的舰艇一定也在第二编队？

A. 乙。　　　　　　　　B. 丙。　　　　　　　　C. 丁。

D. 戊。　　　　　　　　E. 庚。

【解析】题干条件可概括为：（1）己二；（2）¬戊一∨¬丙一；（3）甲和丙不在同一编队（一边一个）；（4）乙一→丁一，等价于，¬丁一→¬乙一，即丁二→乙二；（5）第一编队编列3艘舰艇，第二编队编列4艘舰艇。

本题条件为，甲在第二编队。由条件（3）可知，如果甲在第二编队，则丙在第一编队。代入条件（2）可知，戊一定在第二编队。

【答案】D。

例8 如果丁和庚在同一编队，则可以得出以下哪项？

A. 甲在第一编队。　　　B. 乙在第一编队。　　　C. 丙在第一编队。

D. 戊在第二编队。　　　E. 庚在第二编队。

【解析】解法一：

本题条件为，丁和庚在同一编队。先观察题干条件，条件（4）和丁有关，如果乙在第一编队，则根据条件（4）可知，丁也在第一编队；丁和庚又要在同一编队，那么第一编队已经有3艘舰艇，即乙、丁、庚，其余的舰艇必须分在第二编队，这样甲和丙就都在第二编队，和条件（3）矛盾，因此乙不能在第一编队，必须在第二编队。

目前第二编队有乙和己，如果丁和庚同在第二编队，又会导致甲和丙就都在第一编队，和条件（3）矛盾，因此丁和庚同在第一编队。

目前第一编队有丁、庚、甲和丙之一，第二编队有乙、己、甲和丙之一，又因为第二编队有4艘舰艇，因此戊一定在第二编队。

解法二：

代入法。代入选项验证。代入选项D时，则丁和庚在第一编队，甲、丙两个编队各分一个，符合题意，入选。其他各项均不符合题意。

【答案】D。

•• **敲黑板**

分析推理题的两种解题方法

自上而下（方法一）和自下而上（方法二）。

自上而下的方法对考生的逻辑思维要求较高，如果备考时间较长或者需要考高分的考生，要学习和掌握，此方法可以极大地提高做题效率。

自下而上的方法是以不变应万变，对于较为复杂的分析推理题目而言，代入法反倒是比较简单的做法，大家应该熟练掌握。

题型二：考虑剩余的思想。

【题目特征】在分组题中，不仅要注意选出来的元素，更要注意剩余的元素。

1~5题基于以下题干：

某省围棋队教练从E、F、G、H、J、K和M这7名队员中挑选4名参加职业联赛，挑选必须符合下列条件：

(1) E或F有一人参加，但二人不能都参加。

(2) J或K有一人参加，但二人不能都参加。

(3) 如果J参加，则G参加。

(4) 除非F参加，否则M不参加。

例1 以下哪项列出的四名队员可以共同参加比赛？

A. E、F、H、K。　　　　B. E、G、J、M。　　　　C. E、H、J、M。

D. F、H、K、M。　　　　E. 无法判断。

【解析】题目条件简化为：(1) E、F2选1；(2) J、K2选1；(3) J→G；(4) F←M。根据条件(1)排除选项A；根据条件(3)排除选项C；根据条件(4)排除选项B。

【答案】D。

例2 以下哪项列出的队员一定会参加比赛？

A. F或M，或者二者兼具。　　　　B. G或H，或者二者兼具。

C. H或J，或者二者兼具。　　　　D. J或M，或者二者兼具。

E. 无法判断。

【解析】题目要求7选4，根据已知条件"E、F2选1""J、K2选1"可知，剩余的G、H、M三选二。

【答案】B。

例3 以下哪项列出的队员不可能共同参加比赛？

A. E和J。　　B. F和G。　　C. E和M。　　D. F和J。　　E. 无法判断。

【解析】如果M入选，根据条件(4)可知，F一定入选；根据条件(1)可知，E和F只能2选1。所以，E和M不能同时出现。

【答案】C。

例4 如果H不参加比赛，则参加比赛的队员必然包括以下哪两名？

A. F和G。　　B. E和M。　　C. F和K。　　D. G和K。　　E. 无法判断。

【解析】根据题干条件可知，如果H不参加比赛，则G、M一定入选。如果M入选，则根据条件(4)可知，F一定入选。

【答案】A。

例5 教练挑选以下哪两名队员参加，能使参赛的四人组合成为唯一的选择？

A. F和H。　　B. G和J。　　C. G和M。　　D. H和M。　　E. 无法判断。

【解析】

	E、F	J、K	G、H、M	结果
A	F	不确定	H、?	排除
B	不确定	J	G、?	排除
C	F［条件（4）］	不确定	G、M	排除
D	F［条件（4）］	K［条件（2）和条件（3）］	H、M（不选G）	符合
E	不确定	不确定	不确定	排除

【答案】D。

6~7题基于以下题干：

天南大学准备选派两名研究生、三名本科生到山村小学支教。经过个人报名和民主评议，最终人选将在研究生赵婷、唐玲、殷倩三人和本科生周艳、李环、文琴、徐昂、朱敏五人中产生。按规定，同一学院或者同一社团至多选派一人。已知：

（1）唐玲和朱敏均来自数学学院。
（2）周艳和徐昂均来自文学院。
（3）李环和朱敏均来自辩论协会。

例6 根据上述条件，以下必定入选的是：

A. 唐玲。　　B. 赵婷。　　C. 周艳。　　D. 殷倩。　　E. 文琴。

【解析】题干信息化简为：唐玲和朱敏二选一；周艳和徐昂二选一；李环和朱敏二选一。

在五名本科生周艳、李环、文琴、徐昂、朱敏中选派三人。由条件可知：周艳和徐昂中选派一人；李环和朱敏中选派一人。因此，文琴必定入选。

【答案】E。

例7 如果唐玲入选，那么以下必定入选的是：

A. 李环。　　B. 徐昂。　　C. 周艳。　　D. 赵婷。　　E. 殷倩。

【解析】本题补充条件"唐玲入选"结合"唐玲和朱敏只能选派一人"可以推出，朱敏不入选。又因为周艳和徐昂中选派一人，因此，五名本科生中，李环必定入选。

【答案】A。

> •• 做题要领
> 　　这是最基本的组合题，大家要注意利用剩余的思想解题，如在上题中，要注意研究生和本科生都是哪几个人，如果存在两个人选中只能选择一个的情况，则可以考虑将两个人选捆绑，先选择其他的人选，最后在这两个人选中二选一。

题型三：分隔的分组题。

1~5题基于以下题干：

在一个公园有3张野餐的桌子。桌子1和桌子2都可以坐3个人，第3张桌子处坏了2把椅子，所以只能坐1个人。7个游玩者安经理、毕经理、程经理、戴经理、伊经理、范经理和葛经理都坐在这 3 张桌子上，他们的安排符合下面的规律：

(1) 程经理没有和葛经理坐同一张桌子。

(2) 伊经理没有和戴经理坐同一张桌子。

(3) 范经理没有和程经理坐同一张桌子。

(4) 安经理没有和毕经理坐同一张桌子。

(5) 葛经理没有和范经理坐同一张桌子。

例 1 下面哪一项是可能坐在第 2 张桌子上的人员名单？

A. 毕经理、范经理、程经理。

B. 葛经理、伊经理、安经理。

C. 范经理、葛经理、戴经理。

D. 范经理、戴经理、伊经理。

E. 毕经理、伊经理、安经理。

【解析】根据条件（1）（3）（5）可知：程经理、葛经理、范经理三人一人一张桌子，且只有此三人能坐在第 3 张桌子上；伊经理和戴经理分开；安经理和毕经理分开。根据条件（3）排除选项 A；根据条件（1）排除选项 C；根据条件（2）排除选项 D；根据条件（4）排除选项 E。

【答案】B。

例 2 如果范经理坐在第 3 张桌子上并且戴经理坐在第 2 张桌子上，则以下哪两个人能坐在同一张桌子上？

A. 安经理、毕经理。　　　　　　　　B. 戴经理、伊经理。

C. 程经理、范经理。　　　　　　　　D. 毕经理、葛经理。

E. 安经理、范经理。

【解析】根据题目信息，范经理是唯一坐在第 3 张桌子上的人，排除选项 E；根据条件（4）排除选项 A；根据条件（2）排除选项 B；根据条件（3）排除选项 C。

【答案】D。

例 3 如果程经理既不能跟毕经理坐在一起，也不能跟安经理坐在一起，则以下哪个选项一定为假？

A. 伊经理坐在第 2 张桌子上。

B. 安经理跟葛经理坐在同一张桌子上。

C. 范经理坐在第 3 张桌子上。

D. 葛经理跟张经理坐在同一张桌子上。

E. 伊经理跟安经理坐在同一张桌子上。

【解析】根据已知条件，程经理既不能跟毕经理坐在一起，也不能跟安经理坐在一起，则程经理只能坐在第 3 张桌子上。

【答案】C。

例 4 如果程经理和伊经理坐在一起，同时葛经理和安经理坐在一起，那么以下哪个选项可以为真？

A. 伊经理和毕经理坐在第 1 张桌子上。
B. 葛经理和伊经理坐在第 2 张桌子上。
C. 范经理和毕经理坐在第 1 张桌子上。
D. 毕经理和安经理坐在第 3 张桌子上。
E. 戴经理和程经理坐在第 2 张桌子上。

【解析】根据已知条件"程经理和伊经理坐在一起,同时葛经理和安经理坐在一起"可知,范经理坐在第 3 张桌子上。7 个游玩者的位置安排如下:

程经理、伊经理、毕经理(第 1 桌、第 2 桌均可);葛经理、安经理、戴经理(第 1 桌、第 2 桌均可);范经理(第 3 桌)。

【答案】A。

例 5 如果安经理既没有跟戴经理坐在一起,也没有跟葛经理坐在一起,那么以下哪个选项一定为假?

A. 戴经理坐在第 1 张桌子上。
B. 葛经理坐在第 3 张桌子上。
C. 毕经理和戴经理坐在同 1 张桌子上。
D. 葛经理和伊经理坐在同 1 张桌子上。
E. 程经理和安经理坐在同 1 张桌子上。

【解析】根据已知条件"安经理没有跟戴经理坐在一起,也没有跟葛经理坐在一起"可知,安经理要和伊经理坐在一起,葛经理不能和伊经理坐在一起。

【答案】D。

> •·· 敲黑板
>
> 方法总结
>
> 充分利用题干信息,明确谁和谁能分在一组,谁和谁不能分在一组。

题型四:不定额分组。

【题目特征】如果题目给出的元素仅知道分几组,不确定每组具体多少人,那这种题型就是不定额分组。对于这种题型,大家可以先考虑用不定额分组涉及的模型解题。

1~4 题基于以下题干:

某大学文学院语言学专业 2014 年毕业的 5 名研究生张、王、李、赵、刘分别被 3 家用人单位天枢、天机、天璇中的一家录用,并且各单位至少录用了其中的一名。已知:

(1)李被天枢录用。
(2)李和赵没有被同一家单位录用。
(3)刘和赵被同一家单位录用。
(4)如果张被天璇录用,那么王也被天璇录用。

例 1 以下哪项可能是正确的?

A. 李和刘被同一家单位录用。

B. 王、赵、刘都被天机录用。

C. 只有刘被天璇录用。

D. 只有王被天璇录用。

E. 天枢录用了其中的3个人。

【解析】 选项A，根据题干条件"李和赵没有被同一家单位录用，刘和赵被同一家单位录用"可知，李和刘不能被同一家单位录用，排除。 选项B，若王、赵、刘都被天机录用，则由条件（4）可知，张不能被天璇录用，这时导致天璇没有录用任何一人，与题干矛盾，排除。 选项C，只有刘被天璇录用，违背条件（3），排除；选项E，天枢录用了其中的3个人，而这3个人中不能包括刘和赵，而这时导致有一家用人单位无人录用，排除。

【答案】 D。

例2 以下哪项一定是正确的？

A. 张和王被同一单位录用。
B. 王和刘被不同的单位录用。
C. 天枢至多录用了2个人。
D. 天枢和天璇录用的人数相同。
E. 王没有被天枢录用。

【解析】 由上题推理可以得出，选项C正确。

【答案】 C。

例3 下列哪项正确，则可以确定每个毕业生的录用单位？

A. 李被天枢录用。
B. 张被天璇录用。
C. 张被天枢录用。
D. 刘被天机录用。
E. 王被天机录用。

【解析】 若张被天璇录用，则根据条件（4）可知，王也被天璇录用。 题干中已知李被天枢录用，而赵和刘与李的录用单位不同，则赵和刘只能被天璇或天机录用。 而题干中已知每个单位至少录用1人，则赵和刘只能被天机录用。 因此张被天璇录用时，可以确定每个毕业生的录用单位。

【答案】 B。

例4 如果刘被天璇录用，则以下哪项一定是错误的？

A. 天璇录用了3人。
B. 录用李的单位只录用了他1人。
C. 王被天璇录用。
D. 天机只录用了其中的1人。
E. 张被天璇录用。

【解析】 若刘被天璇录用，则根据条件（3）可知，赵也被天璇录用。 这时如果张被天璇录用，则根据条件（4）可知，王也会被天璇录用，此时天机无可录用的学生。 这说明"张被天璇录用"是错误的。

【答案】 E。

> **敲黑板**
>
> 方法总结
>
> 1. 不定额分组的情况：
> (1) 5人分3组（1+1+3；2+2+1）。
> (2) 6人分4组（1+1+1+3；2+2+1+1）。
> 2. 优先考虑限制条件：
> (1) 如果题干条件中有假言命题，则优先考虑P及非Q。
> (2) 分N组，有N个人互相不在一组。
> 3. 看清问题的问法，问法不同，方法和难度会有差异。
> (1) 可能为真。
> (2) 一定为真。

第25讲　分析推理之数字陷阱

识别题型

此类题目看上去很可怕，可能涉及方程、不等式、分子与分母比值关系、百分比、概率、集合运算等，其实只要找到与之匹配的数字规律，是比较容易做出来的。

解题技巧

（1）提取题干信息，找到数量关系。
（2）建立数字模型或寻找数字特征。
（3）善于利用方程等思想进行解题。

题型分析

例1 在世界总人口中，男女比例相当；但黄种人是远多于黑种人的；在其他肤色的人种中，男性比例大于女性。

由此可见：

A. 黄种女性多于黑种男性。
B. 黄种男性多于黑种女性。
C. 黄种男性多于黑种男性。
D. 黄种女性多于黑种女性。
E. 黄种女性等于黑种女性。

【解析】这是一道比较基础的数字陷阱题，列表格如下：

	黄种人	黑种人	其他肤色
男	a	b	c
女	d	e	f

根据题干条件列式如下：（1）a+b+c= d+e+f；（2）a+d＞b+e；（3）c＞f。

三式联立可得：d＞b。

【答案】 A。

例2 某综合性大学只有理科和文科，理科学生多于文科学生，女生多于男生。

如果上述断定为真，则以下哪项关于该大学学生的断定也一定为真？

Ⅰ. 文科的女生多于文科的男生。

Ⅱ. 理科的男生多于文科的男生。

Ⅲ. 理科的女生多于文科的男生。

A. 只有Ⅰ和Ⅱ。　　　　　　　　B. 只有Ⅲ。

C. 只有Ⅱ和Ⅲ。　　　　　　　　D. 只有Ⅰ。

E. 只有Ⅱ。

【解析】 根据题干条件列式如下：（1）理科＞文科；（2）女生＞男生。

除了像上题一样列式计算，还可以用最简单直观的特值法。

假设这个学校只有1个学生，是一个理科女生，根据题目条件可知：

	理科	文科
男	0	0
女	1	0

复选项Ⅰ、复选项Ⅱ均和题干矛盾，排除。

【答案】 B。

例3 据统计，去年在某校参加高考的385名文、理科考生中，女生189人，文科男生41人，非应届男生28人，应届理科考生256人。

由此可见，去年在该校参加高考的考生中：

A. 非应届文科男生多于20人。

B. 应届理科女生少于130人。

C. 应届理科男生多于129人。

D. 应届理科女生多于130人。

E. 非应届文科男生少于120人。

【解析】 由题干可知：参加高考的385名文、理科考生中，女生189人，文科男生41人，非应届男生28人，应届理科考生256人。

根据题干条件可以得出：男生＝385-189＝196（人）；理科男生＝385-189-41＝155（人）；应届理科男生至少＝155-28＝127（人）；应届理科女生至多＝256-127＝129（人），即应届理科女生少于130人。

【答案】 B。

> **做题要领**
> 这是一道较为典型的涉及数量关系的划分的题目,要看清楚母项的划分标准,不同的划分标准划分出的子项不同,要明确它们之间的逻辑关系。

例4 某单位进行机构改革,计划减员30%,撤销三个部门,这三个部门正好占该单位总人数的30%。计划实施后,上述三个部门被撤销,整个单位实际减员15%。此过程中,该单位内部人员有所调整,但整个单位只有减员,没有增员。

如果上述判定为真,以下哪项一定为真?

Ⅰ.上述计划实施后有的部门调入新成员。

Ⅱ.上述计划实施后,没有一个部门调入的新成员的总数,超过单位原来总人数的15%。

Ⅲ.上述计划实施后,被撤销的部门中的留任人员,不超过该单位原来总人数的15%。

A. 只有Ⅰ。 B. 只有Ⅰ和Ⅱ。
C. 只有Ⅱ和Ⅲ。 D. Ⅰ、Ⅱ和Ⅲ。
E. 只有Ⅰ和Ⅲ。

【解析】 题目问"一定为真",将选项代入题干即使成立,也不能证明其一定为真。"一定为真"的题目最保险的做法是将选项的否命题代入题干,如果选项的否命题不能成立,就能够证明选项一定为真。

假设三个被撤销的单位中所有的人员都进入其他部门留任,而其他部门中有15%的人员被减员,这样的情况符合题目的设定,但是在这种情况下,复选项Ⅱ就是不成立的,因此复选项Ⅱ不一定为真,排除。在这样的设定下,被撤销的部门中的留任人员,等于该单位原来总人数的30%,复选项Ⅲ也不一定为真,排除。

【答案】 A。

例5 南京某医院整形美容中心对接受整形手术者的统计调查表明,对自己的孩子选择做割双眼皮、垫鼻梁等整形手术绝对支持的家长高达85%;经过子女做思想工作同意孩子整形的占10%;家长对子女整形的总支持率达到了95%,比两年前50%的支持率高出了近一倍。

以下哪一项陈述最适合作为从上面的论述中推出的结论?

A. 95%在这家医院做过整形手术的孩子得到了家长的同意。

B. 坚决不同意自己的孩子做整形手术的家长不超过5%。

C. 10%做整形手术的孩子给家长做了思想工作。

D. 95%的家长支持自己的孩子做整形手术。

E. 两年前近半数的家长不支持自己的孩子做整形手术。

【解析】 根据题目条件,在这家医院中,做过整形手术的孩子,家长的支持率是95%(绝对支持的85%+做思想工作同意的10%),这只能得出:在做了整形手术的孩子中,还有5%的孩子家长不同意。但是如果以家长为研究对象,在家长中有多少人同意,有多少人不同意,这个数据的大小无从推知,选项B、D排除。题目给出的条件是做了思想工作后同意的家长有10%,那说明还有做了思想工作没同意的家长，因此，有多少家长被做思想工作，无法推断，排除选项C。从题目中能推断出的是，在这家医院做了整形手术的孩子，两年前家长的支持率为50%，但不能推断家长的整体情况，排除选项E。

【答案】A。

例6 1998年度的统计显示，对中国人的健康威胁最大的三种慢性病，按其在总人口中的发病率排列，依次是乙型肝炎、关节炎和高血压。其中，关节炎和高血压的发病率随着年龄的增长而增加，而乙型肝炎在各个年龄段的发病率没有明显的不同。中国人口的平均年龄，在1998年至2010年之间，将呈明显上升态势而逐步进入老龄化社会。

依据题干提供的信息，推出以下哪项结论最为恰当？

A. 到2010年，发病率最高的将是关节炎。

B. 到2010年，发病率最高的将仍是乙型肝炎。

C. 在1998年至2010年之间，乙型肝炎患者的平均年龄将增大。

D. 到2010年，乙型肝炎患者的数量将少于1998年。

E. 到2010年，乙型肝炎的老年患者将多于非老年患者。

【解析】题目的信息说明关节炎和高血压的发病率随着年龄增长在增加，但是不清楚这两种疾病具体的发病率，仅有增长率不能判断具体发病率的高低，排除选项A、B。乙型肝炎在各个年龄段的发病率没有明显的不同，但是由于不知道目前乙型肝炎的发病率和中国人口数量的变化情况，所以也不能推断具体患者的数量，排除选项D。老年患者和非老年患者的划分标准不明确，排除选项E。因为乙型肝炎在各个年龄段的发病率没有明显的不同，随着中国人口整体的平均年龄的上升，乙型肝炎病人的平均年龄肯定会上升。

【答案】C。

例7 某研究所对该所上年度研究成果的统计显示：在该所所有的研究人员中，没有两个人发表的论文的数量完全相同；没有人恰好发表了10篇论文；没有人发表的论文的数量等于或超过全所研究人员的数量。

如果上述统计是真实的，则以下哪项断定也一定是真实的？

Ⅰ. 该所研究人员中，有人上年度没有发表1篇论文。

Ⅱ. 该所研究人员的数量，不少于3人。

Ⅲ. 该所研究人员的数量，不多于10人。

A. 只有Ⅰ和Ⅱ。 B. 只有Ⅰ和Ⅲ。

C. 只有Ⅰ。 D. Ⅰ、Ⅱ和Ⅲ。

E. Ⅰ、Ⅱ和Ⅲ都不一定是真实的。

【解析】复选项Ⅱ判断该所研究人员的数量不少于3人，反向代入，设定该所研究人员少于3人，比如该研究所只有2个人，那么按照题目的要求，1个人发表1篇文章，另1个人发表0篇文章，符合题目表述，因此复选项Ⅱ不一定为真，排除。复选项Ⅲ判断该所研究人员的数量不多于10人，设定该所研究人员多于10人，比如有11人，那么按照题目要求，他们11个人发表论文的情况是0、1、2、3、4、5、6、7、8、9、10篇，其中"10篇"和题目条件矛盾，因此复选项Ⅲ一定为真。在推断中，确实存在发表 0 篇的人，因此复选项Ⅰ也是真的。

【答案】B。

例 8 东升商城公关部职工的平均工资是营业部职工的 2 倍，因此，公关部职工比营业部职工普遍有较高的收入。

以下哪项如果是真的，将最能削弱上述论证？

A. 公关部职工的人均周实际工作时数要超过营业部职工的 50%。

B. 按可比因素计算，公关部职工为商城创造的人均价值是营业部职工的近 10 倍。

C. 公关部职工中最高工资与最低工资间的差别要远大于营业部职工。

D. 公关部职工的人数只是营业部职工的 10%。

E. 公关部职工中有 20% 享受商城的特殊津贴，营业部职工中则有 25% 享受此种津贴。

【解析】题目的结论是"较高的收入"，论据是"平均工资"，要削弱题干论证，就需要证明：①平均工资有诉诸平均数的嫌疑；②收入和工资并不是同一概念。选项 A、B、D 的内容，题干都没有涉及，排除。选项 C 说明题目有诉诸平均数的嫌疑，平均工资高不能得出大多数人的工资高，这是题目推理中的漏洞之一，入选。选项 E 并没有说明特殊津贴的具体数额，如果这个数额很小的话，就未必会对收入造成影响，排除。

【答案】C。

例 9 百花山公园是市内最大的市民免费公园，园内种植着奇花异卉以及品种繁多的特色树种。其中，有花植物占大多数。由于地处温带，园内的阔叶树种超过了半数；各种珍稀树种也超过了一般树种。一到春夏之交，鲜花满园；秋收季节，果满枝头。

根据以上陈述，可以得出以下哪项？

A. 园内珍稀阔叶树种超过了一般非阔叶树种。

B. 园内阔叶有花植物超过了非阔叶无花植物。

C. 园内珍稀挂果树种超过了不挂果的一般树种。

D. 百花山公园的果实市民可以免费采摘。

E. 园内珍稀有花树种超过了半数。

【解析】根据题干信息可以列表如下：

	阔叶树种	非阔叶树种
珍稀树种	A	B
一般树种	C	D

按照题目条件可得：(1) A + C > B + D；(2) A + B > C + D。两式相加可得：A > D。

【答案】A。

例 10 在 H 国前年出版的 50 000 部书中，有 5 000 部是小说。在 H 国去年发行的电影中，恰有 25 部是由这些小说改编的。去年 H 国共发行了 100 部电影，因此，由前年该国出版的书改编的电影，在这 100 部电影中所占的比例不会超过四分之一。

基于以下哪项假设能使上述推理成立？

A. H 国去年发行的电影的剧本，都不是由专业的小说家编写的。

B. 由小说改编的电影的制作周期不短于一年。

C. H国去年发行的电影中,至少25部是国产片。

D. H国前年出版的小说中,适合改编成电影的不超过0.5%。

E. H国去年发行的电影,没有一部是基于小说以外的书改编的。

【解析】 选项E加非验证,如果有基于小说之外的书改编的电影,则题目的算法不能成立。其余选项的内容,题干均没有涉及,排除。

【答案】 E。